THE BASICS OF ART EDUCATION
美術科教育の基礎

監修

福田隆眞

福本謹一

編集

東良雅人

村上尚徳

山田芳明

建帛社

KENPAKUSHA

監 修

福 田 隆 眞　　山口大学名誉教授

福 本 謹 一　　兵庫教育大学名誉教授

編 集

東 良 雅 人　　京都市立芸術大学客員教授

村 上 尚 徳　　元環太平洋大学副学長

山 田 芳 明　　鳴門教育大学大学院学校教育研究科教授

執筆者（五十音順）

赤木里香子	岡山大学教育学域教授	佐野真知子	播磨高原広域事務組合立播磨高原東中学校教諭
淺 海 真 弓	兵庫教育大学学校教育学部教授	竹 内 晋 平	奈良教育大学教育学部教授
足 立 直 之	山口大学教育学部准教授	德 　 雅 美	カリフォルニア州立大学チコ校教授
池内麻依子	造形作家	直 江 俊 雄	筑波大学芸術系教授
稲 垣 修 一	愛知教育大学附属岡崎小学校教諭	長 尾 菊 絵	東京都国立市立国立第二中学校教諭
宇 田 秀 士	奈良教育大学教育学部教授	中 野 良 寿	山口大学教育学部教授
遠 藤 敏 明	秋田大学教育文化学部教授	中 村 和 世	広島大学大学院人間社会科学研究科教授
大 坪 圭 輔	武蔵野美術大学教授	西 尾 正 寛	畿央大学教育学部教授
岡田三千代	鳴門教育大学附属小学校教諭	畑 山 未 央	植草学園大学発達教育学部助教
尾 澤 　 勇	秋田公立美術大学美術学部教授	蜂 谷 昌 之	広島大学大学院人間社会科学研究科准教授
金 子 一 夫	茨城大学名誉教授	針 貝 　 綾	名古屋市立大学大学院芸術工学研究科教授
川真田 心	鳴門教育大学附属小学校教諭	ふじえみつる	愛知教育大学名誉教授
金 　 香 美	淑明女子大学校准教授	藤 吉 祐 子	国立国際美術館主任研究員
清 永 修 全	東亜大学芸術学部教授	古 家 美 和	兵庫教育大学附属小学校教諭
小 池 研 二	横浜国立大学教育学部教授	前 芝 武 史	兵庫教育大学学校教育学部教授
小 崎 　 真	愛知県豊明市立豊明小学校教諭	宮 川 紀 宏	京都華頂大学現代家政学部准教授
後 藤 雅 宣	千葉大学名誉教授	柳 　 奈保子	元兵庫県姫路市立小学校主幹教諭
佐 々 木 宰	北海道教育大学教育学部釧路校教授	山 木 朝 彦	鳴門教育大学客員教授
佐々木敏幸	明星大学教育学部助教	山 本 政 幸	岐阜大学教育学部教授
佐 藤 賢 司	大阪教育大学教育学部教授	結 城 孝 雄	東京家政大学児童学部教授
佐 藤 真 帆	千葉大学教育学部准教授		

（所属・職位等は，2023年11月現在）

まえがき

　この度，『美術科教育の基礎』を出版する運びとなり，感慨深い思いが去来しています。本書は，1985年(昭和60年)7月に出版された『美術科教育の基礎知識』を藍本として内容を継承しています。その初版が刊行された当時は，現職教員の研修・研究を目的とした新教育大学や全国の国立大学の教育学部に教育学研究科の設置が進められてきたばかりの頃で，美術教員を目指す学部学生や現職教員の初任者を主な対象に「美術科教育」とは何なのか，その理論や実践に関する知見を網羅し，美術教育の全体像を俯瞰するような書籍の刊行が強く求められた時期でした。その意味で，『美術科教育の基礎知識』は極めてタイムリーな出版であったと自負しています。内容記述にあたっては，読みやすさを考慮してQ＆A形式を採用し，美術科教育の目的，理論と歴史，諸外国の理論，発達理論などを包括し，領域と内容についても造形遊び，絵や立体，構成・デザイン・工作・工芸・映像・メディア，鑑賞の各実践方法や教材等について数多くの専門家に執筆を依頼しました。

　その後，学習指導要領の改訂時や時代の要請に合わせて，1991年(平成3年)，2000年(平成12年)，2010年(平成22年)の改訂をしてきましたが，まさに昭和，平成，令和を通して，美術科教育の啓蒙に微力ながら尽力してきたつもりです。今回，更なる改訂に臨むにあたり，企画・編集の新たな担当者として文部科学省の視学官，教科調査官等を歴任した東良雅人並びに村上尚徳，そして鳴門教育大学から山田芳明を迎えて，『美術科教育の基礎』として生まれ変わることになりました。本書の題名について前回までの「基礎知識」ではなく「基礎」としたことは，美術科教育が知識のみならず，人間陶冶の一環として目指す，直観や感覚，想像力を研ぎ澄まし，図像やイメージに関する洞察力を育むことを見据えたことによるものです。

　現代は知識基盤社会の到来と相まって生成AIなどに見られる情報駆動型社会が日常化しつつあると言われますが，同時にVUCAな(不透明で不確かな)時代状況も招いている中で，美術教育の重要性はますます高まっているように思われます。収束的な認知傾向が強まる一方で，感性や感覚に基づく拡散的な思考や柔軟な態度形成が不可欠となり，そのために美術教育の位置づけがより強化される必要があるのではないでしょうか。本書がそうしたパースペクティブを読み解き，美術教育の未来を築くための一助となれば幸いです。

　今後，読者の皆様から多様なご意見や提案をいただき，よりよい書となることを期待していますので，皆様のご忌憚のないご意見をお待ちしています。

　最後になりましたが，建帛社会長の筑紫恒男様には，40年にわたる美術科教育の出版のご尽力をいただき，あらためて感謝の念に堪えません。そして編集担当の青柳哲悟さんには最初から最後まで，細かいところまでご対応をいただき，心より感謝しています。

2023年(令和5年)12月

監修者　福田隆眞・福本謹一

●目　　次

第 2 章　美術科教育の学習指導　*59*

第1章
美術教育とは何か

　教育は，その時々の社会情勢に大いに影響を受ける。近年は人工知能（AI），ビッグデータ，モノのインターネット（IoT）等の技術的な発展に支えられたSociety 5.0時代と呼ばれる新たな未来社会を指向し急激に変化している。その一方で持続可能な社会の実現の必要性が認識され，そのための目標（SDGs：持続可能な開発目標）の達成が広く社会に求められている。

　このような社会の変化と，それに伴って突きつけられる教育課題に対応していると，ともすれば足元，すなわち教育の根本となる考え方を見失うこともある。

　そこで，本書の第1章では，「美術科教育」に先立ち，そもそも「美術教育とは何か」という根本に立ち返り，美術教育を考える基礎になる内容を取り扱う。内容的には学校教育と教員養成を主としながらも，広く一般に美術教育全体を理解できるように，美術教育の目的と課題，美術教育の特質，美術教育の理論と歴史，造形表現の発達等について述べている。また，美術教育の研究についても取り上げ，研究方法についても紹介している。美術教師として自身の実践を研究的な視点から考察し改善を図るための視点となるであろう。また，美術教育の理論と歴史においては，日本の美術教育はどのような考え方に基づいて行われてきたのか，そしてどのような経緯を経て現在に至っているのか，歴史の結節点となるような項目を取り上げ，簡略に理解できるようにした。さらに，外国の美術教育理論においては，日本の美術教育はもとより世界的に影響を与えた教育理論についてまとめている。外国の美術教育の思潮についても，日本への影響や関係のある項目を選択した。

　本章を通して，美術教育の理念を確認するとともに，美術教育研究の基礎として頂ければ幸いである。
　　　　　　　　　　　　　　　　　　　　　　　　　　　　　　　　（山田芳明）

1　美術教育の意味と展望

美術教育の意味と展望について教えてください

1．美術と人間

　現代において，私たちを取り巻く美術は多様に存在している。美術作品や工芸品などの実物だけでなく，情報技術の発達により視覚的環境が変化し，映像作品に急激な発展を及ぼしている。美術の特徴を大別すると，絵画や彫刻のように自由に心象を表現するものと，使用や伝達の目的を有したデザイン，工芸，建築などの機能表現あるいは適応表現と呼ばれるものがある。

　わが国のように長い歴史を有していると，古くからの伝統的な美術が各所に見られる。神社仏閣の建築物及びそれらの所蔵品のように，歴史的な美術作品が存在している。また，現代の建築に居住して，おしゃれなデザインの製品や伝統的な工芸品に囲まれた生活をしている場合も多々ある。そうした現代の生活に，漫画やアニメーション，映像機器によるコミュニケーションなども溶け込んでいる。そのように考えると，私たちの生活においては伝統的な美術から現代的な美術までが共存しているのである。

2．美術表現の変遷と広がり

　このように美術作品は固有の伝統的なものから，グローバル化による国際的な特徴をもつもの，技術や文明の近代化によるもの，現代の最先端に位置するもの等，多種多様に見られる。また，20世紀にはデザインの分野が急速に世界中に広がり，機能美のように新しい美意識や審美観を美術の世界に展開してきた。同時に，美術が技法や技術による表現だけではなく，19世紀後半の印象派の写実による再現的表現方法の展開から，抽象や構成のような非再現的方法に

よる表現が広まってきたことにも，新しい展開が見られる。そして，このことで美術の表現に「創造力」が求められるようになったのである。

　さらに20世紀後半には，情報化が進み，メッセージの交信や映像表現の発信などが日常化してきた。現代美術はこうしたグローバル化した世界にメッセージを発信することで，人と人の交流を豊かにし，美術表現に自由な考え方をもたらしている。

3．美術の分類

　美術の総体を空間軸で分類すると，心象表現と目的表現，美術と工芸，大芸術と小芸術などの区分をすることができる。それらは精神性を重視するか，実用性を極めるのかの違いでもある。表現の分野でいえば，絵画や彫刻が精神性の高い心象の表現となり，工芸や建築などが実用性を重視した審美観の表現を極めているといえる。20世紀に現れたデザインは実用性を極める過程の思考であり，機能と審美観を備えて，よりよい結果を想定した試行錯誤する造形活動であるといえる。

　また美術を歴史の時間軸で考えると，地域や民族が固有に培ってきた伝統的美術があり，それを基盤として，近代化が進み，外部からの影響を受けた新たな美術の探究があった。日本でいえば，江戸時代までの鎖国によるわが国独自の美術の発展が存在し，開国によって西洋の影響を大きく受けたことで，西洋美術が受容され，同時に，わが国の本来の美術を再認識した歴史的経緯がある。その後，西洋美術を消化吸収し，独自の展開をしたのである。

　20世紀のデザインの普及は国際様式の広がりをもたらし，美術は地域や国を限定することなく，美術と人間の関わり，美術を媒介にした社会や世界との関わりに広がってきた。さらに，現代美術と呼ばれる分野では，社会や世界に発信するメッセージを美術によって表現している。世界の平和や環境，人権や政治などの社会的な問題を，美術作品そのもので表現したり，映像で表現したり，相互交流によってメッセー

ジの理解を深めたり，拡大したりしているのである。

4．「美術の教育」と「美術による教育」

こうした状況で，美術の教育を考える場合，空間軸で捉えた美術の種類や分野と，時間軸で捉えた伝統美術から現代美術までの変遷の両者を総体として想定することができる。もちろんそのすべてを美術教育の対象とすることはできないが，総体として捉えた美術を踏まえて教材を抽出することで，美術を包括的に捉え，創造活動を促すことができるのである。

美術と教育の関わりには，厳密に考えると「美術の教育」と「美術による教育」に分けることができる。美術そのものの教育と，美術を通じてその機能や効果による教育とに分けることができる。

「美術の教育」は，美術表現のための技法や技術の伝授と習得が主となる。表現の目的や意味を問うたり内省したりする精神面での教育を伴うことで，表現の技術技法が高まっていくのである。美術の教育には，美術家・工芸家の工房での徒弟制度や画塾，スタジオ等，美術の専門家を育成するものがある。また，社会教育のカルチャーセンターなどの美術や工芸の教室での教育，美術館や博物館でのセミナーも，専門家の養成ではなくても，教養教育の中の「美術の教育」である。大学における教養の美術も，理論や実習による美術そのものの教育といえる。

このような美術の教育は美術そのものを教育内容の主とするが，そこには付帯的に人間の教育が含まれている。人が人に施す教育である限り，必ず人間性の教育がその是非を問わず含まれるのである。また，技術技法の教育といっても，手本を踏襲するだけではなく，自分なりの工夫や特色を表現するのである。

5．学校教育での美術教育

「美術による教育」の主たるものは，学校教育である。特に幼稚園，小学校，中学校までの教育では，美術を媒介とした，人間性とコンピテンシーといわれる資質・能力の育成である。幼稚園での造形活動，小学校の図画工作科，中学校の美術科，高等学校での芸術科は，美術の活動を通して，よりよい人間になるための教育であり，美術の能力，美術の特色を修得することにより，多様な資質・能力を育成することである。

小学校図画工作科，中学校美術科，高等学校芸術科に通底する目標は，表現と鑑賞の活動を通して，感性を働かせ，美術を愛好し，造形的な創造活動に喜びを味わい，美術文化の理解を深めることにある。

美術による教育は，その特徴である創造的な活動を行い，美術文化の形成につながる資質・能力を育成するのである。20世紀以降の美術の創造的な活動とグローバル化した国際社会に直面して，国際的な文化と独自文化の形成へとつながっているのである。

6．美術教育の展望

このように美術の教育と美術による教育を考えると，それらは別物ではなく，美術の教育の延長上に美術による教育が存在しているのである。目の前の教材や題材は美術の教育であるが，それを実践する過程で，技術技法だけでなく，発想や構想を生み出し，予期せぬ展開をももたらすこともある。美術による創造性の育成は，STEAM教育（科学，技術，工学，芸術，数学の融合教育）のように自然科学の分野とも融合して，新たな分野や資質の育成に寄与することができる。美術による造形的な創造性が，より広範な創造性の育成につながる可能性がある。

また，美術文化を理解し参画することで，新たな文化の形成に寄与することができる。漫画やアニメ，オブジェや映像などはわが国の新しい文化を生み出してきた。日本文化の特色の「わびさび」に並んで「かわいい」なども美術文化の要素となってきている。グローバル化した文化と独自文化の総体を形成するために，美術教育の役割はその発展の可能性を有している。

（福田隆眞）

2　感性教育・情操教育

感性や情操の教育としての
美術教育について教えてください

1．美術教育における「感性」と「情操」

　「感性」は「物事を心に深く感じ取る働き」とされ，「情操」は「美しいもの，すぐれたものに接して感動する情感豊かな心」などとされている。「感性」や「情操」という言葉は，様々な分野で用いられており，その場によって意味も違って使われている。そのため，ここでは学校美術教育における「感性」や「情操」について述べることに限定する。

　現行の学習指導要領（平成29（2017）年）では，図画工作科，美術科における「感性」及び「情操」は，「（3）学びに向かう力，人間性等」に関する目標に位置付けられている。小学校図画工作科では，「つくりだす喜びを味わうとともに，感性を育み，楽しく豊かな生活を創造しようとする態度を養い，豊かな情操を培う」と記され，中学校美術科でもおよそ同様の内容が示されている。ここでは「感性」を豊かにしていくことが「情操」を培うことにもつながり，両者は相互に働きながら育成され，豊かな人間性等をはぐくむとされている。

　教科目標における「感性」は，中学校美術科では平成10（1998）年版学習指導要領から，小学校図画工作科では平成20（2008）年版から示されるようになった。現行の小学校図画工作科及び中学校美術科の学習指導要領解説（以下，図画工作・美術科解説）では，「感性とは，様々な対象や事象からよさや美しさなどの価値や心情などを感じ取る力」とされている。

　「情操」は，昭和22（1947）年の学習指導要領試案以来，図画工作科や美術科の教科目標に一貫して示されてきた。現行の図画工作・美術科解説では，「情操とは，美しいものや優れたものに接して感動する，情感豊かな心」とされている。

2．「感性」及び「情操」の育成

　「感性」をはぐくむためには，ただ絵を描かせたり鑑賞させたりするだけでなく，表現や鑑賞の活動の中で心を働かせながら，見方や視点を広げるような取り組みが重要である。例えば，色の違いや美しさ，部分として見たときの形の面白さや不思議さ，塊としての量感，空間としての広がり，全体的な印象など，様々な視点で捉えさせ，日ごろ気付かなかった新たな見方や感じ方を体験させていくような指導が必要である。これは表現や鑑賞の活動の中で，造形的な視点を豊かにするための〔共通事項〕を位置付けて指導することでもあり，造形を捉えるアンテナを増やしていくことが，「感性」を豊かにすることにつながると考えられる。

　「情操」を培うためには，よさや美しさなどを感じ取る「感性」と，それらを大切な価値として求めていこうとする心を育てていくことが重要である。そのためには学習活動の中で，自分の見方や考え方を大切にしながらよさや美しさを豊かに感じ取る活動や，自分らしさを発揮しながら感じ取ったことなどを基に，よりよいもの，美しいものを目指して作品をつくり出すこと，またそれを他者に共感されることで喜びを感じ，さらによいもの，美しいものを表現していこうとする意欲につながっていくものである。

　「感性」や「情操」は，美術や芸術のみで育成されるものではないが，図画工作科や美術科では，教科の目標としてその育成を目指している。そのため，単に描いたりつくったりするなどの美術の活動をすれば「感性」や「情操」が育成されるという捉え方ではなく，具体的にどのような活動を通して育成するのか，教育の手法として指導者は考えることが大切である。

（村上尚徳）

3　自己表現と伝達

自己表現と伝達の役割，
その関係について教えてください

1．自己表現の探求

　現在，研究授業後の討論の場などで頻繁に用いられる自己表現という言葉は，美術史的な観点からいえば，ある歴史的所産である。現在の意味での「自己表現」を実践したのは，19世紀後半に登場した印象派の人々である。公的なアカデミーとサロン（美術展）を嫌った彼らの活動は，必然的に個人主義的な性格をもつが，絵画上のテーマに関しても文学性・宗教性を退け，プライベートな生活上の事物を描く対象に選んだという点で自己表現的であるといえよう。

　また，ポスト印象派の画家ゴッホの場合には，身近な風景画や静物画の作品を通じて，彼の特異なパーソナリティが表現されている。自らの内面を表現しようと試みたゴッホの制作態度を知る手がかりとして，彼の作品はしばしば鑑賞の対象に選ばれている。

　そのほかフランスのフォーヴィスムは，自由で個性的な表現として注目に値する。対象物の再現から離れた色彩は，作家個人の主観的な感情や構成上の必然性から用いられた。

　19世紀末から20世紀初頭には，ドイツやオーストリアの表現主義の画家たち（エミール・ノルデやオスカー・ココシュカから）も，内面世界を表現する方法を模索していた。彼らは色彩だけではなく，心理的な動揺や情緒を描き出す方法として，形象のデフォルメを盛んに行った。デフォルメとは，対象物（モデル）の性格や特徴を強調するために意図的に誇張した形態を描く手法である。もちろん，デフォルメは自分の感情を露骨に表現する場合にも用いられる方法で

ある。

　作家による表現であれ，児童生徒による表現であれ，「自己表現」とは，対象の正確な再現を目指す表現や決められた手法を繰り返すような表現とは異なる個性的な表現方法であり，印象派や表現主義に属する芸術家たちが生み出した作品の数々は，自己表現の目的と方法をはっきりと示してくれているといえよう。

2．重要さを増す伝達についての学習

　一方，伝達は高度情報化社会の現代に特有なコミュニケーション形態を理解するためにも，そして，この社会で自分らしさを追求する上でも，重要さを増すキーワードである。伝達には発信者と受信者という2つの側面がある。一般に，発信者は創造的で主体的だと考えられ，受信者は受動的で従属的だと考えられがちだが，決してそのようなことはない。情報の受け取り手は，発信する者の意図や方法を分析・精査し，隠されたメッセージを読み解き，発信者やその情報の質を評価することができる。現代社会では，受信者は容易に発信者に立場を変えることができるが，質の高い情報を提供するには，色や形などの意味を理解し，画像や動画の意図を読み解くメディア・リテラシーの学習が必要になる。特に，スマートフォンやパソコンによって，誰もが SNS（Social Networking Service の略）を利用して，情報を発信する現代では，発信する情報の正確さや訴求力，そして，内容に対する責任が個々人に求められている。

　伝達の目的・方法・媒体については，ポップアップカードによる招待状をはじめとして，ポスターやピクトグラムの学習など，デザイン分野に関連する題材が適している。

　結論としていえることは，自分の想いの表出である「自己表現」の学習と「伝達」についての学習は，緊密に連動しており，不可分である。表現領域と鑑賞領域での質の高い授業を通じて，学習者は「自己表現」と「伝達」の能力をともに深化させうるのである。　（山木朝彦）

4　視覚言語と美術教育

視覚言語と美術教育の関係と
内容について教えてください

1．視覚言語

　視覚言語は造形表現の分析により造形要素を取り出して，それらを類型化し，組み合わせの造形操作を系統化することで，新たな造形方法をつくり出すものである。要素の組み合わせは，単語の組み合わせにも似ているので造形文法ともいわれる。

　造形要素は，形態，色彩，テクスチュアに分類される。形態には点，線，面，色彩には明度，彩度，色相が要素として捉えられる。テクスチュアは視覚的な感覚の「ツルツル」「ガサガサ」などの言葉のイメージと相応して，造形表現の要素となっている。また近年では，光による表現も多く見られ，「光」も造形要素とみなされている。

2．バウハウスの教育

　こうした視覚言語を様々な分野から追究したのが，バウハウスでの教育と活動である。バウハウスにおける教育で特徴的であったのは，造形の表現分野を広く捉えて試みられた予備課程や基礎課程の教育である。

　予備課程・基礎課程では，イッテン，クレー，カンディンスキー，モホリ＝ナギ，アルバース等が，造形の分析と方法を開拓した。広義では，それらが視覚言語に相当する。イッテンは，形態研究と色彩研究を中心として，対比，分析，材料体験，テクスチュア体験，構成練習

モホリ＝ナギの「立体構成」

などを行った。モホリ＝ナギは，金属，ガラス，光などを使用した立体構成を行い，機械生産を想定した合理的，機能的構成教育を行った。クレーは，空間論，力学と形態，バランス，方向などの

アルバースの「紙の構成」

実践を行った。ここでの教育や研究が，視覚言語の基盤となった。その後，ジョージ・ケペッシュが1951年に『視覚言語』をアメリカで出版し，色や形の分析からなる造形要素と造形方法を体系化し，造形要素の分析と再統合による創造的活動を提案した。

3．日本の視覚言語と教育

　バウハウスの教育は日本にも影響を及ぼし，昭和9（1934）年に川喜田煉七郎と武井勝雄が『構成教育大系』を出版し，構成教育を広めた。造形法を明らかにした創造活動を進め，それ以前の自由画教育運動と対峙しながら，戦後のデザイン教育の基盤となる構成的方法を美術教育に導入した。その後，戦後の美術教育における視覚言語については，学習指導要領の内容にも反映された。特にデザイン分野の造形方法とみなされることが多く，昭和30年代から40年代のデザインの隆盛時期では専門教育においても重視された。

　さらに，視覚言語は造形方法全般に関わる内容として，デザインだけでなく，絵画や彫刻などの心象表現においても取り扱われるようになった。学校教育においても造形方法としてイメージを想起させるものとして，〔共通事項〕として取り扱われている。

　近年，アジア諸国においても，マレーシア，シンガポールなどでは視覚言語による美術の分析や創造が取り入れられ，美術教育の方法の一つになってきている。　　　　　　　　（福田隆眞）

5　美術教育研究の課題と展望

自分の関心や実践を美術教育研究とするにはどうすればよいですか

1．美術教育研究とは

　美術教育研究とは，美術教育の未解明問題を論理的・実証的に考究・解明する試みである。口頭発表，論文，報告書等の形で提案される。端的にいえば，研究とは，この問題はこのように説明できるのではないかという提案である。その提案が説得力をもつように，感情的にではなく，客観性・整合性・独自性をもつ論述にする。

2．研究の方法論的限定と客観性・整合性

　研究の客観性・整合性を確保するため，問題や対象を，部分や特定条件下に限定する。これは日常感覚とは違うことがある。例えば，教育実践が研究対象の場合，実践者はその実践の成功，すなわち実践目標を研究目標としがちである。しかし，研究目標はその実践の成否等ではなく，その実践を素材にして明らかにしたい命題である。例えば，教材の有効性を実践結果から検証することである。そして，結論は研究目標に対応させる。

3．研究の独自性

　研究の独自性とは，先行研究（関係図書・雑誌，学会誌等）にはなかった問題設定，研究方法，結論等の新しさである。それが先行研究にないことを示す必要がある。それゆえ研究者は，普段から最新研究も含め先行研究をチェックしている。美術教育以外の他分野文献も参照すると独自性につながる。独自性＝先行性は，他の研究者との競争になる。この競争は公正性が保たれなければならない。

　現今のインターネット環境の急速な進展は，先行研究・情報の検索効率を飛躍的に向上させ

た。非専門家でも家にいながら世界中の文献・画像の検索・閲覧・複写等ができる。ただ，この容易さと研究の独自性とは別の話である。また，検索の容易さが逆に参照作業の杜撰さをもたらすこともある。

4．美術教育研究の基本類型

① 　美術と教育の関係：美術教育には，美術を教育目的とする「美術の教育」と，美術を教育手段とする「美術による教育」とがある。この2つは理屈としては明確であるが，実際の理論や実践では両者が入り交じっているのが普通である。

② 　美術教育学と美術教育思想：客観性・整合性の度合いが，美術教育学と美術教育思想とを区別する。前者は，問題と対象を限定し論証・実証による客観性・整合性を目指した論文となる。後者は，客観性・整合性よりも問題の切実性や対象の直観的認識の説得性を目指した論説となる。これも理屈では明確に違うが，現実には区別できないこともある。

③ 　規範学と実証学：論証を手段とする規範学と実証を手段とする実証学とがある。前者には美術教育哲学，後者には美術教育史学，心理学的美術教育学，社会学的美術教育学等がある。前者はこのようにあるべき，後者はこのようにあるという論旨になる。ただ，普通はこれらの要素が入り交じっている。

5．美術教育研究の現状と課題

① 　美術教育研究の拡大：第二次世界大戦前から，自主的な美術教育研究者はいた。第二次世界大戦後，特に昭和39（1964）年に，教員養成大学・学部に学科目制度が導入され，学科目の一つ「美術科教育」の所属教官は形式的にせよ美術教育研究・教育の担当者と位置付けられたため，制度的な美術教育研究専門家が多数出現した。さらに教員養成大学・学部の上に教科教育専攻大学院が設置され，美術教育専攻には美術教育研究の実質的専門家の配置が必須となり，美術教育研究は質と量を飛躍的に拡大した。しかしその後，教科教

育専攻大学院は実践家養成の教職大学院へ転換したので，美術教育研究の質が懸念される。また，研究発表が教員の採用・昇進等の人事評価の基準となるため，拡大量産されるきらいもある。

② 実践研究の方法論：美術教育研究者の大部分は，美術教育の実践者でもある。その意味で実践研究は容易な環境にある。ただ実践研究には，先述した実践目標とは違う研究目標を設定する必要がある。その設定の曖昧さが研究目標と結果も曖昧にさせ，実践研究と実践報告が混在して厖大に蓄積される。情報検索効率の飛躍的向上にもかかわらず，その曖昧繁雑さは先行研究の参照も困難にさせる。実践研究の批判的継承も不十分となる。

③ 美術教育史研究：美術教育史研究は，新たな研究対象の資料発掘が継続的になされないと，停滞してしまう。その意味で，戦後80年となる今，歴史的距離のできた戦後初期の美術教育史事象も本格的に研究対象として取り組まれるべきである。

その際，戦後を戦前との断絶と見る通念の克服も必要である。社会史や教育史では総力戦下の戦時中にすでに戦後のシステム社会が成立したとする研究がある。確かに美術教育も戦時中に創造主義や機能主義が絡み合った高度な内容となり，戦時的題材をのぞけば戦後美術教育に直結している。

さらに，この総力戦的システム社会が1970年代に消費社会に変化し，それに対応する造形遊びが登場する。さらに現代は高度情報社会に変容し，それに対応する美術教育が模索されている。戦前との断絶の克服は，戦後美術教育の新たな像をもたらす。

④ 美術表現論と美術教育論：美術論や児童生徒の表現論が，美術教育論として提示されることがある。美術論や児童生徒の表現論は，美術教育研究の基礎論としてはありうる。ただ，それらは美術教育論として不十分である。そこに教師や教材との交換といった教育

要素がなければ，教育論にならないからである。また，教育内容を児童生徒の表出とする論は，「内容なき意味作用」論となり，虚無的すぎるという懸念がある。

⑤ 学校教育と美術教育：現在の美術教育の大部分は，学校内教育としてなされている。学校は計画性を特徴とする近代的組織であり，生活共同体的要素はありながらも学校の本質は共同体ではない。児童生徒も学校内人格あるいは学級内人格として参画している。児童生徒の学級内人格をあえて無視して，学校と学校外生活の一体化，教師の指導を不可視化する美術教育論は非現実なものである。その主張の背景には，学校外の塾等で教育がなされる一方，学校内では共同体的生活指導がなされるという逆転した教育観がある。

⑥ 教育政策と美術教育研究：学校での美術教育実践は，学習指導要領等の教育政策に対応する。しかし，美術教育研究は教育政策の無批判的下請けではなく，それと距離を置く。そうすることで美術教育実践や研究は，過度な教育政策の振幅に余裕をもって対応でき，教育実践を広い学問的見地から基礎付ける。美術教育実践も教育政策に影響を与えることができる。

自立した美術教育研究者は美術教育政策や時流に距離を置き，それらを研究対象とする。美術教育研究の妥当性の根拠や倫理的基底は，教育政策や時流ではなく，さらに研究倫理規定といった外的なものでもなく，問題の解明を求める研究者の内的良心である。それに対して，教育政策や時流に研究の妥当性の根拠や研究倫理を感じる研究者は，研究の信頼性を教育政策や時流から保証してもらうことになる。それによって公的な評価や名誉，さらに補助金等も得られやすくなるかもしれない。しかし，教育政策や時流は変わる。そのたびに研究者の内的良心や自立性は否定されることになる。　　　（金子一夫）

6 美術教育のリサーチメソッド

美術教育での研究方法と
論文の書き方について教えてください

1．美術教育の研究を始める

　研究は自分で立てた問いに自分で答える一連の探究活動のことで，研究論文はその研究報告を指す。ここでは，美術教育の研究とその論文執筆のための基本的なルールやその流れについて説明したい。

2．問題から始める

　これまでの美術教育に関する経験の中で気になっていること，あるいは疑問に思っていることは何だろうか。例えば，教育実習などでの児童生徒や教師との会話や授業での様子などを思い出しながら考えてみる。研究室の仲間や職場の同僚などと話をしてみるのもよいかもしれない。学校現場はそれぞれ違い，興味・関心などが違えばその捉え方も同じではない。どれが正しくてどれが間違っているかということではない。大事なのは，自分自身が，何が問題なのかを考え，把握することである。

　この段階で研究日記などを書いて，アイデアを記録しておく。ノートパソコンやスマートフォンのメモ機能など，便利なものを活用する。次に，メモをもう一度見返して，疑問や問題点の理由を整理していく。ここでまとめた疑問や問題点，理由，背景などは，研究が進み迷ったときに必ず役立つ。

3．先行研究をレビューする

　ここまで進めると，研究テーマが決まってくる。そうしたら，先行研究の検討をする。文献検索の目的は，自分で定めた研究テーマに関して，すでにどのようなことがわかっているのかを調べることであり，ただ調べたことを羅列するのではなく，皆さん自身が評価し，意見を述べることが求められる。

　まず，先行研究から何が明らかになっているのかを調べてまとめる。人によって論文が容易に手に入る環境にいるかどうかは違うが，所属する機関の図書館や国会図書館を活用する。他の方法としては，CiNii や Google Scholar などの検索エンジンを活用するとよい。自分の研究に活用できそうな論文は，記録しておく。研究計画を立てるときに役立つため，論文を読むときには考察や結果だけではなく，どのようにその結果にたどり着いたのかという研究方法の部分も確認するとよい。

4．研究の意義と目的を考える

　これから行う研究の意義はどのようなものだろうか。研究の成果は社会にどのように貢献できるのだろうか。どれだけ必要とされているのだろうか。教育政策への貢献は多くの人へ研究成果を還元でき，新たな知見が得られれば理論への貢献も可能である。美術教育では個別の実践はそれぞれの文脈に依存するが，実践的な課題の解決は似通った文脈への貢献も可能にする。また，論文の成果は皆さん自身の教育実践の場で生かすことができ，美術教育の専門家としての資質・能力の向上に貢献する。

5．研究の問いや仮説を立てる

　次に研究目的を設定しよう。ぼんやりとしている研究テーマから具体的で明確な文章へと絞り込む。

　研究の初期段階では，研究の問題，疑問，関心などに従って，研究領域，研究テーマ，問いを選んでいく。研究の問いは，調査する課題についての疑問である。よい問いは，明確であり，未確認の前提を含んでいない，検証が可能である，因果関係を問題とするときは相互に相関関係があることが確認されている（佐渡島・吉野，2008）。

6．研究方法について知る

　様々な研究方法（リサーチメソッド）の詳細な知識をもっていなくとも研究はできるかもしれない。しかし，すでに先人により示された確か

な方法を知ることにより，研究計画はより考えられたものになり，専門用語の多い論文をよりよく理解できるようになる。

異なるスタイルの研究方法は，異なるデータ収集方法を使う。量的（定量的）研究者は，事実を集め，事実と事実の関係について研究する。また，データの数値化と，事前に決められた研究の問い，理論的フレームワークとデザインを特徴とする。データは数値化され，可能であれば一般化できる結論を導き出す統計分析が使われる。一方で，質的（定性的）研究者は，世界に対する個人の認識を理解することに関心があり，社会に事実が存在するかどうかを疑問視している。非数値データを使用する。質的研究ははじめの段階では，研究の問いや方法は一般的であるが，研究が進むにつれてより焦点が絞られていくというプロセスが特徴的である。

すでに確立された研究スタイルすべてについて，限られたスペースで説明することはできない。研究計画を立てるにあたり，自分の研究に合ったアプローチを検討するための代表的なデータ収集方法やアプローチの一部について紹介する。

（1）量的研究のアプローチ

教育の領域の中でも美術教育は，多様な個人の解釈を大切にする特徴があることから，厳格な量的研究が行われることは少ない。量的研究で使われるアプローチは数字で結果を表すものであり，言葉で結果を表すアプローチとは異なる。

サーベイ（survey）は，いわゆる統計調査で，全体像や実態を広く把握するための調査を示す。例えば，国勢調査は対象の人口に同じ質問をするサーベイの一つである。人口のすべてをカバーすることを目的とするが，現実的には非常に難しい。そのため，対象とする人口の特徴を損なわない程度に抽出した人口に対して調査を行う。問いは，回答者全員ができるだけ同じように理解できるものでなければならず，事前に必ずテスト（パイロットスタディー）し，確

認する。回答の方法は，オンラインでの記入や対面でのインタビューなどがある。どのような方法であれ，できるだけ多くの人口に同じ質問から回答を得ることが目的である。何を，どこで，いつ，なぜ，といった問いの回答を集めることに長けてはいても，理由や因果関係を明らかにすることは難しい。

（2）質的研究のアプローチ

質的研究アプローチには，エスノグラフィー，アクションリサーチ，ケーススタディー，グランデットセオリーなどがある。

アクションリサーチは，改善の必要性を特定した実務家によって実施されることが多い。アプローチというよりは実践者による研究という種類といえる。アクションリサーチの目的は，問題に取り組むなどして個人や組織の実践を改善することである。最初の調査結果が改善の可能性を生み出し，それを踏まえて次の調査が計画されるサイクルが特徴である。このような実践主導型で小規模な研究は，結果の一般化には適していないが，既存の理論を活用し，適切な方法で既存の知識や理論を評価する。実践現場へ研究者が参加し，共同で実践を改善していくアクションリサーチにおいて問題となるのは，誰が責任者となるかということである。事前に研究目的を共有し，研究報告書などの役割等の確認をし，舵をとるのは研究者であることを忘れないようにしたい。

7．データ収集方法を知る

美術教育領域の卒業研究で比較的よく使われるデータ収集方法を紹介する。それぞれの研究アプローチで使われるデータ収集方法は，そのアプローチによって決まるが，いくつかのデータ収集方法は様々なアプローチで採用される場合がある。

（1）面接法またはインタビュー

面接は，質的研究において最も一般的な形態である。面接を用いた研究はこれまで社会や人間の理解に大いに貢献してきた。面接の目的は，研究協力者の感情，認識，思考の発見であ

る。例えば，美術科教師の過去や現在の経験について焦点を当てて行うことができる。

面接は，直接対面して行う方法や，電話やオンラインで行う方法がある。面接のタイプは，どの程度構造化するかによって，非構造化から構造化まで様々である。研究者は自分で面接の対応を決定していくことになる。質的研究者は非構造化か半構造化面接を用い，構造化面接を用いることは多くはない。

面接を用いる場合は，特に研究の初心者は知り合いなどを相手に練習し，慣れておくと自信がもてる。また，構造化面接でなくとも，あらかじめどのような質問をするかについて検討することは初心者には助けとなる。面接の時間は，研究協力者，面接のテーマ，方法によって異なるが，協力者には事前に大まかな時間を伝えることは有用である。

面接データの記録は，ボイスレコーダーに録音する，面接中（または後）にノートに記録するなどが考えられる。ボイスレコーダーは，会話に集中できるため便利ではあるが，面接中の録音停止などのトラブルもある。そのため，事前に操作方法を確認し，予備の機器を準備する。面接中のノートへの記録は，会話を中断してしまうことがあるので，面接直後に記録するなどの工夫も検討するとよい。

面接は，協力者の考えや見方を直接，知ることができる一方で，実際の彼らの行為は異なる場合がある（行為との差異）。また，面接データの収集と分析には膨大な時間がかかることも，計画段階で検討したい。

（2）観察法

観察はデータ収集の技術の一つである。観察では，面接で明らかにできない，実際に起こっていることを発見するのに役立つ。一方で，人々の行いは，言われたことをどのように理解しているかにも依存している。観察者は，観察から得た資料を取捨選択し，観察されたものに独自の解釈を与える可能性もある。そのため，観察者になる場合は，先入観や偏見の排除に最

善を尽くす。

観察は，構造化または非構造化，参加型または非参加型などのタイプがあり，それぞれいくつかの利点や欠点がある。非構造化観察では，研究者は観察のための分類や概念を事前にもち込まずに観察を行う。仮説生成などに向いている。参加型の観察を行う場合は，完全な参加者から完全な観察者までの関わり方の種類がある。完全な参加者は，その場の一部となり観察する。完全な観察者は，その状況に参加しないで観察するが，研究依頼や許可は非常に難しい。この2つの間にもグラデーションのように関わり方はあり，完全に区別できるものではない。観察には，観察内容を決めずに行うものから，事細かに事前に観察するものを決めるものまで様々あるので，もし，初めて美術教育の研究で観察を行うのであれば，事前に観察するもののリストや観察チェックリストをつくるとよい。記録は，ノートの他にビデオや写真などが考えられる。

8．研究倫理について確認する

研究の大まかな方向が決まったら，研究計画を立てる。その際に知っておかなければならないのが研究倫理である。研究倫理は原則，所属機関のガイドラインに従う。研究協力者へは，研究の詳細，情報の保管や使用目的，報告の方法について十分説明する。その上で，協力者の同意が書面で確保されなければならない。また，研究者には守秘義務があり，調査で収集した情報の漏洩がないよう注意が必要である。

例えば，教師に面接法による調査協力をお願いする場合，協力者である教師に対して，研究の詳細（目的など），研究への協力は辞退できることやその方法，個人情報保護の方法などを説明する。大事なのは，研究倫理に関する手続きを間違いなく行うことだけでなく，研究協力への感謝を忘れないようにすることである。

9．研究計画書を書く

大まかな研究の方向が決まったら，研究計画書を書く。研究計画書は，研究の背景や動機，

研究の目的等を明らかにするものである。これ
まで受けてきた授業，教育現場等で積み上げた
知識や経験などから，研究テーマを決め，研究
を実行し，結果報告を研究論文としてまとめる
までの計画書となる。

10. データの分析

　一般的に量的研究では，統計分析や計算のた
めのコンピュータソフトを使い，はじめに立て
た仮説を証明するために，データを提示し，分
析を進める。

　質的研究の分析では，集めたデータをよく理
解する（読む）ことから始める。質的研究では
研究者の主観的判断も研究の道具と考えられる
が，研究の信頼を高めるためにも調査中の研究
者の行動や考えの変化についても記述する。

　データの分析方法は，それぞれの研究アプ
ローチやデータ収集方法によって異なるため，
専門書を参考に進めてほしい。

11. 研究報告書を書く

　論文を構成する要素は，「明らかにしたい問
いや目的の説明」，「文献からの問題点や課題の
提示」，「研究方法」，「調査結果」，「考察または
結果に基づく議論」，「研究の問いに答え，研究
全体をまとめる」である。異なる専門領域で
は，この中のいくつかの部分がまとめられる場
合がある。例えば，美術教育の学位論文など
は，題目，目次，要約，研究課題と研究目的，文
献考察，研究方法，結果（データの記述），考察，
結論，文献のリスト，参考資料などから構成さ
れることが一般的である。研究論文は研究の経
過と同様の順番では書かれていない。また，執
筆にあたり，論文中で研究の問いに答え，議論
できる十分なデータがあるかを確認してほしい。

12. 卒業論文

　次に，美術教育の研究論文の一例として卒業
論文を紹介する。

　卒業論文題目：『図画工作科における児童画
コンクールの課題と可能性』（大柿，2021）

　キーワード：児童画コンクール，作品主義，
表現過程，インタビュー調査，絶対評価，相対
評価

　目的は，小学校図画工作科での児童画コン
クールの課題を明らかにし，児童画コンクール
という機会の活用の可能性を探求するためであ
る。先行研究から，児童画コンクールには，審
査・褒賞に関する問題，指導の問題，評価の問
題等があげられた。

　研究方法は，教育政策関連の文献調査と小学
校教員へのインタビューとした。調査を通し
て，小学校における様々な児童画コンクールの
実態や児童画コンクールの課題，教員が抱える
指導への不安等が明らかになった。コンクール
の課題として，作品主義的な評価や相対評価が
問題としてあげられた。製作過程も評価してい
くことや，児童一人一人に寄り添った指導を行
いながら，教師が絶対評価や個人内評価の役割
を十分に理解し，指導に取り入れていくことの
必要性を明らかにした。また，児童画コンクー
ルを学校での指導に活用していく上での注意点
などを提案した。

　上記の研究論文は，著者本人の経験の振り返
りから始まったものである。これまで漠然と感
じていた身近な課題を先行研究のレビューなど
により明確にし，計画的に調査し，問題を整理
し，議論した。この研究は個人が行う小さなプ
ロジェクトであったが，新たな知見を得て，今
後の学習や指導につながる貴重な経験となった
のではないだろうか。

13. おわりに

　美術表現の授業では伸び伸びと活動していた
学生が，「論文」を書くとなると急に自分の考
えを表現するのをやめてしまうことがある。論
文もまた，表現活動同様に探求の一つではない
だろうか。自分が問題だと感じるものから出発
して，新たな見方，考え方を広げるこのプロセ
スから学ぶものは多い。多くの美術教育に関わ
る方に取り組んでほしい。

（佐藤真帆）

7　日本の美術教育理論

日本の美術教育理論それぞれの
歴史的背景について教えてください

1．美術教育理論とその変遷

　ここでいう美術教育理論には，厳密に構築された理論だけではなく，美術教育に関する思想や教科書等から類推される理論も含める。美術教育理論は，その時代の美術概念や教育概念を前提にする。ただ，明治後期の「教育的図画」から，専門美術と普通教育の美術は同一ではなく間接的関係になる。また日本の美術教育理論には，言葉で論理を突き詰めない緩やかさが時代を超えてある。

　大きな時期区分，すなわち江戸期，明治前期，同中期，同後期，大正期，昭和戦前期，戦時期・戦後前期，戦後後期という順に，各時期の主要な美術教育理論を見ていく。

2．江戸期の画論

　江戸期の画論の多くは，美術教育理論的要素を含む。それらは多分に精神論的で，教育の原理や方法を言語で緻密に体系化はしなかったものの，単なる再現描写は価値が低いこと，先人を学ぶことの重要性が強調された。教育の実際でも，手本の模写を師匠や兄弟子が添削し，注意点を指摘する方法がとられた。先人の手本の模写により絵画の本質を体得させる。模写は型に入ることである。その型を出ることも想定されていた。ただ，狩野派では，個性を発揮する「質画」よりも手本に沿った「学画」を強調したように，先人を学ぶことが第一であった。それが人格修養につながり，人間教育になった要素もある。また，塾であっても一斉教授ではなく，塾生が個人で手本を模写し，指摘や添削を受けた。

3．明治前期の鉛筆画（西洋画）教育理論

　明治期の日本の西洋化は，美術教育理論にも大きな転換をもたらした。まず，美術教育理論の典拠が，中国や日本絵画論から西洋絵画論に代わった。川上冬崖編『西画指南』（明治4（1871）年）の「凡例」は，西洋絵画論は客観的・合理的・体系的であるため中国や日本の精神主義的絵画論に勝り，西洋では絵画を科学（学問）としていると記す。西洋絵画論は人体素描と図学の2つの基礎の上に構築されていた。西洋でも教育方法は手本の模写が中心であったが，日本の秘密主義的な扱いと違い，西洋では公開性と効率性を特徴とし，民間で手本や絵画教授書がたくさん刊行された。

　明治期に導入された近代学校教育制度も西洋発であり，西洋絵画論と相性がよかった。西洋絵画論の合理性・体系性は，計画的教育課程である学校教育に適合する。学年に応じた内容を教科書で一斉に学ばせた。まず，線や幾何形の図学的内容を基礎として練習させる。その後，器物→花葉→草木→禽獣→山水といった事物の体系順と，線画→施影画という技法順で題材が構成された。

4．明治中期フェノロサの美術画法教育理論

　在来の日本絵画論に大まかな教授順序しかなかったので，明治中期の図画教育に毛筆画（日本画）が採用されても，その教育課程は西洋画のそれを踏襲した。

　この時期に東京大学のお雇い外国人フェノロサ（Ernest Fenollosa, 1853-1908）は，自身の絵画美学に基づく体系的教育内容と方法を提示した。すなわち，作品全体を模写させる指導法では江戸期狩野派のように創造性を失う。絵画作品の要素ごとに練習したのちに，それらを総合するのがよい。絵画には内容的要素と，形式的要素である線・濃淡・色彩がある。それら要素の美しさと調和が美を現象させる。それら美が現象する場として抽象・古大家（の作品）・天然がある。この線・濃淡・色彩と，抽象・古大家・天然とを組み合わせた「美術画法教授順序

表」に沿って練習する。最後に，自ら総合する「新案」で完結する。

東京美術学校でのフェノロサの実践は，学生に線・抽象題材を過度に練習させたため失敗した。しかし，造形要素の構成練習はバウハウスの予備課程の先駆であったといえる。

5．明治後期の教育的図画教育理論

明治中期の毛筆画（日本画）教育は，美術自体を目的とする専門教育的であり，有用性がないと批判された。そこで文部省は，日本画や西洋画は専門的であるとして退け，その区別のない有用な手段的図画「教育的図画」を構想し実施した。現実の教育的図画は中性的で面白みのない図画であったが，国定教科書に具体化されて広まった。既述のように，教育的図画以降，専門美術と普通教育の美術は直接的ではなく，間接的関係となった。

6．大正期の山本鼎の美術教育理論

大正中期に山本 鼎（1882-1946）が，教育的図画の曖昧さや手本模写に対して，美や個人の表現という観点から批判し自由画運動を起こした。彼は，個人の美術的表現を目的とする芸術教育を主張した。美的価値は万人にとって重要であるとし，彼個人の実相主義から美は他人の眼（手本）ではなく，個人の感覚によって捉えられるべきとした。いわゆる有用性もそこから派生してくると考えた。また鑑賞の意義も強調し，既存の美術作品は模倣ではなく鑑賞の対象とすべきとした。

彼は，子供には表現の前に指示するのではなく，表現の後に指摘するといった，指導方法に関しても名言を残している。

7．昭和戦前期の構成教育理論

山本は昭和期になると，対象の描写よりも「構成の美」を多くいうようになる。山本の重心移動と同期的に機械的美をいうモダニズム美術が台頭してくる。その流れにあるバウハウスの予備課程の教育方法である「構成練習」が，美術教育界に新風をもたらした。線（形），明暗，質感，色彩等を純粋に構成して感覚を陶冶する。バウハウスで装飾を排して感覚と機能を統合した新しい造形が，近代デザインの原点となった。

8．戦時期・戦後前期の生産主義美術教育理論

戦時中から1970年代までの日本は総力戦的生産社会であり，それに対応した創造・機能主義的美術教育が唱えられた。戦時中はそこに戦時的題材が付加された。資源が乏しい日本が世界に対抗するには，創造性と機能合理性の統合が必要であった。例えば，戦意高揚の標識には目立つ色彩構成，兵器の迷彩には目立たない色彩構成が使われた。

戦後，久保貞次郎（1909-1996）が，国民ではなく子供に特化した創造主義美術教育論を唱えた。子供の本来もっている欲望＝創造力が，社会や家庭から抑圧されている。美術的表出で抑圧からの解放と，本来の創造力と精神的健康を子供にもたらすことができる。教師自身も抑圧から解放されるべきとした。

それに対して，社会主義リアリズムの立場から社会的現実，労働の価値，集団の創造性認識を主張する認識主義美術教育理論や，戦前の構成教育を継承発展する造形主義美術教育論も主張された。

9．戦後後期の消費主義造形遊び理論

1970年代に日本は生産社会から消費社会に転換し，それに対応する造形遊び論が登場する。絵画や彫塑等に分類できない未分化な活動で，全身的な造形活動が造形遊びである。発想先行ではなく，材料から発想させる。それは美術教育の基礎であると主張された。

公式見解では，造形遊びは子供の遊びの実態調査を踏まえて設定されたとする。一方，現代美術が参考になったという説も根強くある。

造形遊びは，事前に実体的な表現内容を設定しないで，子供の内面を規準とする。それゆえ，子供に活動をまかせる。ただ，そのような考えに慣れていない一般教師には難解な面がある。

（金子一夫）

8　図画教育の始まりと発展

図画教育の始まりについて
教えてください

1．幕末から明治にかけての西洋画研究

　西洋の科学技術と文化の水準の高さに圧倒された幕府は，通じて，近代国家の礎となる知識の吸収を急務と考え，それまでの蘭学に加え，英学と呼ばれる英語文献の翻訳と理解を促進するため，蕃書調所を安政3（1856）年に開所した。開所の翌年から，ここには西洋画の研究を行う絵図調方も設置された。川上冬崖（1828-1881）は，この絵図調方に勤め西洋画の研究を行った。蕃書調所は文久3（1863）年に開成所と改称し，フランス語，ドイツ語，ロシア語など諸外国語研究と教育の充実や理数系科目の研究・教育の整備に加え，画学が研究・教育の科目として，教授科目群の中に置かれ，冬崖はこの科目の教授（当時，教授という職名は最高位）となった。黎明期の洋画家として有名な高橋由一（1828-1894）は，蕃書調所の時期から冬崖に師事し，自ら油彩画の技法を探究し大成した。彼の描いた「鮭」には，西洋画の神髄であるリアリズム追究の姿勢が顕著に表れている。

　高橋由一がパリ万国博覧会（1867：慶応3），ウィーン万国博覧会（1873：明治6）に作品展示したことからもうかがえる通り，西洋画研究は殖産興業の基礎となる文化基盤の整備という文脈から読み解くことができる。開成所に画学という教科が置かれたのも，数学や物理などという理数系の科目や測量術や航海術など技術に関わる科目等と同じく実利的な分野だと考えられていたからである。

　1870年前後から1880年代は民間の画塾が多数興り，栄えた時代である。冬崖の聴香読画館が明治2（1869）年，由一の天絵楼が明治6（1873）年，イギリスで絵画を学んで帰国した国沢新九郎（1848-1877）の彰技堂が明治8（1875）年，聴香読画館で学んだ小山正太郎（1857-1916）の不同舎が明治20（1887）年に開塾している。これらの塾生だった画家たちは，洋行帰りの画家たちとともに近代日本の洋画界を背負っていくことになった。一般に，この時期の西洋画理解の進捗は，専門教育の系譜と位置付けられているものの，彰技堂に例を取れば，創始者の没後に引き継いだ本多錦吉郎（1851-1921）の指導内容を調べた金子一夫によると，「最初の一年が西洋の手本の模写（線画→施影画，器物画→植物・動物画→風景画→人体画）で，その後に写真や複製画の模写，水彩や油彩による模写へと進んでいく課程であった」とあり，難易度に沿った教程の追究という点でも，模写重視の指導法という点でも，図画教育の教程との共通点を見出すことができる。

2．明治前期の「画学」などの教育

　明治政府は，西洋の近代国家に見られる諸制度を学び，これを日本社会に実現する諸方策を実施し始めた。その一つが国民が就学の義務を負う義務教育であったが，十分な財政的な裏付けなく実施されたため，該当年齢の児童の就学率は当初は3割程度であり，明治10（1877）年の段階でも4割程度であった。

　このことからもわかる通り，明治5（1872）年に日本で最初に定められた「学制」（正式名は太政官布告「学事奨励ニ関スル被仰出書」）は，国民が自分の生活を整え，資産形成と新たな事業を興すことを謳いながらも，実は，殖産興業策による富国強兵を目指すものだった。この「学制」の中に，「学科ヲ拡張スル為メ左ノ四科ヲ斟酌シテ教ルコトアルヘシ」という表現の下に，「画学」という科目名が見出される。具体的には，「小学教則概表」に掲げられた「習字」や「算術」など下等小学から続く教科や上等小学から始まる「書読作文」，「史学輪講」などに加え，必要に応じて教えるべき科目群の中に「画学」が含まれていた。ちなみに小学校は

8年制であった。

　図の表示に関わる教科としては，小学教則概表において，上等小学校六級（11歳）から「罫画」という科目が掲げられている。これは，現在の図学や製図実習に近い実技であり，測量や建築の基礎を学ぶ目的も満たすものであった。

　「画学」や「罫画」とほぼ同時期に，「図画」という言葉も文部省及び各府県の教育関係文書には現れている。それでは，「画学」と「罫画」と「図画」の関係はいかなるものだったのであろうか。

　金子一夫によれば，「画学という総称があり，その中に図画と罫画という内容の違う分野があった」という構図であり，「図画が具体的事物を描き，罫画がそれ以前の段階の，碁盤目上に抽象形を描くことであったと思われる」。

3．明治中期の「図画」の教育

　明治12（1879）年，それまでの「学制」が廃され，「教育令」が公布された。明治14（1981）年には「小学校教則綱領」において，小学校は初等科（1〜3学年）・中等科（4〜6年）・高等科（7〜8年）の区分となり，中等科から高等科までに「図画」という科目が置かれた。内容も中等科では直線，曲線，用具，家屋など，高等科では禽獣，虫・魚，山水等というように，具体的な描画対象が例示されている。

　明治19（1886）年，勅令による「教育令」が施行されることになり，小学校は尋常小学校と高等小学校に分かれ，このうち尋常小学校は「父母後見人等ハ其学齢児童ノ尋常小学科ヲ卒ラサル［＝終わらざる］間ハ就学セシムヘシ」と義務教育化を強く押し出した。背景には，この時点においても就学率は50％に及ばなかったという事情がある。なお，就学率が90％を超えるのは，明治35（1902）年ごろである。尋常小学校では「情況ニ因テハ図画唱歌ノ一科若クハ二科ヲ加フル」とあるように，「図画」は加設科目の扱いであり，高等小学校では必修科目である。

4．教科書制度と教科書

　これまで見てきた通り，現在の図画工作の教育とは，目的も内容ともに異質だが，対象をリアルに描写し空間を表す教育は，「学制」が敷かれた時期から始まった。その実態を考える上で重要なのが，教科書である。

　小学校での教育というものが始まってから，最初の十数年は自由採択形式の教科書であり，検定制度はなかった。明治19年の「教科用図書検定条例」の後は，検定を経た後の図書が教科書として使用できることとなった。この後の歴史を追えば，明治36（1903）年からは，文部省が著作権を有する，国が定めた教科書のみを教室で使用可能とする，いわゆる国定教科書の時代が始まる。

　検定制度がない時代の教科書は，川上寛（前出の川上冬崖のこと）が纂訳（さんやく）した『西画指南』（明治4（1871）年発行）が有名である。纂訳とは，「翻訳し編纂し直してまとめる」ということであり，これは，イギリス人ロバート・スコット・バーン（Robert Scott Burn, 1825-1901）の基礎的描画の方法が図示された小冊子を原本としている。この本の用いられ方は，掲載された図を手本として模写する臨画の方法がとられていたと考えられている。

　この時期の教科書は『西画指南』に限らず，洋書を原典とし，それを纂訳したものが多く，鉛筆画教科書と呼ばれている。これに対して，近代国家体制が整うにつれて，顕著になる国粋主義的な傾向とともに，明治中期に現れたのが毛筆画教科書である。

（山木朝彦）

9 鉛筆画・毛筆画論争

鉛筆画・毛筆画の論争とは何ですか

　明治初期の図画教育は『西画指南』(1871)や『図法階梯』(1872)が代表する通り,西洋のデッサンや図法の基礎教程をそのまま利用する形態をとった。西洋絵画の遠近法などの伝統的な描画法が,実利的な用途を念頭に置いた日本の図画教育の基調に符合したからである。この時期の描画材料は,木炭・蝋石・チョークなどが主である。

　「鉛筆」という呼称が定まったのが明治6(1873)年ごろからであり,日本における生産が明治10(1877)年,本格的な輸入が明治11(1878)年ごろから始まる。描画材料として鉛筆の使用を前提とする図画教科書が現れるのは明治12(1879)年ごろからである。

　一方,毛筆を描画材料として編んだ教科書が現れ始めるのは明治21(1888)年ごろであり,明治20年代に盛んに用いられた。教育の場に毛筆画が登場する背景には美術界における日本美術復興の機運の高まりがある。この機運をつくりだした中心人物はアメリカ人のアーネスト・フェノロサである。彼は東京帝国大学に招聘されて哲学や経済学を教えていたが,日本美術の中に優れた芸術性を見出し,大学での受講生であった岡倉覚三(岡倉天心,1863-1913)とともに日本美術の復興に力を尽くした。

　毛筆画が図画教材として盛んになる直接的な原因は,明治17(1884)年に文部省専門学務局に設置された「図画取調掛」が設置の翌年に文部省に提出した「普通学校教科用図画調査」(1885)という報告書である。この審議会の委員は岡倉覚三,フェノロサ,狩野芳崖(1828-1888)など日本画復興の志をもった人々が中心

であったため,審議の過程で鉛筆画支持の小山正太郎(1857-1916)が委員を辞任した結果,報告書は毛筆の長所を述べ,普通教育に毛筆画を導入することを勧める内容となった。

　「図画取調掛」の考え方に沿うかのように,尋常小学校・尋常中学校での図画教育では毛筆画に基づく指導が優位となり,硯,筆,半紙など「書」と同様な描画材料で指導が行われた。

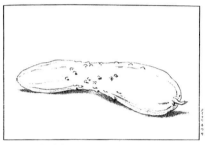

鉛筆画教科書の一例(文部省／小山正太郎画『尋常小學鉛筆畫手本』第4学年,文学社,明治38(1905)年より)

毛筆画教科書の一例(文部省,『尋常小學毛筆畫帖』第4学年,日本書籍,明治43(1910)年より)

　しかし,鉛筆画か毛筆画かという論争そのものが消えてしまったわけではなく,教科書も鉛筆画用と毛筆画用が共存していた。各々の教科書の展開は両者ともに横線・縦線・幾何形態から始まり,続いて鉛筆画は施影略画,密画→水彩の順に,毛筆画は淡墨の平塗りぼかし→彩色の順に進み,共通して易から難へ段階を踏んでいる。

　なお,鉛筆画・毛筆画論争の終結については,児童の発達に応じて様々な描画材料を適切に利用する方法を提示した『新定画帖』が現れた明治43(1910)年をその区切りと見るのが通例である。

(山木朝彦)

10 新定画帖

教科書の先駆けといわれる
新定画帖について教えてください

『尋常小学新定画帖』第6学年男生用「筆立と栞」（国立教育政策研究所教育図書館近代教科書デジタルアーカイブより）

　明治35（1902）年に起きた教科書採択に関する贈収賄事件をきっかけに，明治36（1903）年，小学校令が改正され，国定教科書制度が成立した。これによって図画教科書は，それまでの検定教科書から文部省著作の国定教科書が使用されることとなった。当時の図画教育は鉛筆画・毛筆画の優劣に関する論争が行われており，最初の国定教科書もそれに合わせ，『鉛筆画手本』及び『毛筆画手本』が二本立てでつくられた。どちらも臨画を基本とした内容で，授業ではその両方を課すのではなく，いずれか一方を選択するものであった。明治40（1907）年の小学校令改正では義務教育年限が6年に延長され，尋常小学校の図画が必修化された。これを受けて，国定教科書の改訂が行われることとなり，『鉛筆画帖』，『毛筆画帖』，『新定画帖』の3種が発行された。このうち，『鉛筆画帖』は『鉛筆画手本』を，『毛筆画帖』は『毛筆画手本』を改訂したものとされるが，『新定画帖』は新たに編纂された画期的なものであった。

　明治43（1910）年に発行された『新定画帖』は，正木直彦，上原六四郎，小山正太郎，白浜徴，阿部七五三吉によって編纂された。教科書の作成にあたっては，当時，アメリカを視察した白浜の意見がとり入れられ，『Text Books of Art Education』というアメリカの美術教科書を参考に内容が考えられたといわれている。

　『新定画帖』の特徴として，まず，鉛筆画，毛筆画という用具上の区別を廃し，児童の発達に応じて鉛筆，毛筆を併用させるとしたことがあげられる。鉛筆，毛筆のどちらも使用させるようにしたことは，鉛筆画・毛筆画論争から新しい時代へ進もうとする先駆的なことであった。鉛筆，毛筆の使用に関しては，低学年で鉛筆を多く使い，学年が上がるにしたがって毛筆を多く使用させるように設定されていた。また，第1学年から色鉛筆を使用し，第5学年から絵の具を使用して彩色するようになっていた。さらに，児童の心理的発達を考慮した教材を取り入れ，色彩，構図，図案などの題材を組織的に配列したことも特徴としてあげられる。図画の種類を臨画・写生・記憶画・考案画とし，低学年で記憶画，高学年では写生画を重視した内容となっていた。なお，『新定画帖』は児童用書と教師用書がつくられ，児童用書は尋常科第1学年及び第2学年のものはつくられず，第3学年より各学年1冊つくられ，第5学年以上は男生用，女生用に分けられた。高等科用では男生用，女生用のほか，男女生共用のものが発行された。教師用書は尋常科第1学年のものより各学年のものがつくられた。

　『新定画帖』は記憶画や写生画を組み入れ，従来の図画教育の中心であった臨画主義からの転換を図ったものであったが，教科書の趣旨への理解不足からか，学校現場の実態としては臨画中心になってしまったようである。また，大正時代には自由画教育を推し進めた山本鼎から批判を受けることになった。自由画教育の普及により，教育実践の場ではあまり使われなくなったという。『新定画帖』は批判を受けることもあったが，鉛筆画用，毛筆画用に分かれていた教科書を一本化したことなど，わが国の図画教育の近代化に大きく貢献した教科書として捉えられている。

（蜂谷昌之）

11 自由画教育

山本鼎の自由画教育とは
どのようなものですか

明治5（1872）年の学制発布に始まったわが国の図画教育は，西洋の模倣からスタートし，国粋保存主義の影響から毛筆画を重視するようになった。その後，鉛筆画・毛筆画論争を経て『新定画帖』が発行され，論争に一つの区切りをみることになった。この間の図画教育は，基本的には臨画主義といわれる，手本を見て描く教育が行われていたとされる。そうした明治期からの図画教育の在り方を大きく転換させたのが，大正時代半ばに山本鼎によって提唱された自由画教育運動である。

山本は明治15（1882）年，愛知県岡崎に生まれた。小学校を卒業し，桜井暁雲のもと徒弟として木口木版を学んだ。明治35（1902）年，東京美術学校西洋画科選科に入学，在学中に雑誌『明星』に木版画「漁夫」を発表している。東京美術学校卒業後は，石井柏亭らとともに美術雑誌『方寸』を創刊，挿絵や文章を発表した。その後，フランスへ留学し，大正5（1916）年，ロシア経由で帰国することとなった。このとき，モスクワで児童画展を見たことが山本の自由画教育へのきっかけになったといわれている。

大正7（1918）年，山本は長野県神川小学校で児童自由画の奨励に関する講演を行った。この講演が契機となり，大正8（1919）年，同校を会場として第1回児童自由画展覧会が開催されることになった。この展覧会は，マスコミに取り上げられたことから注目を集めるところとなり，各地で自由画展覧会が開かれるようになった。大正10（1921）年には，彼は自身の考えをまとめた『自由画教育』を著した。山本の主張は，図画教育は美術教育であり，手本を用

いた当時の図画教育を批判，臨画を排し，手本でなく子供を自然界へ導き，自分の眼で見て創造的に描く自由画を奨励するものであった。児童の自由な表現を伸ばすことを大切にし，児童中心主義の図画教育を目指したのである。

当時は大正デモクラシーの時代であり，教育の分野においても自由主義的な思想が盛んであった。ただ，山本の自由画教育は，そうした教育思想と直接的な結び付きはなく，彼自身の画家としての直覚によるものとされている。自由画教育運動として全国に普及した背景には，マスコミの報道による部分が大

大正期の児童画
（高岡市立博労小学校所蔵作品）

きいだろうが，大正時代の自由主義という思潮が基盤にあり，彼の考えを受け入れやすい土壌が形成されていたことによるものと考えられる。

自由画の広まりとともに，自由画に対する批判や現場での問題も起こった。山本の指導理論が不十分で曖昧さもあったことから，教育実践において写生画が主体となり，自由という名のもとに放任や無指導といった問題が出てきたという。また，画家や教育者からの自由画教育への反対論もあり，次第に自由画への熱も冷めていったようである。昭和3（1928）年，山本は雑誌に「血気の仕事」という記事を発表，その中で自由画教育の打ち切りを宣言し，運動は終焉を迎えた。

大人の表現を真似させるのではなく，子供には子供の表現があることを主張し，手本から子供を解放した山本鼎の自由画教育は，時代の流れに合わせ，自身の情熱と信念によって多くの人たちの共感を得ることができた。臨画教育からの転換という当時の図画教育に大きな変革をもたらし，児童に表現の主体性をもたせたという点は特筆すべきことであり，今日まで続く美術教育の礎を築いたとも捉えることができるだろう。

（蜂谷昌之）

12　自由画教育とその後

自由画教育の影響と
その後の昭和初期の美術教育の
展開はどのようなものですか

　山本鼎の自由画教育運動は，臨画主義の教育を否定したことで多くの賛同者を得て，全国的に浸透したが，その一方で自由画教育に対する反対論や実践上の課題も浮上してきた。自由画一辺倒になった図画教育に対して，それを疑問視する声や指導上の問題が出てきたのである。画家岸田劉生（1891-1929）は『図画教育論』の中で，図画教育の目的は児童の感情の美化にあり，美術や絵によって真の徳育を施すことであるとし，自由画法（写生，想像または記憶画），見学法（鑑賞，臨画），手法教授，装飾法という4つの方法で行うものとした。山本の自由画の意義を認めつつも，それだけでは不十分であるという立場であった。さらに，学校現場では自由画の実践において，児童に主体性をもたせ自由に描かせることが放任につながり，図画指導上の行き詰まりが生じたようである。

　自由画教育運動が起きた当時は，小学校の図画教育用に明治期につくられた国定教科書が発行されていたが，自由画運動によって教科書はほとんど使用されなくなったといわれている。『新定画帖』は有名無実なものになってしまったようだ。さらに，自由画教育の功罪も指摘されるようになり，教育現場では新たな教科書を求める声が出てきたという。そこで当時，民間から『小学参考図画』（三省堂，1927），『新撰小学図画』（三省堂，1929），『少年少女自習画帖』（大日本雄弁会講談社，1930）など教科書様の図画の参考書が発行された。このうち，自由画教育を提唱した山本鼎が編集に携わったものが『少年少女自習画帖』である。同書は板倉賛治，山本鼎，後藤福次郎の共編でつくられたも

ので，石川寅治，南薫造，石井柏亭ら，当時，画壇で活躍していた画家たちの描いた絵をはじめ，図案や名画の鑑賞のページなどのほか，タイトルにあるように児童が自習できるよう説明文が掲載されたものであった。なお，中学校や高等女学校で使用された図画教科書は，明治時代半ばより検定制度が維持されていたため，国定のものが使われていた小学校とは異なり，大正期及び昭和戦前期を通じて検定教科書の発行が続いていた。

　このほかにも自由画教育運動の打ち切り宣言と前後して，美術教育の様々な主張や実践が生まれた。霜田静志は『新教育に立脚せる図画手工指導の実際』を著し，図画手工統合論を主張，川喜田煉七郎と武井勝雄はバウハウスの教育内容を取り入れた構成教育の実践成果を『構成教育大系』にまとめた。また，青木実三郎は島根県馬木小学校における図画教育の実践『農山村図画教育の確立』を，中西良男は想画教育の実践と研究をまとめた『想画による子供の教育』を著した。さらに，綴り方教育と関連をもたせた山形県長瀞小学校の佐藤文利らの想画教育など，郷土や児童の日常生活に立脚した教育実践が展開されるようになった。

　図画教育に関する様々な考えや実践が紹介され，また民間から図画の参考書が発行される中，国定教科書の改訂はなかなか行われず，新たな教科書の発行には至らなかった。昭和7（1932）年，文部省はようやく新しい国定教科書『小学図画』を発行した。編纂趣旨では，観察，表現，鑑賞等の能力の育成を目指すことが示され，教材においては発達に応じて低学年で思想画に写生画と図案を加え，高学年に進むにしたがって思想画を減らして写生画と図案を増やし，臨画，用器画を加えるという構成であった。教育現場では，臨画用の図版以外にも，写生画の参考図として掲載された図を臨画させていたところもあったという。　　　　（蜂谷昌之）

13 構成教育

構成教育について教えてください

　構成教育はバウハウスで，ヨハネス・イッテン（Johannes Itten, 1888-1967）がデザインの基礎教育のために実施した「予備課程」（のちの基礎課程）に始まる。のちにデッサウに移転したバウハウスに留学した建築家水谷武彦はバウハウスの教育を紹介し，また建築家川喜田煉七郎は彼の開設した新建築工芸研究所において構成教育の実践を行った（p. 129参照）。

　構成教育の特徴は，造形表現の領域を限定して捉えるのではなく，絵画・彫刻・工芸・写真・デザイン・建築などのすべての造形表現を対象として，その基礎的な能力を育成しようとすること，非専門的で造形分野を通底するような基礎教育を実現しようとしたことである。バウハウスでの教育内容や川喜田の行った教育は，昭和9（1934）年に出版された『構成教育大系』（川喜田煉七郎・武井勝雄共著）としてまとめられた。そこでは単化練習，明暗練習，色彩練習，材料練習，機能練習などが構成教育の方法として取り上げられている。ほとんど自然形態を対象として行ってきた当時の造形教育に対し，積極的に抽象形態を取り入れたり，造形要素や造形原理といったものをはじめて明確に教育の中に導入しようとするなど，新鮮なものであった。川喜田は『構成教育大系』で，次のように述べている。

「構成教育とは丸や，四角や，三角を

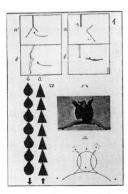

シュパヌンクの列

ならべる事ではない。所謂構成派模様を描くことでもない。我々の日常の生活の極くありふれた，極く身近な事を充分とり出して見て，それを新しい目で見なほして，それを鑑賞したり，作ったりする上のコツを掴みとるところの教育，それが構成教育である。構成教育をとても抽象的な，わかりにくい学問の様に心得てゐる人があるが，それは極めて具体的な実際である。」

　構成は造形的な領域から出発はするが，感覚訓練や技術習得という点を延長して考えるならば，生活全般への教育方法を想定することができた。それは実現されなかったが，「構作科」という生活レベルでの訓練を含んだ実用主義，生活準備主義の科目の構想へとつながるものであった。

　造形の分野に限ってみるならば，構成教育は造形全般の基礎といえる。造形全般に共通する色や形やテクスチュアなどの造形要素の習得，そして，その学習方法は分析的で合理的・機能的である。ここから導き出される客観的正当性をもった造形感覚，技術の訓練でもあったといえる。単化練習や平面のコンポジションなどを見ると，分析的で段階的な教育方法が中心となっている。また，絵画練習においても，線，明暗，構図といった絵画の包括している要素を段階的に習得して総合化するという教育方法であり，それ以前の自由画教育に対峙した方法である。さらに，造形要素や教材についても，子どもの生活に根差しており，バウハウスのように芸術家やデザイナーのような専門家を養成する教育内容とは異なり，普通教育での人間形成を目的としたものであった。

　戦後において，構成教育はデザイン教育に反映され，民間教育運動としては造形教育センターへと引き継がれた。『構成教育大系』に携わっていた間所春は昭和30（1955）年に『こどものための構成教育』，その改訂版で昭和38（1963）年に『こどもの眼とデザイン』を出版し，自らの教育実践を通して，子供のための構成教育をまとめた。間所による「まよいみち」の題材は独自性のある構成教育の一つである。（福田隆眞）

14 工作教育の歴史

工作教育の歴史について
教えてください

１．美術教育と工作

　工作教育という言葉は，平成29年版学習指導要領には直接用いられてはいないが，工作は，小学校図画工作科において「絵や立体，工作に表す活動」として，表現領域に位置付けられている。中学校の教育課程における工作的内容は，技術・家庭科の技術分野の「A材料と加工の技術」に位置付けられ，美術科においては「デザインや工芸などに表現する活動」の中の，主に工芸的な表現に相当すると考えてよい。

　ここでは，工作教育の歴史を概観し，現在の美術教育につながる要素を確認していきたい。

２．手工教育の誕生と展開

　日本の近代学校における普通教育としての工作教育は，手工教育から始まる。明治19（1886）年，初等教育改革時に，高等小学校に農業・手工・商業が設けられたのが始まりである。明治23（1890）年には尋常小学校にも手工科が加えられたが，随意科目（選択科目）であったため，それほど盛んではなかったともいわれる。

　手工は，欧米発祥のマニュアル・トレーニング（manual training）という職業教育的な教科制度の日本への導入にあたるという見解もあるが，フランスの手工教育や，スウェーデンの教育的スロイドがモデルであったとされる。例えば，東京高等師範学校教授となり近代教育の普及発展に尽力した後藤牧太らは，スウェーデンのネース・スロイド教員養成コースでスロイド教育を学び，帰国後にそれを取り入れた教育を提案した。スロイド（Slöjd）とは，伝統的な木工などの手仕事を指す言葉で，その教育的意義

を明確に示し，公教育の中に位置付けたのがスロイド教育である。背景には産業革命以降の社会変化があり，それは，工場製品の市場の席捲により，手仕事技術とその教育的効果の伝承が危機に直面しているというものだった。

　産業革命は大規模な社会変革をもたらした一方で，それ以前の手仕事の技術や豊かな表現の伝承が，困難となる状況を生み出した。さらに，急速に普及する工場製の量産品に対する危機感により，スロイド教育や，あるいはウィリアム・モリス（William Morris, 1834-1896）のアーツ・アンド・クラフツ運動などの，手仕事に対する新たな近代的価値付けが生まれたということもいえる。日本においては，民芸運動がこの構造を象徴するものだろう。

　初期手工教育の中心人物の一人，一戸清方は，明治25（1892）年の『理論実地手工書』の中で，手工は工業に関する練習という要請のもとにあると述べている。この場合の工業とは，手工業と機械工業両方を指していた。しかし，およそ20年後に出版された『日本手工原論』では，「手工教育ハ，工場教授ノ方法ヲカリテ，心身ヲ活動セシムルモノナリ」「其主眼ハ手藝家ヲ造ルニアラス，職業者ヲ殖スニアラス」と述べている。つまり，手工教育の主眼は職業教育ではなく，心身の健全な育成を目指す普通教育としての意義にあるというのである。

　約20年を経たこの違いは大きい。当初は職業訓練的な意味合いが強く，具体的な職業まで例示されているが，『日本手工原論』では，職業訓練を目的とした教育ではなく，一般教育として手工を捉える姿勢が強く示されている。技能・技術の獲得を目指した職業訓練ではなく，現在でいう資質・能力や態度の育成につながる視点といえよう。

　その後の大正期においては，子供の創造性を育成する視点の現れが注目される。例えば岡山秀吉は，自由な教材が特徴のアメリカ式手工を紹介し，普通科目としての手工の普及に尽力した。そして，大正自由教育思想の影響下では，

子供の自由な創造的表現を尊重する芸術的手工が盛んになった。創作手工などとも呼ばれるこのような活動は，現在の図画工作の内容につながるものといえる。

明治から大正にかけての手工教育の展開の詳細に関しては，多くの先行研究があるので，ぜひそれらを参照されたいが，いずれにせよ，手工教育は，安定した理念のもとにあったのではなく，異なる教育的意義付けの振幅の中にあったことは間違いない。その中でも，職業訓練や工業教育ではなく，普通教育としての意義がその時々に主張されてきたことは重要である。

その後，昭和16（1941）年に手工から「工作」と名称が変わったが，戦前・戦中の時代においては，工作の性格は，物品の製作に関する知識技能と機械の取り扱いなどを習得するものとして位置付けられ，創造的・芸術的な意義は薄れていった。

3．工作教育と「生活」

戦後教育においては，教科の枠組みは整理され段階的に変わってきた。昭和22（1947）年の学習指導要領（試案）では，小学校・中学校ともに「図画工作科」となっている。内容的には戦前の図画的内容と，工作（手工）的内容（の一部）が取り入れられたともいえるが，実質は，生活場面を重視したプラグマティズムの影響が強いものであったと解釈される。

教科の目標として，「自然物や人工物を観察し，表現する力を養う」，「家庭や学校で用いる有用なものや，美しいものを作る力を養う」，「実用品や芸術品を理解し鑑賞する能力を養う」が掲げられ，このうち，「家庭や学校で用いる有用なものや，美しいものを作る」ということが，工作に密接に関わる。

「家庭や学校」という，子供の生活に直結した場面が明確に想定されている点が特徴といえるが，この点は次の昭和26（1951）年の改訂でより明確になった。すなわち，「実用品や美術品の価値を判断する初歩的な能力を発達させる」や「造形品を有効に使用することに対する関心を高め，初歩的な技能を発達させる」といった個人的な目標と，「造形的な創造活動，造形品の選択能力，造形品の使用能力」などを「家庭生活・学校生活・社会生活」のために役立てるという，社会人及び公民としての目標が示されたのである。

4．これからに向けて

その後，高度経済成長期における美術教育は，造形感覚や創造性といった側面とデザインの重視が際立ってくる。小学校では昭和52（1977）年の低学年への「造形的な遊び」（のちの「造形遊び」）の導入があり，二度の改訂を経て平成10（1998）年には高学年まで引き上げられた。このことにより，子供自らが思い付き，試し，活動するという図画工作の教科性が明確になった一方で，工作教育はその重要性について，かつてほどの明確な主張をもちにくくなっているともいえるだろう。しかし，現代の，そして未来の美術教育を考える際に，工作教育の歴史を振り返ることは重要である。

現在では，例えば，国際バカロレア教育におけるミドルイヤープログラムで，アートとデザインが別の科目となっているように，教育課程における工作的内容の位置付けは必ずしも一定ではない。言い換えればその教育的意義の解釈により，教科内外での位置付けが変わってくるということでもある。

デジタル技術の急速な発達により，手で絵を描くことすらも激減している現代，手仕事を基本とした工作教育の必要性や意義については，様々な角度から再検討する必要がある。もちろん，自然から材料を得て道具をつくり，生活世界を形成してきたという，ものづくりと暮らしの歴史を見れば，その根源性や教育的意義を軽々に手放すことはできない。一方で資源の枯渇や，環境負荷などの問題を踏まえたものづくりのありようもまた，今日的課題としてある。

工作教育については，その歴史を踏まえ，考えるべきことが実に多くあるのである。

（佐藤賢司）

15　戦後の民間美術教育運動

戦後の民間美術教育運動の運動エネルギーは，何だったのでしょうか

1．戦後という時代

　戦後社会は民主主義・自由主義社会として，戦前の国家主義・軍国主義社会と断絶したという通念がある。ただ，それは実態というより，占領軍と市民社会派知識人の希望の理念であった。そして，戦前の国家主義・非人間主義・非合理主義と断絶した戦後の民主主義・人間中心主義・科学主義的教育像も，教育関係者の希望的理念であった。そこで，希望的理念ではなく，総力戦的生産社会，消費社会，高度情報社会という実質的な三段階戦後像を踏まえて民間教育運動を考察する。

2．戦後初期の美術教育

　昭和20〜27（1945〜1952）年，日本はGHQ（連合国軍総司令部）の管理下，すなわち連合国の占領下にあった。その中で，昭和22（1947）年に戦前の芸能科図画と芸能科工作を統合したかのような図画工作科が登場した。昭和22年と昭和26（1951）年には，学習指導要領が公表された。そこで示された図画工作科内容は，アメリカ流の生活造形主義が色濃くあった。ただ，戦時中の芸能科図画・芸能科工作からの継続として，創造力の涵養，機能合理主義的造形の推進もあった。この学習指導要領は「（試案）」と標題にあり，各地方が自主的に設定するための参考資料とされた。

　GHQは，図画工作科では教科書を使用しないことを求めた。そのため昭和27年に中学校で，昭和30（1955）年に小学校で検定教科書使用が始まるまで，正式の教科書はなかった。代わりに掛図「図画工作科学習資料」が公的教具として配布された。また，民間から「準教科

書」と称する多種の参考書が大量に発行された。のちの検定教科書も頁内に多数教材を載せた参考書形式を継承した。

3．戦後民間美術教育運動の登場

　昭和27年に日本は独立した。占領の重しがとれたことで，民間美術教育運動団体が簇生した。昭和26年12月に日本教育版画協会，昭和27年に創造美育協会，昭和30年に新しい絵の会と造形教育センターが発足した。法的拘束力をもつ学習指導要領が昭和33（1958）年に告示され，民間美術教育運動の対抗軸となった。

　戦後の民間美術教育運動は，敗戦の傷痕や戦死者への鎮魂・慰霊意識を内に秘めると同時に，戦後の総力戦的生産社会を創造性，現実認識と労働尊重，機能合理主義といった理念で支えたともいえる。それゆえ昭和30年代の高度経済成長期に運動も盛り上がり，昭和40年代に落ち着いた。なお，これら民間教育運動団体は，現在も健在である。

4．久保貞次郎と創造美育協会

　創造美育協会の指導者となる久保貞次郎は，児童の創造的な絵と非創造的な絵を明確に区分し，非創造的な絵を描かされている児童「二千万人の不幸」といったショッキングなフレーズ等によって，戦前の客観描写を是とする教師を，戦後的な表出的表現肯定へ転換させた。また，創造美育運動に熱中した教師の戦時教育実践への贖罪意識も指摘される。

　久保は昭和13（1938）年に，日本文化・教育の紹介のため欧米へ児童画交換に出かけた。アメリカで，同国児童の絵は一見下手に見えるが，描こうとする欲望＝創造精神が盛んなことを認識した。この創造精神を日本で広めるため，帰国後に児童画の公開審査活動を始めた。戦争での一時中断を挟んで戦後に再開した。文筆による啓蒙も盛んに行った。

　久保のいう創造主義美術教育論は，以下の論理構成になる。①子供は本来創造力（＝欲望）をもっている。②それは家庭・学校・社会から抑圧されている。客観描写も抑圧である。③美

術の表出的表現により子供を抑圧的感情から解放する。それで子供は精神的健康と創造力を恢復する。

昭和27年5月に，久保は賛同者と創造美育協会を結成する。同会のゼミナールと称する毎年の研究会には全国から1,000人以上の参加者があった。そこでは誰とでも握手する等の手段で教師の意識改革も図られた。

5．太田耕士と日本教育版画協会

戦前に手工（工作）科に含まれていた版画の先駆的な教育実践があった。生活現実を書く綴り方（作文）教育も実践されていた。戦後に太田耕士は，それら2つを統合して全国的な生活版画運動にし，版画を美術教育の主要教材として定着させた。

戦前，太田は兵庫県小学校教員，上京後に美術教育雑誌の編集や風刺漫画運動に関わった。戦後，中国での兵役から戻り風刺漫画，風刺版画運動をした。昭和26年12月に版画家たちと日本教育版画協会を設立した。昭和27年8月に，岐阜県中津川で開かれた作文教育全国協議会で版画教育を宣伝して，多くの作文教育実践家を版画運動に参入させた。その後，会員の増加に伴い，徐々に会を版画家混在組織から教員主体の組織に変えていった。

6．新しい絵の会

「新しい絵の会」は最初，「新しい画の会」として創造美育協会に参加していた。昭和30年前後，社会主義的立場の井手則雄，箕田源二郎，上野省策たちが入会して，会の研究を，社会現実の認識を深め新しい生活画を育てる方向へ転換し，「新しい絵の会」として再出発した。

同会は，社会主義リアリズムを下敷きにした美術教育，すなわち労働者階級の社会的現実と労働の価値の認識を育てること，個人の創作より客観的な集団討議の可能性を主張した。文部省の教育政策や，創造美育協会の心理解放主義，後述の造形教育センターの非政治的造形主義を批判した。

7．造形教育センター

戦前に川喜田煉七郎たちによる構成教育運動があり，戦時中の国定教科書にも機能合理主義的戦時題材が多数掲載されていた。戦後も構成教育的実践が個々になされていた。

そのような基盤があった中，かつてのバウハウス校長であったグロピウスが，昭和29（1954）年に来日した。それに刺激された勝見勝や松原郁二といったデザインや工作教育関係者が昭和30年に，生産社会に適合する機能主義的造形の教育を研究推進する造形教育センターを結成した。昭和33年の小学校図画工作科学習指導要領に「デザインをする」，中学校美術科学習指導要領に「美術デザイン」項目が入った。

ただ，社会の中の機能主義造形「デザイン」と美術教育のデザインとは目的が違う。それらの関係は深いが，完全には一致しない。この2つをどう整理体系付けるかが，その後の造形教育センターの研究課題となった。

8．活動の沈静化

昭和40（1965）年に，日本の民間美術教育運動団体を含む美術教育関係組織が，東京で第17回国際美術教育会議を開催した。同会議は，昭和30年代の民間美術教育運動が一定の成果を上げて一段落した，いわば総決算を象徴する出来事であった。

その後，日本が生産社会から消費社会に転換していったため，これらの民間美術教育運動は深刻な難問に遭遇する。社会の転換によって各運動団体の活動根拠が社会の表面から消えていった。例えば，人間の抑圧関係は複雑になり，簡単に解決できなくなった。また，農工業の生産的労働を目にすることは少なくなった。さらに，機能合理主義は消費社会では消費を喚起するといった訴求力をもたない。

しかし，それらの活動根拠は社会の表面から見えにくくなっただけで，問題としては存在している。民間教育運動には，それらを新たな形で復活させる課題がある。　　　　（金子一夫）

16 ロシア法とネース・システム

工作・工芸教育の理念と歴史について教えてください

1．スロイド教育とロシア・システム

　工作・工芸教育の理念を考察する上で，スウェーデン，ネースのスロイド教育とロシア・システムが対極的に取り上げられている。この理由の一因は，両者がアメリカのマニュアル・トレーニングに影響を与えたことに関連がある。しかし，この2つには根本的な相違がある。ロシア・システムが既存の工作技術を効率よく教授する職業訓練であったのに対して，ネースのスロイド教育は早い時期から手工的活動を媒介とした一般教育（a general education）を目標としていた。すなわち，技術の教授ではなく，技術を扱う人を育てようとしていたのである。ここでは工作・工芸教育理念の世界的な先駆けであるスロイド教育について，ロシア・システムとの比較を交え，その理念を検討する。

2．ロシア・システム

　1830年，モスクワ市に設立された「手仕事と工業の学校」は，1868年に「帝国技術学校」へと再編された。この学校は6年制で，土木技師・機械技師・製図工・職工長・化学者を育成していた。ここでは，実際に仕事を契約し，賃金労働者とともに学生が実習して遂行されていた。当時は，教授することなく，学生が自ら模倣することで学ぶ徒弟方式の教育が中心であったが，1868年に同校の校長ビクトール・デラ・ボス（Victor Della Vos, 1829-1890）は，より効率的な職業訓練を行う必要性を感じ，仕事場と指導場を分離することにした。彼の考えたロシア・システムは，①可能な限り短い時間で習得できること，②同時に多数の学生を指導すること，③各々の学生の進歩を教師が計測・測定で

きるようにすること，を目的としていた。彼は，生徒が様々な技術を容易に熟達するためには，単純な低い段階から，徐々に困難となる問題を克服することが必要であると考えた。仕事場教育において生産過程や技術分析が行われた事例はロシア・システム以前には見られず，画期的であった。1876年，フィラデルフィアの百年祭博覧会で公開されたロシア・システムは，アメリカのマニュアル・トレーニングに大きな衝撃を与えた。それは19世紀後半の第二次産業革命によって助長され，数多くのエンジニアリング等の学校が設立され，道具と機械を使用する訓練が導入された。

3．スロイドとは

　スロイドという言葉は，古代北欧語に起源を発し，古代スウェーデン語では，「巧みな」，「熟練した」という意味であった。オットー・サロモン（Otto Salomon, 1849-1907）は，狩猟が中心であった時代に，「獲物を獲ることができる」という意味から，この言葉が生まれたと記す。彼は，スロイドが「芸術」と近似的性格をもっていると考え，手工業的な仕事から距離をもたせており，1905年の『教育学的問題の中で』の著書で，「教育的役割の中で，スロイドを位置付けることができた」と記している。

4．スロイド教育の始まり

　1872年，サロモンは，伯父のアブラハムソン（August Abrahamson, 1817-1898）の所有していたスウェーデン・イェーテボリ郊外のネース城に，スロイド技術を教えるスロイド学校を設立した。アブラハムソンは，伝統的家庭内手仕事（ヘムスロイド：ヘムは，家を意味する）の活動を維持しようとする民衆運動に関心をもっていた。サロモンは，ヘムスロイドの維持という目的にとどまらず，ヘムスロイドを担う民衆の教育に注目し，スロイド教育を単なる技術教育ではなく，一般教育に位置付けなくてはならないという強い信念をもった。

　サロモンは，スロイド学校で子供たちを教える中で，適切な教師の必要性を感じ，1874年

に，スロイド教員養成のための師範学校を開設した。1876年にスウェーデン国内のスロイド学校は約80校であったが，1880年には約200校に増加した。1877年には，フィンランドの国民学校の父と呼ばれるウノ・シグネウス（Uno Cygnaeus, 1810-1880）を訪問し，子供の教育における手の活動の重要性をいっそう感じることとなる。サロモンらの努力で1878年にスウェーデン政府は，国民学校の教科としてスロイドを取り入れることを可能にする決定を下した。その後，サロモンは国民学校のスロイド教員を養成することに専心する。サロモンは，ルソー，ペスタロッチ，ロック，コメニウス等を教育学的拠り所としており，それらの教育学的文献をスウェーデン語に翻訳し出版している。

5．ネースの国際化とモデルシリーズ

1880年に，はじめて外国人がネースのスロイド講習会に参加した。それ以降，ネースの国際化は進み，世界中の多くの国々からスロイド教育を学ぶために，講習会参加者や派遣団が訪れた。1888年には，日本からも後藤牧太や野尻精一らが訪れている。サロモンは，様々な素材を調べ，特に木材を重要なスロイド素材として選び出し，ネース・システムをつくり出した。これは，ロシア・システムと同様に，容易なものから困難なものへと進む組織的な仕事の過程の上に構成されている。

ネース・システムの基本的な思想は，当初より技術的修練のためのみの活動ではなく，子供たちが生活の中で使用するものを自らモデルにしたがって製作することであった。スロイドでつくるモデルは，絵や図ではなく実際のもので示され，数十種以上のシリーズとなった。

ロシア・システムが効率を重視し，仕事の過程を分析し，分解された単一の仕事を繰り返すのに対して，ネース・システムは，具体的であり，それぞれの段階で完成される作品の度合いが徐々に高まる。何よりもその目的は，子供たちの全体的発達に主眼が向けられていた。サロモンの願いは，スロイドを国民学校において普通教育の一教科として位置付けることにあった。

6．スロイド改革

モデルシリーズは絶えず変更され，様々なバリエーションが生まれた。サロモンは，モデルが生活に有用な品々であることを重視していたが，当時の教育学をもとに，おもちゃが子供にとって有用な生産品であるという考え方をしており，小さな子供向けのモデルシリーズには，おもちゃを含めることを認めた。

1907年，サロモンの死後，ネース・システムは形式化し，時代の変化にも対応できなくなっていた。そのような中で，ネース・システムに対して改革を主導し，スロイド教育に新たな方向付けを行ったのがカール・マルムステン（Carl Malmsten, 1888-1972）である。彼は，ネースで学び，ネースの教師にもなったが，ネースの厳しい教育方法が子供たちの創造性を奪っていると考えた。彼は，建築家，家具デザイナー等で国際的に有名であったが，スウェーデンでは「スロイド教育改革の父」とも呼ばれ，高く評価されている。マルムステンらの努力により，スロイド教育は，美的・実際的教育という方向付けを得て，モデルシリーズは廃止された。

7．スロイド教育の現代

スロイドという教科は，木材・金属と布・糸（テキスタイル）という硬い素材と柔らかな素材という点から2つの領域を扱っている。材料に実際に対峙しながら，子供たちが自由に発想し，創造していく教科ということで，日本の工作・工芸教育との関連が深い。スロイド教育の特筆すべき点は，その始まりから2つの世界大戦を超えて現代に至るまで，人間形成という視点から，継続的にその教育学的理念が研究され，発展されてきたことにある。スロイド教員養成教育は，1960年にネースからリンシェーピンに移動した。特にスロイド・インスティテュートにおける1980年代の研究は充実しており，現在ではリンシェーピン大学の中にその流れを残している。

（遠藤敏明）

17 モリス，アール・ヌーヴォー，ドイツ工作連盟

モリスからドイツ工作連盟へと続くモダン・デザインの変遷について教えてください

1．背　　景

　産業革命により，急激に機械化・量産化が進んだが，それにより手工職人の伝統的な技能とその存在を脅かし，製作技術の低下は製品の質の低下を招いた。また，機械生産によって生み出される製品は従来の工芸品の様式のままで，技術革新や時代に合ったものではなかった。

　そうした状況に対して，1840年代ごろから，①製造業への美術の応用，②芸術性を備えた図案家や，優れた技術を備えた職人の養成による製品の質の向上，③大衆の趣味の向上の重要性が各国で認識され，教育改革，デザイン改良が進んでいくことになる。

2．モリスとアーツ・アンド・クラフツ運動

　アーツ・アンド・クラフツ運動からアール・ヌーヴォー，ドイツ工作連盟に至るモダン・デザインの源流に位置付けられるのが，ウィリアム・モリスである。

　彼は聖職者になるためにオックスフォード大学に進学したが，在学中にジョン・ラスキンの著作『ヴェネチアの石』の「ゴシックの本質」という章に感銘を受け，学位取得後に建築を学ぶことを決意する。モリスは，ネオ・ゴシック様式の建築家G・E・ストリートの事務所に勤めた後，バーン＝ジョーンズと自邸レッド・ハウスの家具などのデザインを始めた。

　そうした経験から，モリスは1861年，「絵画・装飾彫刻・家具・金工の美術職人集団」モリス・マーシャル・フォークナー商会を設立した。設立趣意書には，芸術面での監督と，装飾的な仕事をする上での協働の必要性が強調され，住宅や聖堂などの壁面装飾，装飾彫刻，ス

テンドグラス，金工，家具の設計施工を行うと謳われていた。モリスは商会で，廃れつつあった伝統的な植物染料やタペストリーの織りの技術習得にも取り組む一方，古典に取材した詩作などで名声を得ながら，精力的に制作を続け（図1），1891年に設立したケルムスコット・プレスでは古写本の復刻なども行った。

図1　モリス「花模様タイル」（1876年）

　ラスキンとモリスを精神的な父とみなす建築家とデザイナーの集団が中心となって，1884年にはアート・ワーカーズ・ギルドの名の下に，職人とデザイナーによって構成された諸芸術の協会が誕生した。

　同年には，建築家・デザイナーで熱心な社会改良家のチャールズ・アシュビーが手工作学校ギルドを開校する。ラスキン勉強会から発展したこの組織では，学校には工房が設置され，そこでは職人が生徒を教えた。

　モリスに始まるイギリスのアーツ・アンド・クラフツ運動は，その後欧米各国の芸術家たちに装飾芸術への関心を喚起しただけでなく，装飾芸術の地位の向上や，ものづくりの組織の改変にも強い影響を与えることになった。

3．アール・ヌーヴォー

　アール・ヌーヴォーとは，1890年ごろから1910年ごろまでの間に，フランスを中心として欧米に興った芸術運動の総称である。

　フランスでは1880年代から応用芸術を刷新しようとする動きが見られた。1897年にはドイツの美術批評家ユリウス・マイヤー＝グレーフェがパリに「メゾン・モデルヌ」を開店し，美術商サミュエル・ビングの「アール・ヌーヴォー」店とともに芸術家たちを惹き付け，新しい芸術の一つの拠点となった。

　ビングの協力者であった画家ジョルジュ・ド・フールや家具デザイナーのウジェーヌ・ガイヤールらは，「アール・ヌーヴォー」店を代表して1900年のパリ万国博覧会に出品し，好評を博した。また，パリではエクトール・ギマールがアール・ヌーヴォー様式でメトロの入り口の設計を手がけたほか，ルネ・ラリックが宝飾品やガラス細工におけるその素材の使用，洒脱なデザインにより才能を発揮した。

　パリと並んで，フランスのアール・ヌーヴォーのもう一つの中心地となったのは，エミール・ガレがガラス工芸や家具を制作したナンシーであった。ガレは，ガラス細工の技法を極めただけでなく，高島北海と交流するなどジャポニズムにも関心を寄せて，動植物や自然を熱心に研究し，モチーフに取り入れた。

　また，アール・ヌーヴォーはベルギーのブリュッセルでも花開き，ヴィクトール・オルタがタッセル邸など植物文様を取り入れた多くの優美な住宅建築を設計した。

4．ユーゲントシュティール

　ユーゲントシュティールは青年様式の意で，1896年にミュンヘンで創刊された文芸雑誌『ユーゲント』に由来するドイツ語圏の美術工芸運動である。

　この雑誌に挿絵を提供していた芸術家たち（ベルンハルト・パンコック，リヒャルト・リーマーシュミート，ヘルマン・オブリストら）は，ミュンヘンに手工芸統一工房を結成して，室内装飾に関わる一切のデザインを行い，同工房は万国博覧会等でドイツを代表する美術工芸の会社となっていった。

　ダルムシュタットでは，ヘッセン大公エルンスト・ルートヴィッヒがイギリスのアーツ・アンド・クラフツ運動を手本として，建築やインテリア，各種工芸など様々な分野の芸術家たちを招聘して滞在制作をさせ，芸術家コロニーを創った。1899年から，ウィーンの分離派館の設計で頭角を現していた建築家ヨーゼフ・マリア・オルブリッヒや，のちにドイツの代表的な建築家となる芸術家ペーター・ベーレンスらを招いて，ルートヴィッヒ邸を中心に芸術家たちの住宅を設計させた。また，1914年まで陶磁器，ガラス製品，金工などの応用美術が振興され，地場産業との連携が図られた。

　ワイマールでは，アンリ・ヴァン・デ・ヴェルデが，1902年に工芸ゼミナールを，1907年にザクセン大公立工芸学校を開設した。

　ユーゲントシュティール運動から興った工房教育の導入による美術教育の改革は，バウハウス創設につながっていった。

5．ドイツ工作連盟

　1907年秋，社団法人ドイツ工作連盟は，ヘルマン・ムテジウスの提案により，「芸術家，建築家，経営者，専門家の連合」としてミュンヘンに設立された。その創立会員である12人の芸術家と12の企業が新しい統一組織の結成を呼びかけ，それに応じた多くの芸術家と実業家らが集まり，自国の産業美術における諸問題を論議し，工作連盟の結成を決議した。

　ドイツ工作連盟において議論された主要な問題は，国外に影響を与えるようなドイツ美術工芸を生み出すために，①自国の一般の人々の趣味の水準の向上，②自国の製品のさらなる改良，③美術工芸にとどまらず，「建築を含むすべてのドイツ工作連盟の創造領域」の規格化を進めることにあった。同連盟はドイツにおける近代デザインの振興に寄与するとともに，世界各国に同種の連盟の組織化を促した。（針貝綾）

18 チゼック

フランツ・チゼックの美術教育上の貢献について教えてください

　フランツ・チゼック（Franz Cizek, 1865-1946）は，オーストリアの分離派（ゼセッション）に参画した画家であるが，むしろ美術教育における創造主義美術教育のパイオニアとして知られている。また，霜田静志，久保貞次郎，北川民次，山本鼎などわが国の創造美育運動や自由画教育にも影響を与えた。

　彼は，特に幼児期における自由で空想を広げる創造主義を具現化するために，1885年私設の児童美術教室をウィーンの下宿先で開設した。この下宿の窓から子供たちが塀に描いた落書きを見て，「子供には子供独自の表現がある」ことを発見したという逸話は，大人の美術表現から分離・独立した児童美術（Child Art）の存在を認めるパラダイム変換の起点となった。

チゼック
（©Österreichische Nationalbibliothek, Bildarchiv）

　この教室は，その後ウィーン美術工芸学校の傘下に入るが，子供の主体的で自由な表現は，当時の学校で一般的であった「目と手の訓練」を目指す幾何画的・臨画的表現に対するアンチテーゼとして提起され，多くの支持と共感を得ていく。世紀の転換期に設立された国際美術教育連盟（FEA）の1908年のロンドン大会での講演と作品展示とともに，R・R・トムリンソン，ヴィルヘルム・ヴィオラなどの児童中心主義美術教育者の著作などにより創造主義美術教育の旗手としての地位を確立した。

　その背景には，19世紀後半から生起した芸術の反アカデミズムの台頭，ハンブルクを中心としたドイツ芸術教育改革運動，新教育運動，アメリカ進歩主義運動，エレン・ケイの著作『児童の世紀』（1900）やマリア・モンテッソリの教育を具現化した「子供の家」などによる児童中心主義の広がり，コルラド・リッチ，ジェームズ・サリーらをはじめとする児童画の発達研究など，同時期において様々な思想変革や教育改革に伴う「児童美術の発見」があった。

　チゼックの教育論の特徴（構造）について，石崎和宏（1992）は，子供観，教育目的，教育方法の原理の視点からまとめている。

① 子供観：子供は独自の行動特性をもつこと，生来的に創造性を備えていること，自然な環境の中で有機的に発達すること。

② 教育目的：豊かな創造的民衆を育成することを目的の最上位に位置付け，その下に創造性の保護と推進，自己教育力の育成を置いた。

③ 教育方法：これらの教育目的を達成するために，造形活動を媒介として，合自然の原理，自己活動の原理，自由の原理という3つの方法原理に基づいて実践化を行った。

　こうした教育論に基づく彼の実践には批判もあった。特に美術教室の初期の作品が決められたテーマのもとに極めて技巧を凝らしたものであり，彼の主張する創造性や主体的表現との齟齬があるとの指摘も見られた。しかし，その後の実践作品の質的変化やヴィオラなどの擁護もあり，チゼックの啓発的な教育哲学が揺らぐことはなかった。

　チゼックは，当時の芸術世界や教育界の変革と相まって「児童美術」の門戸を開き，美術教育の新たな地平を開拓したが，依然として大人の美術と子供の美術の相克は存在している部分もある。資質・能力の育成が求められる現代の美術教育は，彼の標榜した創造的民衆の育成という目的を今日の文脈の中で再評価することが必要ではないだろうか。　　　　　（福本謹一）

19 ドイツ芸術運動

20世紀のドイツにおける芸術運動の流れについて教えてください

1. 20世紀前半の展開

　19世紀末，約20年遅れてフランス印象派を受容することになるドイツ語圏の芸術運動は，1890年代の分離派運動やユーゲントシュティールを経て，インパクトのある展開を見せた。20世紀に入ると，1905年以来の「ブリュッケ」の活動により本格的に顕現してくる表現主義の潮流によって，国際的なアヴァンギャルド運動に接続を果たす。さらに，1911年に始まる「青騎士」の活動では，ヴァシリー・カンディンスキーによる抽象絵画も誕生している。

　1914年に始まる第一次世界大戦は，大きな転換点となった。戦時中の1916年には，中立国であったスイスのチューリッヒで，既存のあらゆる芸術的な価値観に批判の矛先を向けつつ，「ダダイズム」の運動が始まるほか，1920年代から1930年代にかけては「ノイエ・ザッハリヒカイト（新即物主義）」の動向が顕著となり，ジョージ・グロスやオットー・ディックスに見られるような社会風刺的なスタイルが登場し，社会学的な眼差しを特徴とするアウグスト・ザンダーのような写真も現れる。こうした中，1919年，ワイマールに設立されるバウハウスは，近代デザイン運動の一つの到達点となるのみならず，キュビズム，未来派，デ・スティール，ロシア構成主義など，それまでのアヴァンギャルド運動の結節点としても重要な意味をもち，旧来の芸術学校の在り方に一つのオルタナティヴを提示することになった。建築に関しては，シュトゥットガルトのヴァイセンホーフ実験住宅の建設も一つの金字塔となった。

　1933年のナチスによる政権掌握以降，古典主義的なスタイルが注目を集める中，メガロマニックでモニュメンタルなプロジェクトが多数構想される一方，1937年の「退廃芸術展」のようにアヴァンギャルド芸術に対する公的な抑圧が行われた。

2. 1945年以降の展開

　第二次世界大戦後，東西に分断されたドイツは，芸術でも別々の道を歩んだ。西ドイツのアート・シーンがアメリカを中心とした西側陣営における潮流への指向性を鮮明にする一方，東ドイツでは社会主義リアリズムが公的な芸術様式として推奨されていった。前者では，国際的な現代美術の潮流の紹介と戦前のモダニズム運動の名誉回復をかけて，1955年，カッセルにて「ドクメンタ」展が創始された。時代の「アンフォルメル」の潮流に乗りつつ抽象美術が興隆する中，「ゼロ」グループのように，そこから距離をとりながら，別の仕方での抽象を探る動向も出てきた。また，戦後ドイツの前衛運動の拠点となったデュッセルドルフでは，1960年代以降，ニューヨークに発するフルクサス運動に共鳴しつつ，ヨーゼフ・ボイスやナム・ジュン・パイクらが活躍し，後世のアーティストたちに多大な影響を及ぼした。こうした中で「ハプニング」や「アクション」，「インスタレーション」といった表現手段に注目が集まった。1970年代前後から，ゲルハルト・リ

ヨーゼフ・ボイスの作品（「20世紀の終わり」1983年）（Reinhard Ermen: Joseph Beuys, Hamburg 2010, S.124より）

ヒター，ジグマール・ポルケ，ゲオルグ・バゼリッツ，アンゼルム・キーファーなど，戦後世代の画家たちが目覚ましい活躍を見せるようになり，国際的にも注目を集めた。東ドイツでは，異端的ながらヴェルナー・テュプケをはじめとする「ライプツィヒ派」が注目に値する展開を見せ，1990年の東西統一後は，その後衛となるネオ・ラオホらの活躍が続いている。

（清永修全）

20 バウハウス

バウハウスではどのような造形教育が行われていたのかを教えてください

L.ゲルゾン「空間性の習作
―紙の折り曲げ」
（1927年頃　原作：紙／再制
作：金属板　所蔵 Bauhaus-
Archiv, Berlin（Inv.-Nr.3836））

作者不詳「バランスの習作」
（1924-25年頃　木，鉄，アルミ
ニウム　所蔵 Bauhaus-Archiv,
Berlin（Inv.-Nr.2922））

　国立バウハウスは，1919年に造形美術大学と美術工芸学校が統合してドイツのワイマールに創設された，伝説的な美術大学である。バウハウスが推進した基礎造形は，20世紀を通して前衛芸術や造形教育の分野で国際的な影響力をもち，デザインの礎となった。

　初代校長となった建築家ヴァルター・グロピウスは，1919年「バウハウス宣言」の冒頭で「すべての造形活動の目的は建築である！」と述べ，「建築家，彫刻家，画家たちよ，われわれはみな手工作にもどらねばならない！」，「職人の新しいギルドをつくろう！」と呼びかけた。

　また，バウハウス宣言の扉を飾るリオネル・ファイニンガーの版画，通称「未来の大聖堂」は，中世のものづくりを理想とする初期バウハウスの理念が象徴的に描かれていた。

1．ワイマール国立バウハウス時代（1919〜1923年）

　校長グロピウスは，1919年に教育者ヨハネス・イッテンらを教員として迎えた後，翌1920年に画家パウル・クレーや舞台美術家オスカー・シュレンマー，1922年に画家ヴァシリー・カンディンスキー，1923年にモホリ＝ナギらを招き，基礎教育と10の工房による制作教育を始め，バウハウスの基礎を築いた。

（1）予備課程

　予備課程は，造形の基礎を身に付けるために，基本的な形態学や素材研究の授業が行われ，入学したすべての生徒が受講した。造形の基礎を身に付けるために，基本的な形態学や素材研究の授業が行われた。初期の予備教育を担当したイッテンの授業では，従来の美術アカデミーの教育方法とは異なり，各人の個性的な創造性を引き出し，思考や感覚，身体など諸能力の統一を目指す美術教育が試みられた。

　1923年にイッテンがバウハウスを去った後，予備課程はヨゼフ・アルバースとモホリ＝ナギに引き継がれた。アルバースは紙工作による構成的思考法の訓練を，モホリ＝ナギはミクスト・メディアによる構成教育を行った。

（2）工　房

　半年間の予備課程を終えた生徒は，初期においては材料別に設けられた工房に分かれ，親方（マイスター）と呼ばれる教員の下で，3年間の作品制作を通して実践的に制作技術を身に付けた。ワイマールではまず，形態親方としてファイニンガーが版画工房，シュレンマーが石彫と木彫の工房，クレーがステンドグラス工房，ムッヘが織物工房，グロピウスが家具工房を指導した。その後，舞台工房をシュレンマーが，金属工房をモホリ＝ナギが，壁画工房をカンディンスキーが受け持った。

2．デッサウ・バウハウス時代

　1925年に，バウハウスはデッサウに移転することになった。

（1）新たな展開

　バウハウス初期のワイマール時代には，手工芸的・表現主義的・神秘主義的傾向が見られたが，グロピウスは1923年の第1回バウハウス展

を境に，「芸術と技術，新しき統一！」のスローガンを掲げ，バウハウス理念の新たな展開を試みた。彼の設計によるデッサウ・バウハウスの新校舎は，鉄とガラス，コンクリートという「近代的」材料と技術による新しい「芸術」で，バウハウスが目指す新たな目標のイメージを具現化したものであった。

（2）工 房

グロピウスは1925年と，バウハウスが造形大学として昇格した1927年に，カリキュラム改革と工房の再編成を行っている。陶器工房と，石彫，木彫，ステンドグラスの工房は廃止され，1927年には家具・金属・織物・壁画の各工房が「建築・内装」のグループにまとめられた。また，版画工房は，印刷・広告工房となり，クレーとカンディンスキーの各教室は自由絵画クラスとして独立した。

デッサウ・バウハウスには，ワイマール・バウハウスの卒業生たちが若親方としてスタッフに加わった。金属のマリアネ・ブラント，基礎教育・内装のアルバース，内装のマルセル・ブロイヤー，広告のヘルベルト・バイヤー，広告のヨースト・シュミットらが若親方としてスタッフに加わり，バウハウス教育を推し進めた。

3.『バウハウス叢書』と基本理念

バウハウスがデッサウに移転した1925年には，バウハウスにおける教育理念とその活動を紹介する教科書『バウハウス叢書』の刊行が始まった。

グロピウスは，『バウハウス叢書1 国際建築』の中で，時間や空間，素材や資金などのきりつめた活用が，近代建築の外観形成を決定付ける要因であり，正しく機能するものを形づくるために，家具や住宅では何よりもまずその本質が究明されるようになったと指摘した。また，『バウハウス叢書7 バウハウス工房の新製品』では，「ものはその本質によって決定される」ものであり，「その諸機能を満足させ，丈夫で，安価で，そして『美しく』あるべき」と彼は説き，バウハウスの実験室である工房で

は，技術と形態に習熟した工業と手工作の共同制作者により新しい標準型をつくりだすのだと主張した。こうした彼の基本理念が，バウハウスに共有されていくことになる。

クレーの『教育スケッチブック』やピート・モンドリアンの『新しい造形（新造形主義）』，テオ・ファン・ドゥースブルフの『新しい造形芸術の基礎概念』，カンディンスキーの『点と線から面』は，新しい造形芸術を，基本的な造形要素である点や線・面の分析から出発し，それらの生成を運動の軌跡として捉え，プリズムから生じる色彩より構成するという点で共通している。これらの叢書に示された，一切の装飾を排除した，基本的な造形要素の構成が，バウハウス・デザインの様式となっていった。

また，『バウハウス叢書』のタイポグラフィーを担当したモホリ＝ナギは，文字と当時の新しいメディアであった写真，写真とテキストを組み合わせることにより，視覚的により正確に表現・伝達することが可能となるとして，視覚伝達デザインを追究した。

4. 建築教育の美術教育からの分離

建築科は1927年ハンネス・マイヤーがデッサウ・バウハウスに招聘されてはじめて設置された。翌1928年に初代校長グロピウスは辞意を表明し，マイヤーを後継者に指名したが，1930年8月にマイヤーは解任され，ミース・ファン・デル・ローエが第3代校長に就任した。

ローエ校長がさらに改革を進めた結果，基礎課程は必修ではなくなっただけでなく，希望する学生は工房実習を経なくても建築の授業に進むことができるようになり，美術教育から建築教育が独立することになった。内装工房と織物工房は維持されたが，広告部から写真科が独立し，自由絵画も学科となった。

1932年9月にデッサウ・バウハウスは閉鎖され，10月にはローエによりベルリンで再開されたが，翌年7月解散した。以後はグロピウスやアルバース，モホリ＝ナギらがバウハウス理念を伝えていくことになる。 （針貝綾）

21 ハーバート・リード

『芸術による教育』の思想について教えてください

1. 芸術の社会的役割

　ハーバート・リード（Herbert Read, 1893-1968）はイギリスの美術批評家として健筆をふるったが，その活動の幅は広く，教育から政治まで文化領域全般に及んでいる。とりわけ『平和のための教育』（アメリカ1949年，イギリス1950年に出版）は，第二次世界大戦の原因と悲惨な結末を省みて，いくつかの貴重な提案を行い，戦後世界の恒久平和を願う人々に感銘を与えた。その論旨はおよそ次の3点にまとめることができよう。

①　芸術活動が「一人の指導者が押し付ける心の同一化から人間を救い出してくれる」効果があるとし，民主主義教育の中枢に芸術教育を捉えようと提案したこと。

②　その具体的手段として，「事物による教育」というルソー以来の教育思想を称揚したこと。

③　美術による教育と科学教育の差異について考え，既成の科学が主として測定と分類をつかさどる活動であるのに対し，芸術は想像力と創造性を中心にする総合化の活動であり，科学が発展するための創造的契機もまた芸術的な思考方法に根をもつと指摘したこと。

　彼の著作の特徴は，例えば『芸術と工業』（1953）がイギリスのデザイン教育に実質的な影響を与えたという事例からもうかがえる通り，極めて現実的な提案を含むところにある。

　出版年でいえば，『平和のための教育』（1950）以前ではあるが，『芸術による教育』（1943年初出，1958年改訂）は，社会システムとして平和を維持する具体的な方策を教育に求め

た著作であるといえよう。その中で彼は，「個人は，社会の有機的全体の中で，その個性が実現される程度に比例して善である」と述べ，個人の個性と社会的役割の調整の必要性を指摘した。美術といえば，個性の教育を連想する人が多いが，美術における個性とは，人々との協力やディスカッション，さらに仕事の適切な分担という過程で浮かび上がるものなのである。

2. 表現を類型として捉える意味

　リードの『芸術による教育』から広まったものの見方に，児童生徒の絵画表現をいくつかの類型に分けるというものがある。これはシュルレアリスムやフォーヴィズムといった近代絵画の主要な流派に対する分析と，心理学に関する深い理解が結合して生まれた彼の独創的な見解である。次に簡単にこの類型について見てみよう。

①　思考型：写実主義・印象主義に対応する。自然という外部世界の模倣にかたむく。

②　感情型：超現実主義に対応する。外部世界に反発して精神性を探究する。

③　感覚型：表現主義に対応する。芸術家個人の感動を探究する。

④　直覚型：構成主義・キュビズムに対応する。素材・対象の抽象的形体を重視する。

　さらに類型は細分化され，計8つの分類に整理されている。児童生徒の表現を類型化する意味は，人間の表現には多様な傾向があるという認識を得ることに尽きるであろう。それぞれの題材で学級中に多様な表現が花開くことこそが，教師の力量を知る第一の指標なのであり，画一的な表現をまねくマニュアル的指導を斥ける根拠となっている。

3. リードと戦後日本の美術教育

　戦後の日本の教育界は，反戦と民主主義の確立という大きな目的を担っていた。すべての戦後日本の教育思想は，憲法に掲げられた恒久平和の達成に心血を注いでいたといってもよい。そのとき，教育学者の周郷博の翻訳版『平和のための教育』（1952）が出版され，民主主義社

会建設のための有力な教育論として注目された。

1953（昭和28）年に植村鷹千代と水沢孝策の共訳で翻訳刊行された『芸術による教育』は，『平和のための教育』と同様に民主主義社会の教育の在り方を模索した教育論であることは先に述べた通りである。そのほかの特色として，理想とする教育内容と方法について具体的な提言がなされていること，学術的な論文の形式によって理路整然と論理が組み立てられていることなどがあげられる。また，原著名の包含する意味から明らかなように，芸術を媒介にした教育というコンセプトを美術教育史上，最も明確に表したことが，当時の日本の美術教育に大きな影響を与えた理由であろう。

1952（昭和27）年に結成された創造美育協会（創美）は，ローウェンフェルドやニイルなど海外の教育者の紹介や研究会を行った。この創美の発起人の一人に名を連ねた教育学者が，前出の周郷博である。「（周郷は）1952年の創造美育協会の創立に関係し，その後もこの運動の指導者として活躍されました」と，創美の一員である島崎清海が言う通り，彼の精力的な執筆活動や講演は，創美の運動の理論的な支えになったと見られる。この周郷を介して，創美内部では徐々にリードの思想が浸透していったといえる。創美の中心人物である久保貞次郎は，北川民次からリードについて聞いており，周郷とも交友があった。しかし，晩年，創美におけるリードの影響力を過大評価しないように注意を促している。また，創美の論客だった室靖は，リードについてその意義を教育雑誌に寄稿している。

今，戦後の美術教育の歩みを振り返ると，リードの主張をすすんで受け入れる精神的な基調が日本の美術界・教育界に存在していたことに驚かされる。彼の著書は，昭和20年代終わりから昭和30年代前半にかけて積極的に翻訳刊行された。主なものだけでも，『平和のための教育』（1952），『芸術による教育』（1953），『モ

ダン・アートの哲学』（1955），『美術と社会』（1955），『芸術の草の根』（1956），『イコンとイデア』（1957），『インダストリアル・デザイン』（1957），『芸術の意味』（1959）などがこの時期に発刊されている。その後，1965年の来日（出光興産会長の出光佐三の招聘による），1968年の訃報を経て，『芸術形式の起源』（1966），『ハーバート・リード自伝』（1970），『芸術教育による人間回復』（1972），『芸術教育の基本原理』（1973）などが，相次いで邦訳されている。また，『芸術による教育』は，2001年に宮脇理，岩崎清，直江俊雄の共訳によって，原典により忠実な新訳が出版された。

芸術に焦点を当てた著作もあれば，教育に的を絞った著作もあるが，芸術的表現活動が人間の精神活動一切を包括する創造的活動の基礎であることを説くリードの姿勢は一貫している。これらの著作を通して，民主主義社会の礎を求めていた日本の教育界に，彼の創造主義的な表現観は浸透したのである。

4．リード理論の実践的側面

また，一面では，フロイトやユングそしてフロムの理論を紹介することによって，美術教育研究に精神分析のアプローチを導入したことなど，観念的な理想主義をこえる実践的な方向性が認められる。特に，社会思想家としても著名なフロムから受けた影響は大きい。生き生きとした生命の感覚を疎外することが破壊への衝動となり，逆に，生命の充実感が破壊の衝動を阻止するというリードの考えは，フロムの考えに影響されている。このような考え方は，心理的な抑圧の解放を造形表現活動によって成し遂げようと試みる臨床的アプローチに道をひらくものである。

このほか，小学校での教育内容は，できるだけ教科の枠にとらわれずに，統合して学習されるべきであり，「遊び」の形態をとるべきであるとするリードの提言もまた，子供と関わる教育実践の現場では，示唆的な提言であろう。

（山木朝彦）

22 アイスナー

アイスナーによる
芸術教育論について
教えてください

エリオット・アイスナー（Elliot W. Eisner, 1933-2014）は，アメリカ，シカゴでの高校の美術教師を経て，スタンフォード大学で教え，多くの芸術教育の研究者を育成した。その芸術に基づく教育論は，カリキュラム論や評価論など広く教育学研究にも大きな影響を与えた。

アイスナー

1．アイスナーとDBAE

アイスナーは，1980年代に盛んになった，自己表現活動をもっぱらとした制作中心の美術教育を批判した「ディシプリンに基づく美術教育（DBAE：Discipline-Based Art Education）」の提唱者の一人であった。"ディシプリン（Discipline）"には，学問，規範，原理，訓練，教科など多様な意味がある。DBAEは，美学，美術史，美術批評という学問や美術制作という訓練の4つの規範に基づく認知に関わる「教科」としての美術教育の理念を主張した。しかし，DBAEがゲッティ財団などの支援のもとに定型化されるにしたがい，その普及運動からは距離を置くようになった。

2．指導目標と表現目標

アイスナーは，「生徒を，固定化された単一の目標に向かって進む兵隊とみなすような学校を評価しない」として，計測できる目標や評価を定める標準（standard）は，計測される内容の価値を決める規準（criteria）に従うべきだとした。目標に関しても，標準化された一定のルールに基づいて表現技能などを判断する指導目標（instructional objectives）と，一律に設定できないオープン・エンドな表現目標（expressive objectives）との違いを強調した。彼が主導したケッタリング・プロジェクトでは，「カリキュラムが指導目標と表現目標との間を行き来する弾力的な性質をもつものであること」を主張した。その後，指導目標は行動目標と問題解決目標になり，表現目標は「表現成果（Expressive Outcome）」と呼ばれ，目標としては設定しない，結果としての成果（次の④サプライズ）をより重視するようになった。

3．教育が芸術から学ぶ8つのアイデア

アイスナーは，芸術教育を教育全体の範例として「教育は芸術から何を学ぶことができるか？」を，具体的な芸術活動に即して8項目のアイデア（考え方）を提案している。

① あることが，どのようになされるかという形式が，あることの経験の内容を決定すること。

② また，内容も形式を決定し，内容と形式とは相互に作用し合うこと。

③ 物事には白か黒かで割り切れない，微妙な違い（ニュアンス）があること。

④ 仕事が芸術的に進んだ探究には，予期しなかった驚き（サプライズ）があること。

⑤ じっくりと知覚すること（slowing down perception）が，実際に何であるかを見極める確実な方法であること。

⑥ 言葉の限界が認知の限界ではなく，言葉にできないことも私たちは認知していること。

⑦ 身体的な経験（somatic experience）が，物事を的確に捉えたかどうかの，最も重要な指標であること。

⑧ オープン・エンドな課題は想像力を発揮させ，発明のきっかけとなること。

これらのアイデアは，教育に対して「芸術が果たす最も重要な貢献」であり，「経験それ自体の〈質〉に人々の注意を向けさせ生活を活性化する」ことであり，教育に関する質的研究を支えるとしている。　　　　　（ふじえみつる）

23 ビジュアル・カルチャー

ビジュアル・カルチャー美術教育（VCAE）について教えてください

アート（芸術）概念・定義の拡大に伴い，美術教育の扱うべき主題もまた多様化している。21世紀に入って最もトレンディなテーマの一つが，「Visual Culture（視覚文化）」もしくは「Visual Pop-culture（視覚大衆文化）」であり，その傾向は今も変わらない。

1．美術教育におけるビジュアル・カルチャー（Visual Culture）の定義

ビジュアル・カルチャーという概念は特定分野を超えて多彩な領域にまたがっており，「ビジュアル（視覚）イメージ」を媒体として，各々の領域の中で，社会的文化的影響を問う形で語られることが多い。美術教育においては，従来のテーマであるファインアート（芸術）に加えた新たな芸術領域のメディアスタディーと関連付けて解釈されることが多い。すなわち，私たちの社会に日常的に存在する視覚イメージ全般について問うていこうとするものである。特に，子供たちの認知に最も影響の大きい大衆文化，つまりポップカルチャーとしての「視覚イメージ」と，そこから派生する関連物もまた対象として取り扱う。この領域の研究の嚆矢となった1970年代のイギリスでは，従来の伝統的な題材（絵画や彫刻など）では取り扱われなかったもの，例えば，映画，テレビ，ビデオゲーム，コミック（マンガ），広告など，視覚的要素を含むものであれば“何でもあり”で，非常に包括的な概念である。

2．美術教育における「ビジュアル・カルチャー」の位置と取り扱い

このように美術教育においても「ビジュアル・カルチャー」の対象となる範囲が多種多様

であることから，カリキュラムとしてどのように取り扱うかは各国の文化的教育的背景によって異なる。

アメリカの美術教育では，大衆文化またその視覚イメージを，社会を反映する鏡として認知し，そこにひそむ社会問題を読み解いていこうとする批評鑑賞の形，「ビジュアル・リテラシー」を高めるという目的で取り入れる場合が多い。このようなアプローチの第一人者であるダンカンは，美術教育の取り扱うテーマが，絵画や彫刻といったものからビジュアル・カルチャーにシフトしていった理由の一つに，1980年代における美術教育の意義・目的の変化，つまり「自己表現」の手段としての美術教育から「学問領域」としての美術教育への移行がその背景にあるとしている。

一方，日本における美術教育の意義と目的は，やはり現在も「自己表現」であり，「感性の教育」が根底にあるのではないだろうか。取り組み方としては，社会に氾濫する「視覚イメージ」や「関連グッズ」を通して社会問題を読み取るというより，ビジュアル・カルチャーに関連する題材，教材を使用して自分を表現するという方向に応用されていることが多いようである。

日本において，視覚文化の中心にあるのが「マンガ・アニメ」である。ウィルソンがかつてマンガを「ライゾン（rhizome：本来植物学用語で根茎のこと）」という言葉で表現し，無自覚に広がり増殖連携し合う媒体として，その影響力を的確に捉えたことは，言い得て妙である。現在では，その日本発祥の「マンガ」が世界に広がり，多くのメディアの中で形を変えて発展定着しつつある。また，21世紀初頭，アメリカ発祥の教育理念「STEAM（Science, Tech, Engineering, Arts, Math）」において，「ARTs（芸術）」の「創造・コミュニケーション能力」をもって他の学問領域を高めていこうという取り組みに，ビジュアル・カルチャーが貢献しているのは興味深いことである。
（徳雅美）

24 ヨーロッパの美術教育 イギリス

イギリスの美術教育の特色について教えてください

　イギリスの学校における美術は，心情的共感や手わざを重視する日本と比較すると，知的学習に基づく創造的表現を重視するという特色が見られる。

　統一的な教科書の不在，中高一貫教育による専門スタッフや設備の充実，学校間格差などの背景は，多様な実践を生み出す背景である。一方，ナショナル・カリキュラム，試験制度，多文化主義，批評学習などの制度や考え方は，美術教育に一定の方向を与えている。

1．ナショナル・カリキュラム

　イギリスでは，1988年に学校教育の内容に関する初の全国的基準，ナショナル・カリキュラム（National Curriculum）導入が法制化された。「美術」（アート，クラフト，デザインを含む視覚芸術）は，5歳から14歳までの一般の学校に通う子供たちが学習する。その内容・構成には，芸術の領域による区別がなく，学習や調査に基づくアイデアの実現と評価を含んだ一つのプロセスとして記述していること，全学年に教科としての継続性が重視されていることなどに，特徴が見られる。

2．試験制度

　中等教育一般証明試験（GCSE：General Certificate of Secondary Education）等の外部機関による試験は，従来から学校教育の内容をゆるやかに規定してきた仕組みの一つである。多くの場合，学校での授業の成果と，「外部設定試験」の成果とを合わせて採点し，提出作品には，調査や思考の過程を示すスケッチなどの資料を添える。また近年では，美術教科と関連してGCSE以外の試験制度を採用する学校もある。

3．多文化主義

　多文化主義は，多民族社会への現実的対応という背景をもっている。都市部の学校では，子供たちの大多数が移民の家庭出身という場合もあり，西洋美術中心の学習内容に再検討の目を向けざるをえなくなっている。これらの動きは，単に個人の表現がそれ自身として尊重されるだけではなく，社会的集団のもつ文化との関わりにおいて承認されるべきであるという，西洋における認識の変化をも背景としている。

　具体的な学習方法としては，国内だけでなく，多様な文化の学習に基づいた表現という形式をとる場合が多い。例えば，他民族の美術について学び，それらの様式を用いて表現を行う，というような学習である。

日本の着物から発想した作品（中学1年，教室壁面展示の部分）

4．批評学習

　これらの具体的な方法の普及と関連して，学習における批評的方法の活用が重視されてきている。記述，解釈，評価などの段階的な方法が強調されることもあるが，現実には多様な理解やアプローチが用いられている。また，美術館訪問やアーティストとの交流を活用した学習などが推奨される。それらに共通する側面は，既存の文化からの影響を排除することによって創造的表現を生み出すのではなく，その文脈との関連において独自の表現を生み出し，また理解していこうとする態度である。　　　　（直江俊雄）

25 ヨーロッパの美術教育 ドイツ

近年のドイツの美術教育の動向について教えてください

1．ドイツの教育制度と美術教育

　ドイツの教育制度は三線型をとっており，日本の小学校にあたる基礎学校の4年の段階で，子供の能力や適性に応じてギムナジウム，実科学校，基幹学校（あるいは総合学校）と，その後の進路が割り振られる早期振り分け教育である。その点で日本の教育制度とは大きく趣を異にする。加えて，連邦制をとるドイツでは，教育政策は16あるそれぞれの州の管轄であり，したがって学習指導要領も州ごとに異なる。美術教育に関わる科目の名称も「美術」，「美術と造形」，「造形美術」と様々なら，時間数もまちまちである。

2．1990年代後半以降の教育界の動向

　1990年代後半以降のドイツの美術教育の展開には，大きく2つのポイントがある。1つ目は1970年代以降の運動を牽引してきた世代の遺産の継承という課題である。2つ目の大きな課題となるのが，OECD（経済協力開発機構）が2000年に始めた国際的な学習到達度調査（通称「PISAテスト」）を契機に生じた新たな教育パラダイム転換との対峙である。成果の予想外の低迷に喘ぐドイツでは「PISAショック」が語られ，旧来の教育制度からの脱却を図るべく，幼児教育から大学教育まで含めた包括的な教育改革が始まる。そこでは，「コンピテンシー」概念をてこに，学習成果をアウトプットにおいて客観的に査定し，調整すべくエビデンス・ベースの実証主義的な教育政策が推進される。

3．3つの潮流

　以上の2つの座標軸のもと，新しい運動は展開する。その中でとりわけ重要な潮流に，「美的・感性的研究」としての美術教育，「芸術的陶冶」としての美術教育，「イメージ指向」の美術教育の3つがある。

　「美的・感性的研究」としての美術教育は，現代美術のアプローチを参考に，子供が自ら選んだテーマを基に身の回りの世界を探求するプロジェクト型授業を特徴とする。

　それに対し，「芸術的陶冶」としての美術教育は，「芸術」の意味を狭義の「美術」を超えて環境や社会の変革にまで広げて捉えようとするヨーゼフ・ボイスの「拡大された芸術概念」に依拠しつつ，「芸術からの芸術教授学」を掲げ，改めて造形活動の意義を強調する。ここでも現代美術の様々なアプローチが取り込まれることになる。

　これらのスタンスとは若干出自を異にするのが「イメージ指向」の美術教育である。「イメージ・コンピテンシー」をキーワードとし，過去20年間の電子メディアの驚異的な発達や日常の視覚経験の劇的な変容を背景に，伝統的な「美術」概念や価値規範にとらわれることなく，むしろ現代社会におけるイメージの問題やメディア環境と主体的に関わる能力の育成を現代の美術教育の至上の課題とみなす。この理論を反映した，ギムナジウムの「中等教育Ⅱ」（日本の高等学校段階にあたる）における実践例を見てみよう。そこでは，ピカソの「嘆き悲しむ女」（1937）を糸口に，「悲しむ女性」という図像モチーフの系譜が歴史上の美術作品から現代の女性ポップスターのパッケージ写真に至るまでたどられ，文化的背景，表現方法や演出，効果等の検討が行われる。次いで，生徒はグループに分かれ，そこでの認識を基に上記のモチーフに関してそれぞれコンセプトを設定し，スマートフォンやデジタルカメラで実際に作品を作成し，最後にプレゼンテーションでその成果を互いに吟味する。一例であるが，生活を取り巻くイメージの世界に関するリテラシーや技能の獲得と自覚的な姿勢の育成に向けての試みである。

（清永修全）

26 ヨーロッパの美術教育 フランス

フランスの美術教育における
文化形成参加者の育成について
教えてください

1．フランスにおける「芸術の概念」と教育

　前提として，フランスの芸術観について確認しておきたい。日本では，「芸術」，「美術」，「アート」という言葉が文脈で使い分けられているが，フランスでは，辞書からも表現・技能活動全般を示す概念として「Arts」に集約できる。

　1980～1990年代に文化行政の大転換が図られ，「機会均等」，「領域拡大」，「直接参加」により芸術の現代化を果たした。その結果，パリ中心であった美術館は地方進出し，芸術の領域概念も多様性に富んだ表現活動全般に拡大され，誰もが芸術に直接参画できる社会教育，学校教育のプログラムが再構成されてきた。学校教育の観点では，格差拡大を助長する教育への省察により，知識・スキル獲得からコンピテンシー獲得へ今日大きく傾いている。中でも，フランスにおける文化形成の参加者を育成するという視点から着目されるコンテンツが「芸術史（Histoire des Arts）」である。

2．芸 術 史

　この内容は，幼児から高校生まで公教育を貫く学習課題として年間20時間の設定で，「芸術領域の総合的学習」の様相として捉えることができる。これ以外に週3時間の音楽・視覚芸術の実技がある。

　「芸術史」は，生活や人生と芸術の関わりを，体験，思考，表現から能動的に，近代に焦点化した歴史的変遷（先史，中世，近世，19世紀，現代）から学ぶことを目的に，行政・メディア・教育機関・美術館が連携して，様々なプログラムを発信している。

内容として，建築，庭園，サーカス，家具，デジタル，表現実践，コミック，映画，音楽，デザイン，詩，小説，ダンス，デザイン，服飾，絵画，写真，彫刻，演劇が設定され，歴史区分と組み合わせた多様なメニューがオンラインと対面から提供されている。幼児では様々な表現・造形活動，小学校では各領域内容のトピック学習，中学校では，近代・現代を中心としたテーマ学習，高校ではバカロレア試験に向けて芸術と社会の諸課題を関連付ける議論，論文作成を実践する。

3．学校教育芸術アドバイザー

　このように「Arts」は，娯楽と趣味だけでなく，フランス文化を形成する重要な概念として広く社会と国民に根付いている。

　イタリアのレッジョ・エミリア・アプローチでのアーティスト関与についてはよく知られているが，フランスにおいても同様に，公教育での芸術教育を推進するための助言者（アーティスト）が組織化されている。現職教員の要請により，芸術活動の内容，方法，材料等専門家の立場から実践に向けたアドバイス，サポートを行う。

　この仕組みは，公募によるアーティストが複数の学校を受け持ち，教育支援とともにアーティストの財政支援をする組織でもある。

4．文化形成参加者の育成

　「芸術史」の目標には，幼児期から具体的実践を通して学習意欲を喚起し，「メディアリテラシー」の育成，そして，世界の芸術文化でなくフランスとヨーロッパを中心とした芸術文化の重要性を児童生徒に定着させたいという国民統合の意図が読み取れる。多様性と困難な課題を有するフランスが国民のアイデンティティを「芸術」に求め，文化形成の参加者としての国民育成を図ることで，諸課題を克服しようとする意図が存在すると考えられる。　（結城孝雄）

27 ヨーロッパの美術教育 フィンランド

フィンランドの自然，デザイン，美術教育について教えてください

1．厳しく美しい自然

　フィンランドは国土の一部が北極圏に位置するため，冬の環境が厳しい。太陽を約2〜4か月見ることができず，氷点下の気温が続く。寒さと暗さからの孤独と日光不足により，心身ともに不安定になる人が多い。一方，オーロラや真っ白な雪景色，春の瑞々しい植物に溢れる景色など，自然の美しさを身近に感じることができる。これが美術教育の基となっている。

2．フィンランドのデザイン

　厳しい環境下での生活を健康的で快適にするため，フィンランドではデザイン分野（建築空間，家具，食器，テキスタイル等）が発展してきた。これらは，高品質で機能的であり，自然界のモチーフを連想させる飽きのこない美しいイメージやフォルムをあわせもつため，世界から高い評価を得ている。

3．ナショナルコアカリキュラム

　フィンランド国家教育庁（The Finnish National Agency for Education）が発行するナショナルコアカリキュラムは，日本でいう学習指導要領であり，約10年ごとに更新される。これを基に，地域や組織の状況に合わせて教員は授業を作成する。

　日本の小・中学校に当たる基礎教育の中での美術の関連科目は，全学年必修の“芸術と技能”科目の中の“視覚芸術”と“手工芸”である。高等学校では，“視覚芸術”のみとなる。絵画，彫刻，陶芸，版画，デジタルアートなど，基本的な美術の技法と表現，作品の解釈，日常生活と関連する美術について学び考えることが主となっている。デザインは，デザインの概念とパッケージや包装，Tシャツのデザインなどが扱われている。内容は，日本と同様に指導教員の選択によって左右される傾向にある。本格的なデザインの勉強は，大学に入ってから行う。それまではデザインよりも美術の作品制作を行う機会が多い。特に小学生に当たる年齢では，表現する楽しさを体験することが，美術の授業の中で重要視されているようである。

4．フィンランドの大学の授業

　大学では，美術カリキュラムの主要概念に含まれる，体験学習，文化の多様性，アイデンティティ，文化遺産，伝統に関連した学習機会が多く設けられている。実際に筆者が受講した授業について以下に記述する。

　美術館教育学の授業では，新旧の美術館施設を多く訪れた。歴史博物館での授業では，その建物にまつわる歴史上の人物の即興劇を受講者で行った。当時の生活を展示物から想像して演じ，疑似体験することで，昔の生活文化，風習，歴史上人物の気持ち等を当事者目線で深く考え，理解できた。

　ウィンターアートの授業では，ノルウェー（カウトケイノ）のサーミ大学と合同で，観光宿泊施設内に雪の彫刻を制作した。サーミ族（北欧・ロシア北部ラップランド地方に居住する先住民族）の伝統衣装や工芸品を鑑賞後，サーミ文化をテーマとした作品のアイデアを考えた。作品は，トナカイの皮を使った伝統的な靴や帽子，服に付ける刺繍リボンの模様等から連想された。少数民族である彼らは，歴史の中で彼らの権利が保障されていない時期もあったが，現在は社会全体でサーミ文化や歴史に対して敬意が払われ，代々伝わる工芸技術を後世に継承しようという動きになっている。　　　（池内麻依子）

28 ヨーロッパの美術教育 ビジュアル・コンピテンシー美術教育

ヨーロッパでのビジュアル・コンピテンシーと呼ばれる動きについて教えてください

1．CEFR-VL（ビジュアル・リテラシー・ヨーロッパ共通参照枠）の目的と美術教育モデル

　2012年にヨーロッパの美術教育研究者が集い，ビジュアル・リテラシー・ヨーロッパ連携ネットワーク（ENViL）という研究グループを構築し，EU（欧州連合）の補助金制度であるコメニウス計画の共同カリキュラム開発の枠組みを活用して，CEFR-VLという美術教育モデルを提案した。その主な目的は，EU内の美術教育に関わる主要なコンピテンシーの体系化を図り，各国の美術教育カリキュラム開発の有用なツールとするとともに，21世紀の教育課題に対応する研究を進展させることにあった。

　その背景には，EUがもたらした様々な政治的変化と国家単位のアイデンティティや伝統とのバランス，ソーシャルメディアにおける視覚的なグローバル化の進展による旧来の美術教育刷新の必要性，美術教育軽視の危機意識による美術教育の位置付けの強化などの課題意識に基づくものであった。

　提案されたモデルは，図1・2に示すように表現・鑑賞の領域と3つのコンピテンシー，知識・技能・態度からなる構造モデルであるが，目標・内容を一元化して各国の美術教育の画一化を目指すものではなく，あくまで基礎的なコンピテンシーの枠組みを示すものであり，「ビジュアル・リテラシー」が，教科の本質を表現するものであると同時に，「視覚的に有能な」市民性育成の意図を込めたものであった。

2．共通参照枠の課題

　美術教育モデルに対しては各国の研究者から様々な批評が寄せられたが，特にリテラシー概念については，「視覚学習のすべての教科を包括する」教科名称であるとする一方で，能力概念を示す一貫性の欠如，あるいは「リテラシー」が貧困やイリテラシー（無学）といった社会的偏見を想起させることなどから，名称の不適切性が指摘された。こうした批判を受けて2018年には，ビジュアル・リテラシーからビジュアル・コンピテンシー（CEFR-VC）へ名称を変更し，サブ・コンピテンシーについても，表現領域では「視覚的アイデアを生み出すコンピテンシー」など5項目，鑑賞領域では「イメージを考察するコンピテンシー」など4項目に整理された。

3．共通参照枠の今後の可能性

　EUにおける政治・経済・文化の普遍化と各国独自の教育制度や文化的価値の固有性との対峙がある中で，こうした変革的志向性を受容して教育の制度的改編を現実化するには各国の政策対話が必要であり，各国の国内教育事情を勘案すればハードルは高いといえよう。

　しかし，各国でコンピテンシー・ベイストの教育改革が進む中で，各国の教育事情の違いを超越して美術教育の共通的な枠組みを構築しようとした試みは評価されるべきであり，今後の推移が注目される。

（福本謹一・佐藤真帆）

図1　ビジュアル・コンピテンシーのモデル　**図2　サブ・コンピテンシーのモデル**

29 アメリカの美術教育

アメリカの主要な美術教育改革運動 それぞれの趣旨を教えてください

アメリカの公立学校における美術教育は1821年に始まる。民主主義の理想を建国理念に置くこの国では，公立学校制度の設立当初から現代に至るまで，少数の特権階級や専門家ではなく一般市民に向けた美術教育はどうあるべきかという問いを背景に改革運動が進められてきた。

1．進歩主義教育の改革運動

民主主義による美術教育の理論的基盤を最初につくったのは，教育哲学者であるJ・デューイ（John Dewey, 1859–1952）である。彼は，美術，音楽，文学を中心とする芸術は，贅沢や余分ではなく，市民の資格として，個人に独自の美的能力を開発するために，公立学校で必ず学ばれるべきだと唱えた。個人が尊重される民主主義の原則のもと，教育を通じて，自分の目的や問題をもち，自分の頭で考える力や心の姿勢，また，自分に独自な視点や興味を育てていくことの必要性を主張した。美術教育では，美術の知識を記憶したり，画一的な方法で専門的技能を身に付けたりすることではなく，子供自身が自分の心の中で概念を生み出し，その表現に向けて最も適切な手段を，実験を通してつくり出していくことが求められた。

デューイの考え方は，19世紀末に起こった教育改革運動である進歩主義教育の理論的支柱となった。進歩主義の信条には，「文化は俗化されずに民主化することが可能である」や，「誰もが新しい科学の利益だけでなく芸術の追求においても分かち合える」がある。当時の一般市民の多くは，産業革命を背景に生み出された工場で働く労働者であり，芸術とふれあう機会は限られていた。公立学校で扱う芸術を通じて，次世代の市民となる子供に創造的で美的な心性を養うことで，民主主義に適った新しい文化形成につなげることが企図された。

代表的な教育実践には，デューイが1896年に創設し，校長を務めたシカゴ大学実験学校がある。学校は未来の社会の胚芽であると考えられ，そこでは，新しい文化形成に向けて，実用教育と教養教育の融合を特徴とする「仕事（オキュペーション）」の活動を中心に据えたカリキュラムの開発が行われた。この活動は衣食住に関わる仕事を題材とし，科学や芸術の教科等の学習を連関させることで，手作業の中に科学的価値，美的価値，社会的価値を見出して自らの生活に生かす力を発達させることや，共同作業を通じて市民に必要な社会的協力や社会的生活の精神を育成することをねらいとした。

進歩主義教育の運動は1950年代まで続き，美術教育を従来の職業訓練的なものから教養的なものに変容させることに成功し，公立学校における美術教育の地位向上をもたらした。

2．DBAEによる改革運動

進歩主義教育は，当時の心理学が明確にした子供の精神発達様式の知見に基づき，子供は受動的ではなく能動的な学習者であると宣言し，子供から始める美術教育への転換を求めた。一方でその一部は，子供の成長を自然の成り行きに任せ，積極的な指導を否定する，行きすぎた子供中心主義に向かい，美術教育を低迷させた。

これに対して，美術教育のカリキュラムの構造化を図る，DBAE（Discipline-Based Art Education，学問に依拠した美術教育）（p. 36参照）と呼ばれる改革運動が，1960年代から1980年代にかけて，E・アイスナーらを中心に起こされた。アイスナーはデューイの教育思想を継承して，教育課題を「学校を出た後に，若者が自分の成長を形づくるための力を与える条件を提供すること」であると示し，DBAEは，以下の4つを前提に置き，この課題に取り組んでいる。

① 子供の成長とは，遺伝的に決定されているものではなく，内側から外側に向かう働きか

けと外側から内側に向かう働きかけの相互作用を通してその可能性が開かれていくものであり，学習を導く教師の指導・支援が必要とされる。

② 専門家の芸術創造と同様，子供の創造も，時間，繰り返し，探求，努力と実践の継続性が必要とされる。

③ 学習効果を最大限にするために，子供の発達段階や個人の経験の観点から，学習の適切性が考慮されなければならない。

④ 子供が教室で学ぶことが，知的で感情的な生活の内在化された部分となり，教室外の生活でも生かされる学習の転移がもたらされるために，子供が取り組む課題は子供にとって意味をもたなければならない。

DBAE において"ディシプリン（Discipline）"とは「学問領域」を意味する。DBAE では，美術制作，美術批評，美術史，美学の4つの学問領域から，本質的な概念や探究方法を特定し，幼稚園から高等学校までのカリキュラムの構造に導入することで，子供の美術の学びを質的に向上させることが目指された。このようなDBAE のカリキュラムに対する考え方は，民間の学術団体である全米美術教育学会が1994年に出した全米美術教育スタンダードに採用され，全米規模で広がった。

DBAE は，1985年に H・ガードナーらが開始したハーバード大学の Arts PROPEL のプロジェクトとも連動し，子供の経験と美術の専門家の探究とをつなぐ認知的アプローチを定着させた。DBAE と同様このプロジェクトでは，芸術作品の研究を通じて作家が創作プロセスで行う選択の種類を理解し，自分の作品との関係をつくり出す認知プロセスが重視された。また，自己の創作プロセスの各段階での思考や判断を残し創造につなげる「プロセスフォリオ」と呼ばれるポートフォリオ評価が開発された。

3．21世紀型のナショナル・スタンダードによる改革運動

全米美術教育学会は，1994年に制定したナショナル・スタンダードを2014年に改訂した。国家戦略のもとで1980年代から始まった全米規模のスタンダードによる改革運動や，ICT（情報通信技術）の発達やグローバル化などによる大きな環境変動を特徴とする21世紀への対応の必要性が，その改訂の背景にある。

改訂版スタンダードでは，デューイやアイスナーが目指したように，生涯にわたって成長し続けることのできる自立した学習者の育成がねらいとされ，21世紀型スキルをもち，芸術的リテラシー（artistic literacy）を身に付けた教養のある市民づくりが意図されている。芸術的リテラシーとは，「芸術に真正に参加するために必要とされる知識と理解」，「芸術に独自の象徴的かつメタファー的な形態を通して，創造し，実演・プロデュース・発表し，応答し，結び付ける能力をもっていること」と定義される。知識を構成する主体は学習者であると捉え，これまで以上に，教室で学んだ知識，技能，能力などを別の異なる文脈に転移して活用できる力，すなわち，新しい問題に対して以前に得たものを自分の方法で独自に組み合わせたり，意味あるつながりをつくり出したりする力を育てることが強調されている。学習の転移は，専門領域（discipline）に核心的で重要な概念やプロセスの本質的な理解が得られればより促進されることが心理学研究で示されている。これを踏まえ，改訂版スタンダードでは，専門領域に本質的な概念やプロセスを精選して学習内容として組織化している。また，学習者が，自らの問題意識のもと，概念やプロセスを深く理解し創造的に活用することを促すために，専門家と学習者の探究をつなげる「本質的な問い」を学習に組み込んでいる。このような考え方は，G・ウィギンズと J・マクタイによる「理解をもたらすカリキュラム設計」の理論に依拠しており，同じくこの理論を採用している国語や数学などのナショナル・スタンダードと共通する枠組みとなっている。

（中村和世）

30 東アジアの美術教育

東アジアの美術教育について
主なものを教えてください

1. 韓国の美術教育

　韓国における教育制度は日本と同様に，小学校6年制，中学校3年制，高等学校3年制である。美術教科は，小学校1・2学年は音楽・美術・体育を統合した「楽しい生活」の中に含まれており，3学年からは「美術」として教授されている。美術教科の内容は美的体験・表現・鑑賞の3つの領域で構成され，それぞれの活動を通して創造的に表し，自分や世界を理解し，美術文化の創造に主導的に参加できる人間の育成を目的にしている。

　近年のデジタルへの転換，気候変動，学齢人口の減少など，様々な変化に対応して，新しく改訂・告示された「2022改訂教育課程」では，美術教科において以下を追求している。

① 審美的感性，創造，視覚的コミュニケーション，アイデンティティ，共同体力量を涵養する。

② 実際の生活と緊密に連関した，深みのある美術教科の学習経験を提供する。

③ 知識・技能・態度のバランスがとれた学習を通して全人的成長を追求する。

④ 美的体験・表現・鑑賞活動を通して自分や世界を眺める眼目を涵養する。特に，美術教科を通して培うべき5つの力量（コンピテンシー）は次のようである。

・審美的感性：対象や現象を美的に自覚し，反応しながら審美的感性を養う。

・創造：多様な美術活動を通して自分の感じや思いを創意的に表現しながら，経験や思考を柔軟に統合し，拡張する。

・視覚的コミュニケーション：多様な媒体に基づいた視覚文化を批判的に理解し，活用して視覚的に疎通する。

・アイデンティティ：美術を媒介にして主導的に思考し，行動しながら世界との関係において自分を理解する。

・共同体：美術文化の多元的な価値を尊重しながら，協力的意思疎通を通して共同体の文化の発展に参加する。

　一方，美術教科における教授学習方法や評価において，デジタル関連事項が著しく増えている。例えば，デジタル環境や美術の変化を考慮しながら教授学習の過程で多様なデジタル媒体を活用し，またオン・オフラインの連係が可能なデジタル基盤の教授学習を計画し，実行するようにしている。以前の教育課程では「ICT，写真，映像，マルチメディア媒体の活用」と表記されていたが，それらに「メタバース，体験型コンテンツ」などの用語が本格的に追加されている。

　なお，新しい教育課程では，「範教科教授学習主題」を提示し，美術教科においてもそれら

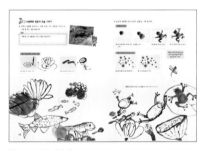

韓国の教科書（小学校3年生「水墨で描く」，知学社）

韓国の教科書（中学校2巻「新しい媒体と映像」，飛翔教育社）

を導入し，適用するように強調している。例えば，人格，人権，多文化，統一，経済・金融，デジタルリテラシーなど，民主市民としての態度や資質を涵養するようにしている。（金香美）

2．中国の美術教育

現在，中国の美術教育は2022年に公布された「美術課程標準」を基に実施されている。美術は，音楽，舞踊，演劇，映画・テレビとともに芸術課程に統合された。小・中学校9年一貫とし，発達段階を4つに分けている。1・2学年は第1段階とし，音楽と美術を学習する。3〜5学年は第2段階，6・7学年は第3段階とし，どちらも音楽と美術を中心に，舞踊，演劇，映画・テレビの科目を追加する。8・9学年は第4段階とし，児童生徒は前の5科目から2つを選択して学ぶ。

目標は，個人または団体協力の方法で美術活動に参加し，様々な用具・材料や制作過程を試み，美術鑑賞や批評の方法を学び，視覚・触覚または審美経験を豊かにし，美術活動の楽しみを体験し，美術学習への長続きする興味を得ることである。また，基本的な造形言語の表現方法を理解し，自分自身の感情や思想を表現し，環境や生活を美化する。そして，美術学習の過程で，創造性を刺激し，表現能力を発展させ，美術の素養を育成し，人格を陶冶する。

学習領域は，①造形・表現，②デザイン・応用，③鑑賞・評論，④総合・探索に分けられる。造形・表現は，多種の材料や手段で造形の楽しさを体験し，思想や感情を伝達する学習である。デザイン・応用は，一定の物質材料と手段を用いて，特定の目的と用途をめぐってデザインと製作を行い，情報の伝達や交流，生活と環境の美化，デザイン意識と実践能力の育成を目指す学習である。鑑賞・評論は，視覚世界に対する審美眼を育成し，言葉や文字で視覚世界に対する体験や認識，理解を述べるものである。総合・探索は，総合的な美術活動を通じて，問題解決を行う学習である。

（楊世偉・福田隆眞）

3．台湾の美術教育

台湾は2000年に教育課程を改訂し，教科から「学習領域」に変更し，美術は音楽，表演（パフォーミングアート）と統合し，「芸術と人文」学習領域で行われている。このことでより幅広い領域で芸術的創造を促して

台湾の教科書（中学校1年生）

いる。美術と音楽をすべて統合的に授業をしているわけではなく，テーマに基づいて，美術表現，音楽表現，身体表現を行っている題材が多い。

2014年から，領域名が「芸術」に変更された。美術では美感教育が検討され，進められている。

（福田隆眞）

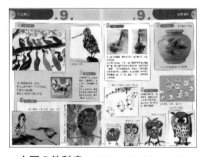

中国の教科書（小学校4年生「水墨の鳥」）

中国の教科書（中学校2年生「土の味」）

31 東南アジアの美術教育

東南アジアの美術教育について主なものを教えてください

ここでは東南アジアの美術教育で主なものとして，シンガポール，インドネシア，ベトナムを紹介する。

1．シンガポール

シンガポールでは，小学校（Primary School），中学校（Lower Secondary School）に，美術（Art）が必修教科として実施されている。2018年からは，新しい教育課程（シンガポールではシラバスと呼ぶ）が実施されている。

美術シラバスの冒頭には，教育課程における美術の価値が次のように示されている。

① 美術は，社会における児童生徒のアイデンティティ，文化，土地の意識を育てる。

② 美術は，21世紀において，児童生徒が批判的に認識したり，視覚的な情報を処理したり，効果的にコミュニケーションするための力を培う。

③ 美術は，想像力と創造性を広げる。

これらを踏まえて，シンガポールの小・中学校における美術教育の目標は，「すべての児童生徒たちが美術を楽しみ，視覚的なコミュニケーションができ，社会や文化を通して意味をつくることができるようにすること」とされている。

シンガポールは，中国系，マレー系，インド系などの住民からなる多民族・多文化国家である。そのため，美術教育は造形文化を通して自他の文化を理解するための教育としても機能している。民族的・伝統的な文化意識を育てると同時に，民族を超えた国の文化意識をはぐくむことを目指している。このように，美術を通した民族的・国民的なアイデンティティ育成が，

シンガポールの美術教育の大きな特徴である。

シラバスには，美術教育の教科構造が下図のように示されている。中心の三角形は，「新しい見方を促す」，「生き方に影響を与える」，「私たちの世界の物語を伝える」という美術の本質的な機能からなる「大概念」である。

三角形の接する「学習領域とコンピテンシー」は，「見る」「表す」「鑑賞する」という三領域と，それらに対応する資質を示している。その外側には「学習の構成要素」があり，さらに外側には「学習体験」がある。

中心に置かれた美術の本質を，表現者と鑑賞者の立場から学習し，この間に学習領域や構成要素が介在している教科構造がわかる。

シンガポールでは芸術文化振興政策が実施されており，芸術文化による創造的な国づくりが積極的に進められている。小・中学校の美術教育もこれに連動し，国づくりを担う創造性とアイデンティティを育成しようとしている。

（佐々木宰）

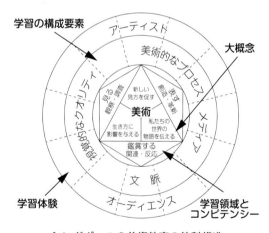

シンガポールの美術教育の教科構造

2．インドネシア

インドネシアは大小約300の民族からなる多民族・多文化国家であり，人口2億7,000万人以上（世界第4位）の大国である。「多様性の中の統一」をモットーとしている。美術も，民族の伝統的なものから現代に至るまでの多様な作品を有している。

2018年に，コンピテンシー重視の教育課程が実施されている。一例として，中学校のコアコンピテンシーでは，「目に見える現象や出来事に関連する科学，技術，芸術，文化に対する好奇心をもって知識（事実，概念及び手順）を身に付ける」としている。基礎コンピテンシーとして，中学１年生では，動植物，自然物の描写，装飾模様の描写，染色の装飾，木材工芸の装飾など。２年生では静物画，イラスト，ポスター，漫画，３年生では，絵画，彫刻，グラフィック，展覧会の実施がある。高等学校では，西洋美術・インドネシア美術など広い視野からの題材と，デザイン，映像などの現代的題材が取り入れられ，美術文化の形成に関連している。

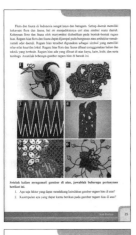

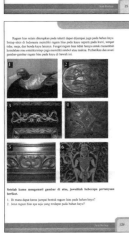

インドネシアの中学１年の教科書

これらの題材は，「学習の流れ」，「題材の目的」，「技法・技術」，「作品制作の実践」，「コンピテンシーの確認」に分かれた学習の過程を重視するようにしている。

インドネシアは多様な民族の独自文化を有し，そこに西洋美術の影響があり，さらには国際化した現代美術が創造されている。個々の題材を通して，美術の学習による資質や能力の育成に着目するコンピテンシーの教育に変化している。　（福田隆眞）

３．ベトナム

ベトナムは2020年に教育法を改正し，小学校５年間を義務教育とし，基礎中学校４年間と幼稚園１年間を普及教育としている。小・中学校の美術教育は「芸術」教科で行われ，音楽教育も芸術に含まれている。美術で扱う題材は，2006年のものが変更は少ない。

小学校の題材は，鑑賞，絵画，簡単な工作からなり，年間35週，１コマ45分で行われている。教育内容は，教育訓練省（日本の文部科学省）によって規定されている。短時間で幅広い美術に接するような題材構成となっている。

中学校では，絵画，工作，デザインに加えて，ベトナムの美術史も行われている。さらにテーマを優先して，「交通」，「周囲の生活」のような主題で，平面や立体の作品を組み合わせて表現する題材も設定している。教育方法は，児童生徒の主体性を重視する方法に転換してきている。

ベトナムの基礎中学１年の教科書（日本の小学６年相当）

また，ベトナムには「子供の宮殿」と呼ばれる，共産党政権が主催する社会教育がある。それは，絵画やデザインの専門家が子供たちを教育している校外学習で，国内に多数開設されている。　（福田隆眞）

32 国際バカロレア

国際バカロレアの美術教育の特徴について教えてください

1. 国際バカロレアとは

国際バカロレア（International Baccalaureate：IB）は国際的に統一された教育プログラムである。世界各国で異なる大学入学資格を統一することを目的として，1968年にスタートした。現在は，初等教育プログラム（Primary Years Programme：PYP），中等教育プログラム（Middle Years Programme：MYP），ディプロマプログラム（Diploma Programme：DP），キャリア関連プログラム（Career-related Programme：IBCP）の4つのプログラムが設定されていて，3～19歳の幅広い年齢層に対応している。2022年現在，世界中の約5,500に及ぶ学校で，195万人の児童生徒がIBを学んでおり，日本でも184校の認定校等がある。ここでは，日本で比較的多く行われているPYP，MYP，DPを見ていく。

IBはいずれの国からも独立した非営利教育団体である国際バカロレア機構が運営しており，その理念は「IBの使命」に示されている。そこには「多様な文化の理解」，「探究心，知識，思いやりに富んだ若者の育成」などが掲げられている。「IBの使命」を具体化したものが「IBの学習者像」であり，「探究する人」，「思いやりのある人」など，10の目標が示されている。IBを取り入れた学校は，これらの基本的な考え方に則って教育を行っている。

2. PYP（初等教育プログラム）

IBでは，欧米の教育システムでよく見られるように，芸術科（Arts）の科目の一つとして美術（Visual arts：美術）が設定されている。PYPも同様で，ダンス，演劇，音楽，美術がある。PYPの特徴として，教科の枠を越えた単元を設定して行うユニット学習がある。美術もこのユニットに加わって教科横断的な学びを行うこともある。

3. MYP（中等教育プログラム）

MYPの学習では，各教科に共通する16個の「重要概念」と教科ごとの「関連概念」，及び6個の「グローバルな文脈」が設定されている。授業では概念及び文脈を学習内容に近付けた「探究のテーマ」を設定し，さらに「探究の問い」を立て，生徒はこの問いを考えながら探究的な学習を行っていく。MYPでは「学習目標と評価目標」として，A：調査，B：発展，C：創作・実演，D：評価，を設定している。これらの目標はそのまま評価規準となっている。MYP及びDPでは，学習の経過を記したプロセスジャーナルが，学習の中で重要な位置を占めている。

4. DP（ディプロマプログラム）

DPは，大学入学資格取得のためのプログラムである。DPでは6個の教科群が設定され，美術が含まれる芸術もその一つであるが，芸術だけは選択制になっている。DP美術では「文脈に沿った美術」，「美術の方法」，「美術のコミュニケーション」の3つのコア領域が設定されている。これらの領域を，理論的実践，作品制作の実践，キュレーションの実践を通して学んでいく。最終的に，芸術作品を分析・比較する「比較研究」，美術活動の証拠となる「プロセスポートフォリオ」，学習を達成した証拠となる「展示」の3つが，ディプロマ資格審査の対象となる。　　　　　　　（小池研二）

DPの「展示」風景（作品を展示して評価する）

33 世界の美術教育の課題と展望
InSEA

InSEA を通して世界の美術教育の課題について教えてください

1．InSEA とは

　InSEA は，The International Society for Education Through Art の名称を短く表したものである。一般的に，日本語では国際美術教育学会と表記される。InSEA は，1954年に設立された NGO（非政府組織）団体で，ユネスコの公式パートナーである。団体の主な目的は，美術教育の普及やその研究と実践の促進である。

2．歴　　史

　1954年にパリで開催された InSEA の第1回の総会で会則が採択され，正式に発足した。その前文には創設メンバーの信念が表れている。

> 芸術を通した教育は，個人の発達のあらゆる時期における自然な学習の手立てであり，コミュニティの中で人間が知的，感情的，社会的に完全に発達するために不可欠な価値と規律を育むものである。
> （InSEA 会則全文より抜粋）

　発足後，定期的なニュースレターの発行，総会と世界大会の開催を組織することを今まで行ってきている。世界大会は，長年にわたって美術教育者のコミュニティの結束を促し，美術教育におけるアイデアや意見の交換の場となっている。近年では，世界大会がない年には，地域大会が開かれるようになっている。現在でも，InSEA の大小様々なイベントには，美術教育に関わるすべての人が，出会い，情報を交換し，現在の課題について議論し，互いの協力関係を築くことが期待されている。日本でも平成10（1998）年に，東京で地域大会が開催された。平成20（2008）年には，大阪で世界大会が開催され，世界各国から1,000人を超える美術教育者が参加した。

3．組　　織

　組織は，会長を含む6名から構成される執行部と，世界の6地域から3名ずつ選出される世界評議委員が中心となって，ボランティアで運営されている。また，各地域の活動をより活発にしていくために，現在は欧州とアジアの2つの地域委員会が活動している。令和5（2023）年時点で会員はおよそ80か国から1,000人程度である。InSEA は，World Alliance for Arts Education（演劇，音楽，美術，ダンス教育の4つの国際団体）のネットワークの構成団体でもあるため，InSEA 会員は広く芸術教育の推進にも関わっている。

4．InSEA を通して見る美術教育の課題

　InSEA は，すべての人が質の高い美術教育を受けることができるよう国際的に協力して取り組んでいくためにある。InSEA の設立に関わったハーバート・リードの著書『芸術による教育』は，1943年に発表された。今では当たり前のことと思われがちだが，「芸術による教育」をリードは革新的だと捉えていた。子供の想像力と創造力をはぐくむ芸術教育は既存の学校教育をも変えていくと考えられていた。

　地域格差による国際的美術教育活動への参加の困難さは，長年の InSEA の懸念事項である。美術教育は，現在も欧州や北米が牽引している。それは，学術論文投稿数，国際学会への参加者数などにも表れている。共通言語が英語であることも，私たち日本人が参加することを難しくしている原因の一つかもしれない。しかしながら，このような課題に対して，平等な機会をつくる様々な努力がなされているのもまた事実である。精緻な言語操作だけでなく，考えを必要な形で表現することを勇気付け，はぐくむ美術教育から，よりインクルーシブな美術教育を創造していくことは現在進行形の課題である。

（佐藤真帆）

34 児童画研究の歴史

児童画についての研究は，これまで どのように行われてきたのでしょうか

1．児童美術の発見と児童画研究の先駆者

　子供が自発的に描いた絵に独自の美術的価値を見出し，児童美術という言葉をはじめて打ち出したのは，1887年にイタリアで刊行された美術史家コッラード・リッチの著作『児童の美術』である。彼は約1,250枚の児童画を収集し，人物表現の特徴を検討して，子供の美的感受性が現れていると評価した。

　1888年には，フランスで児童心理学者ベルナール・ペレの『児童の美術と詩』が出版され，子供の心の状態を示す描画活動や言語活動を研究する必要性が示唆された。

　リッチ，ペレとともに児童画研究の先駆者とされるのが，イギリスの図画教師エベネザー・クックである。彼は美術批評家ジョン・ラスキンの教え子であり，美術教育の改革を目的として児童画研究に取り組んだ。1885年末から翌年にかけて教育雑誌に掲載された論文「我々の美術教授と子供の本質」でクックは，手本を模写させたりモデルを正確に写生させたりする図画指導法に反対し，子供の本質（内的自然）の発達の道筋にしたがって，観念や想像力による自発的描画活動を奨励すべきだと主張し，児童画の発達段階の設定をはじめて試みた。

2．児童研究運動と児童画研究の興隆

　クックの研究を取り入れて，図式の概念を用いた発達段階を示したのは，ロンドン大学の心理学教授ジェームズ・サリーである。1895年刊行の『児童期の研究』第9章「芸術家としての子ども」では，生物学における「個体発生は系統発生を繰り返す」という考え方（反復仮説）により，児童美術と原始美術との共通性が論じ

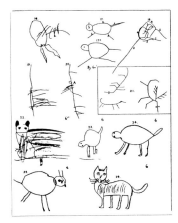

クックの論文にそえられた児童画の発達段階の例

られた。第10章では，人物画の図式の変化について，アメリカの心理学者スタンレー・ホールや後継者たちの研究成果が参照された。

　サリーやホールら欧米の代表的な心理学者を中心に1880年代に起こった児童研究運動は，18世紀にルソーが『エミール』において指摘した児童期特有の感じ方や考え方を，実際に子供の様子を観察し記述することで明らかにしようとした。この運動の初期から1920年代にかけて，多くの心理学者や教育学者が，子供の観念が表出されたものとして自発的な描画に関心を寄せ，その収集・分類に力を注いだ。

　日本においても明治23（1890）年，日本教育研究会が設立され，明治31（1898）年には月刊誌『児童研究』が創刊され，児童心理学の草分け的な研究者たちが，欧米の児童画研究を紹介するとともに，日本での調査結果を報告した。なお，児童画という呼称は明治40（1907）年ごろから使用され始め，1920～1930年代には研究者の監修による児童画集も出版された。

3．初期児童画研究の特徴

　19世紀末に始まった児童画研究の方法は，膨大な量の作品を収集し，それらを年齢別，性別，国別ないしは文化的背景の別などに分類し，比較することが主流であった。このように，できるだけ多くの事例を集めて一般的な傾向を捉える研究を，横断的研究と呼ぶ。

その成果として，20世紀初頭には，児童画を発達の系列に分類する土台が固められた。例えば，ドイツで数千枚に及ぶ児童画を収集した教育学者ケルシェンシュタイナーは，1905年に，錯画（なぐり描き）の時代に続いて，図式の時代，視覚的な見え方による時代，3次元空間の再現を目指す時代という，代表的な段階があることを示した。

さらに，一事例を時系列に沿って見ていく縦断的研究，すなわち個々の子供の描画表現の変化を，時間を追って観察し，発達メカニズムを理解しようとする研究も現れた。

1910～1920年代にかけて，フランスのジョルジュ・アンリ・リュケは，自分の娘の描画の縦断的研究により，「リアリズム（写実性）」という概念に基づく発達段階を提示した。彼によれば，児童画は本質的に写実を意図しているが，4～10歳ごろの「知的リアリズム」の段階にある子供は，描こうとする対象を前にしていても，「見えるものではなく，自分の知っているものを描く」とされる。この段階の児童画には範例化が見られ，レントゲン画や疑展開図が現れる。

リュケの研究はピアジェの発達理論に影響を与え，その後の児童画発達段階の基礎となった。しかし，その主知主義的な面だけが強調され，初期の児童画研究が児童美術という領域の確立に貢献した事実は忘れ去られていった。

4．発達的アプローチ

子供の知的発達を測定する手段の一つとして児童画を利用する試みは，リュケらの発達段階論を背景に，20世紀初頭に始まった。これを発達的アプローチと呼んでいる。

1926年，アメリカのフローレンス・グッドイナフは，子供が描く人物画の細部は概念形成の度合いを示すと考え，知能測定方法を標準化しようとした。また，D・ハリスは1963年にこれを改訂し，人物画の特徴を一つ一つ得点化してIQを算出する人物画テストを確立した。

グッドイナフ－ハリスの仮説のよりどころは，児童画にはその題材に関して子供がもっている概念が，まるでプリントアウトされたかのように現れるという考え方である。しかし実際には，子供は同じ題材の描き方を様々に変える場合があり，一人の子供の何枚もの絵を対象にすると，その信頼性はゆらぐことになる。

したがって1970年代には，子供の知能発達評価に児童画を用いる妥当性は疑われ，テストの利用にも慎重さが求められるようになった。知能発達との結び付きが強調されなくなると，発達心理学や児童心理学の分野で児童画に注目する研究者は極端に減少した。

5．臨床－投影的アプローチ

精神医学や臨床心理学の分野で投影法が発達した1940年前後，別の角度から児童画が注目され始めた。絵の色や形には，描いた人のパーソナリティや心理状態を知る手がかりが秘められているという考え方が現れたのである。これを臨床－投影的アプローチと呼ぶ。

1948年，アメリカのアルシュラとハトウィックは『絵画とパーソナリティ』において，児童画の色彩やその塗り重ね方や配置には，子供の情緒の状態が投影されていると主張した。また，フロイト派の精神分析理論では，描画などの芸術的活動に心理的葛藤や緊張のカタルシス（浄化）効果が期待できるとされた。このような児童画の捉え方は，1950年代の日本における創造美育協会の運動に大きな影響を与えた。昭和28（1953）年には，浅利篤を中心とする日本児童画研究会が設立され，児童画による心理診断法が研究された。

その後，現在に至るまで，精神医学や芸術療法の分野では，描画による心理診断法や治療法が模索されてきた。しかし，それらを科学的に裏付ける適切な研究が十分に蓄積されたとはいいがたい。

6．芸術的アプローチ

19世紀末から20世紀初頭にかけての新教育運動に並行して，特にドイツ語圏では，子供の発達や教育に芸術的表現が決定的な役割を果たす

と考える教育者が多数現れ，芸術教育運動が興隆した。このような土壌に現れたのがフランツ・チゼックであり，シュタイナー教育である。さらにヴィクター・ローウェンフェルドは，子供の健全なパーソナリティの発達には自由な自己表現を励ますことが不可欠であるという考え方をアメリカに伝え，教育の場での芸術的活動の重要性を唱えた。

1940～1950年代，ローウェンフェルドは，描画のみならず，子供の様々な創造的造形活動の発達段階をまとめ，視覚型と触覚型に代表される多様な表現タイプの分化にも触れた。このように，芸術教育の諸問題に実際的な面から示唆を与える児童画研究を，芸術的アプローチと名付けることができる。

このアプローチには，1960～1970年代のルドルフ・アルンハイムによる研究も含まれる。彼はゲシュタルト派の知覚心理学を芸術に適用し，情緒表現や認知発達の面からの考察をも枠組みに収め，児童画についての包括的な理論的説明を試みた。特に，絵は対象の単なる模写ではなく象徴的表現であり，描画は知覚（見ること）と思考（考えること）が密接に絡み合った推理の一形式であると主張した点が画期的である。その後継者としては，J・グッドナウや，ハーバード・プロジェクト・ゼロを率いて認知科学の分野でも活躍しているハワード・ガードナーがいる。

7．プロセス・アプローチ

前述のアプローチはどれも，子供が描き終えた後の，いわば児童画の表面的構造しか考慮していない。これに対して1970～1980年代には，絵を描く過程も見逃さずに考察するプロセス・アプローチが提唱され始めた。

イギリスのフリーマンは，描画は一つの問題解決行動であり，最初にどのような問題が設定されるかによって完成作品も異なると考え，実験的な調査には注意深く計画された描画課題が必要であるとした。また，最終的な絵の構造は，どこから描き始めるか，どのような順序で，どの位置・方向に線を引くか，全体をどうプランニングするかなど，様々な要素に依存することに着目し，それらを描画の方略（ストラテジー）と捉えて分析することを目指した。

1980～1990年代には，発達的アプローチに描画過程の観察が取り入れられ，発話や身振りを伴う描画過程のダイナミックな変化を分析するために，デジタル機器を使用して解析する試みも始まった。

8．社会文化的アプローチ

これまでのアプローチは，児童画発達の「段階」を強調し，視覚的なリアリズムを一つの到達点に設定してきた。2000～2010年代には，こうした前提を，写実的な絵画表現を発展させた西洋美術を規範とする西洋中心主義によるものとして批判する傾向が強まり，発達の「段階」を厳密に捉えることの難しさや危険性も指摘されるようになった。また，子供を孤高の芸術家と同一視して，その創造活動には干渉すべきでないとした芸術的アプローチも，子供を取り巻く社会や視覚文化的環境の影響の大きさを考慮した更新を迫られている。

子供は周囲から切り離された存在ではなく，時間と空間の中で他者とともに生活している。その文脈に寄り添い，絵を描くことにどのような意味があるのかを問い直そうとするのが社会文化的アプローチである。

アメリカのシュルツによれば，絵を描くことは子供が自分と世界との関わりを考える重要な機会となり，現実の複雑さや困難に立ち向かう社会的な実践としての意義をもつ。子供の生活の中に絵を描くことを位置付ける力をもっているのは大人であり，広い意味での文化である。子供がどのような場で，誰と，どのように視覚的イメージを作成し，それらの解釈をいかに学ぶのかに関する，状況に応じた研究が求められる。AI（人工知能）による画像生成が一般化した現在，人間の身体性や物質性を伴う描画行為にどのような意味を見出すかが改めて問われるだろう。

（赤木里香子）

35 描画表現の発達

描画の発達段階と指導のポイントを教えてください

描画表現は，身体機能にかかる発達と精神の発達の両面が大きく関わっている。身体の発達との関連は，描画材を持つ，画用紙になぐり描きをするという行為から始まる。その後，手の器用さが加わり，意図した形を描く，さらに精神の発達を伴い，思いを伝えるために描く，描きたいものを描くなど意図的な表現が生まれる。これまでも，描画表現の発達の特徴をリュケやローウェンフェルド，ケロッグなどが体系化し，順序性や系統性について述べている。また，ピアジェは精神の発達との関連性について述べている。ここでは，ローウェンフェルド等の分類を基に説明する。

1．錯画期（なぐり描き期）（〜4歳ごろ）

この時期は，ピアジェによると感覚運動的知能の段階，前概念的思考の段階とされており，無意図的に描かれる。リュケは，この状況を「偶然性」という言葉を用いている。腕を上下や左右に動かし，点やジグザグ線を描くことから始まり，円を描く，線を描くなど徐々に図形としての表現に近付いていく。ケロッグは，このなぐり描き（スクリブル）を20に分類した。

| 点々 | ジグザク | グルグル |

スクリブルの様子（2歳）

2．前図式期・図式期（4〜9歳ごろ）

円（マル）や線，その他の図形など，自分の思うような形が描けるようになると，そこに描かれた形が意味をもち始める。それはピアジェ

のいう直感的思考の段階であり，リュケの知的リアリズムの始まりともいえる。単なるマルが「お母さん」を意味したり，「ワンワン（犬）」を意味したりする。そこに目や口，手や足を描き加え，形は細分化される。特に，初期の段階は形を並べて描く「カタログ期」や，丸い顔から手や足を描く「頭足人」などが表現の特徴である。言葉の発達とともに，描かれる対象も増えていく。例えば，髪が長いお母さん，髭が生えているお父さん，リボンを付けている私，などである。さらに，公園で遊んだことや旅行に行ったことなどストーリも描けるようになる。

↓頭足人

「ぼく」（3歳）　　「お父さん」（4歳）　　「私」（5歳）

人物表現の発達

その後，空間意識が芽生えることで，地面を表す「基底線」を描いたり，空から見下ろしたように描く「展開図描法」，車に乗っている様子が透けて見えるように描く「レントゲン描法」など，この時期特有の工夫した表現が見られることもある。さらに，形の特徴が表現できるようになるなど，表現の幅が広がっていく。

「クワガタとカブトムシ」　　　「時計」（6歳）
（5歳）（基底線のある絵）　　（言葉の発達との関連性）

その他の特徴ある表現

この時期の特徴は，見ることよりも思い出して描くことが優先されるので，パターン化された表現が多く見られる。リアリティが主観的，

象徴的であるということである。それは色彩表現についても同じことがいえる。

「新幹線」（5歳）
（顔のある新幹線）

「バス」（小3）
（写実期に入った作品）

その他の表現の発達

3．初期写実・疑似写実期（9〜13歳ごろ）

リアリティが客観性をもち始めると，描画は視覚に頼った表現に移行する。それは，対象の特徴をより正確に捉えようとする表れでもある。リュケはこの時期を視覚的リアリティと呼び，ローウェンフェルドは写実期と呼んだ。

しかし，ここに大きな障壁があることも事実である。写実表現ができないというジレンマから，図工や美術が嫌いになるということがある。美術が苦手だという大人は，「うまく描けないから」ということをよく言う。このうまくという意味が「写実的」を表しているということが，写実期における問題なのであり，写実期における指導の重要性を示しているともいえる。

「サッカーする人」
（左：小4，右：中3）
写実表現の発達

4．描画発達を支える適切な指導
（1）なぐり描き期から図式期における指導

はじめて画材に触れ，描くことの喜びを伝えることが大切である。形や色，様々な画材との出会いを自分の表現手段として獲得させる必要がある。意識の発達とともに，描きたいものが意図的に行われるようになると，身体的な機能も身に付いてくることから，ゆっくりと落ち着いて描くよう指導する。1本の線を見ても，荒々しい線と大胆で伸びやかな線は異なる。細かな部分に表れるていねいで閉じられた図形や楽しそうに描いたことを想像させる描写には，作品製作に没頭させることが大切である。この時期の子供たちが描くことに夢中になるには，心の落ち着きが最も重要である。

（2）写実期以降における指導

写実期以降はうまく描きたいという思いが強くなるため，表現が萎縮する。また，この時期には描画における身体機能の有意差もほとんどないことから，その要因は表現力の問題といえる。それは指導で補うべきことでもある。

特に描くことへの抵抗が少ない子供へは，のびのびと描くことを薦めたい。一方で，描くことへの対抗が大きい子供には，知的な面から空間の捉え方として「大小関係」，「ものの重なり」，「遠近感」，「部分と全体のバランス」などを教えるとよい。手前のものを大きく描くだけで空間の意識は大きく異なる。そこに重なりや遠近法が加わると，さらに表現の幅は広がる。また，部分的に表現できても全体のバランスが崩れることで写実性を欠いてしまうこともある。部分と全体のバランスも意識させ，描くことへの抵抗を低減させる指導を行うとよい。

さらに，その先には芸術性の高い描画表現がある。表現の幅をさらに広げるよう多様で専門的な指導が必要となる。

5．描画発達と描画材

描画材というと，クレパスや水彩絵の具，鉛筆が一般的であるが，なぐり描き期の子供には力の加減も難しく，細かな動きも難しいことから，線の太い描画材が有効である。しかし，様々な種類の描画材の発達に伴い，シャープペンシルや線の細いペンなどが身の回りに増えたことで，そのような描画材を経験している子供は多い。

そのような中にあって，カラーペンや凹凸のある画材，タブレット型端末等も用いられ，描画材はますます複雑になり，多様化している。描画材はあくまでも子供の表現を叶えるためのものであり，描画の発達段階も考慮して用いるべきである。

（足立直之）

36 ローウェンフェルド

ローウェンフェルドの美術教育と基本となる4種類の感性について教えてください

1．美術教育の趣旨

　ヴィクター・ローウェンフェルド（Viktor Lowenfeld, 1903-1960）は，オーストリアのリンツに生まれ，ウィーンの美術アカデミーやウィーン大学を修了後，アメリカに渡りペンシルバニア州立大学で1945〜1960年まで教鞭を執った。代表的な著書は『美術による人間形成』（初版は1947年）であり，20世紀後半に国際的にも影響を与え，美術教育学の定義と発展に貢献した。「子供にとって美術は大人と同じではない。子供のための美術は表現手段にすぎない。子供の考え方は大人とは異なるのでその表現も異なる」という信条のもと，子供の創造的自己表現の発達の道筋を明らかにし，感情，知性，身体，知覚，社会，審美の全側面の成長を考慮した，子供中心の美術教育の学習指導法を示した。科学的に探究された発達段階（なぐり描き（2〜4歳），図式前期（4〜7歳），図式期（7〜9歳），写実主義の芽生え（9〜12歳），疑似自然主義（12〜14歳），青年期（14〜17歳））は，学習指導・評価を効果的に展開する上での指標として今日でも活用されている。

　ローウェンフェルドは，美術教育の特別な使命は「個人の中に自分の創造的な可能性をはぐくみ，人生を満足させ，意味のあるものにする創造的な感性を育てること」にあると主張した。彼は，子供の健全な成長と発達には自由な自己表現が必要であると考えていた。これが大人の考えの押し付けによって妨げられると，結果として感情的または精神的な障害が生じる。テストで測れないために無視されてきた，自分自身と向き合うことや，人生において自分の真実を追求し，自分にとって不可決なものを見つけ，独立した思考で創造的に表現する力を付けることが，美術教育の役割であると説いた。彼が求める創造性とは，「問題への感受性」，「流暢さ」，「柔軟性」，「独創性」，「再定義・再調整する能力」，「分析または抽象化する能力」，「新しい意味による統合」，「一貫性」の8つの基準から構成される。

2．創造的自己表現に基本となる4つの感性

　ローウェンフェルドは，あらゆる創造的なプロセスや創造的な経験の基盤は感性であると捉え，美術教育において基本となる4つの異なる種類の感性を定義している。

（1）知的感性

　問題が提示された際に，数ある知識の中から自分にとって重要なものとそうでないものを選別する感性。科学者が客観的な真実を見つけようとしているのに対して，芸術家は主観的な真実を見つけようとするが，この感性の働きは表現の形で自分自身と向き合う能力と結び付く。

（2）知覚的感性

　ある物体に接触した際に自分に起こった感覚を，触覚的に，視覚的に，あるいは聴覚的に詳細に認識できる感性。例えば，一つの化石の中に色，形，質感などの豊かさを見出したり，自然の中の小さなものを発見したりする感性。

（3）社会的・感情的感性

　自分の作品に自己を同一化する感性。この感性に基づいて，他者のニーズに自己を同一化する能力も拡張される。

（4）美的感性

　最も調和のとれた組織になるように，常に物事を相互に関連付けようとする感性。芸術では，目に見えるものを組織化するだけでなく，肉眼では見えない心にあるものも組織化される。つまり，自分の感情との関係で思考を組織化し，内外の対象を，創造の過程で全体的な関係性を考慮しながら組織立てることが知覚をベースに行われる。

（中村和世）

37 アルンハイム

アルンハイムの視覚的思考と表現形式の発達様式について教えてください

1. 視覚的思考と美術教育

　ルドルフ・アルンハイム（Rudolf Arnheim, 1904-2007）は，知覚と推論を分離し，前者を後者よりも劣等な認識能力であるとする伝統的な考え方に対して，「思考はイメージを必要とし，イメージは思想を含む」といった視覚的思考の理論を，ゲシュタルト心理学に依拠して発展させた。知覚と思考の誤った差別によって言語と数の学習を強調する主要教科に対して，知覚に基づいているがゆえに，美術は軽視され，補助教科に下落していると彼は捉えた。この傾向に対して，「生産的思考には知覚的要素が不可欠であるが，その強化に美術が最も有効な手段」であると主張し，美術は教育の中で推理と想像力のある人間の発達のために欠かせない貢献をしていることを認識すべきだと唱えた。

　アルンハイムは，ベルリンに生まれ，ベルリン大学で哲学の博士号を取得し，ハーバード大学で芸術心理学の教授を務めた。その主要な著書には，『視覚的思考』（1969）や『美術と視覚』（1954）などがある。

　当時，最も主流であった子供の絵の説明である「子供は知っているものをかく」という主知説に対して，視覚と知識は不可分に結び付いているという視覚的思考の考えに基づき，「子供は見たものをかく」という新しい学説を示した。ゲシュタルト心理学では，知覚は，個別的な要素間の相互関係の認識ではなく，統合された全体的枠組みにあたるゲシュタルト（形態）によって進む。知覚するとは，対象の知覚的概念を形成すること，すなわち，対象の全体的構造特質を把握することであると説明される。例えば，子供が，絵で樹木に色をつける場合は，樹木が与える全体的印象に合った色をつけているのであって，実際にある樹木の複数の色合いから特殊な緑を選んでいるわけではない。全体的印象から生じた概念に合う色をつけることは，子供自身の思考による発明であるとみなされる。

2. 分化の法則に基づく表現形式の発達様式

　知覚的概念が芸術の表現を生み出すためには，絵の具や筆など，知覚された構造を外的な等価物として表現する手段を構想する表現的概念を必要とする。アルンハイムは，表現の形式は知覚的概念と表現的概念との相互作用を通じて発展するものと捉え，この考えのもと，子供の造形表現から偉大な芸術作品の完成まで，その発達は別種のものではなく，連続的であると考えた。例えば，家を屋根は三角形，その壁を四角形の輪郭で描いた子供の絵について，この子は自分の絵を二次元媒体の条件に合わせるという論理によって描いていると説明している。この子供において，ひらたいと深いとを区別する三次元の世界は未分化なのであり，直方体は立体空間，その輪郭は6つの境界面を表すというその子なりの論理による家の二次元的等価物が描かれていることが理解されなければならない。

　表現形式は，心がより洗練された働きを増すにつれて，視覚的思考の努力が重ねられ，簡単なものから複雑なものへ分化し，込み入った知覚現象の表現が可能になる。これは，消極的な心的展開過程ではなく，子供の積極的な探究による表現媒体との相互作用が伴う過程であり，一つの段階を克服したときに，次の段階が必要になり，その準備ができたときに次の段階に進むという法則をもつ。つまり，子供は視覚的理解が進むにつれて，分化の低い段階に満足できなくなると，不十分な表現を克服しようとする欲求が高まり，表現形式の分化が進む。アルンハイムは，同じ法則は芸術の歴史的発展にも当てはまることを示している。　　　　（中村和世）

38 ケロッグ

ケロッグによる児童画の発達論について教えてください

　ローダ・ケロッグ（Rhoda Kellogg, 1898-1987）は，アメリカの心理学者・保育者で，世界を周遊し，幼児の描画を総計で100万枚ほど収集した。ケロッグの児童画研究は，その著書『*Analyzing Children's Art*』（1970，邦訳『児童画の発達過程』1998）が示すように，膨大な描画データを「分析」し，統計的に処理して描画の発達過程を横断的に明らかにしようとする。データ分析によって，その基本となる構成要素を特定し，それらの要素の組み合わせ方の違いで表現の変化を説明し，変化のパターンを分類する。その意味で，植物分類学と似た科学的な手法といえる。ケロッグは，描画による知能テストにも言及しているので，描画の発達段階の標準化を視野に入れていたとも思われる。

1．描画の構成要素と描画の発達

　ケロッグによると，子供の描画は，手の動きを楽しむ「なぐり描き＝スクリブル」の線から，6つの「素形＝ダイアグラム」を取り出し，その素形を2つ組み合わせて「結合図＝コンバイン」を作成し，さらに素形を追加して「複合図＝アグレゲート」とし，より絵らしい（pictorial）形態へと進むとされる。

　こうした発達段階の設定は，幼児が一語文（パパ）から二語文（パパ・会社），さらに三語以上の文（パパ・会社・お仕事）になり，「パパは会社でお仕事する」という文章らしい文になる言語発達モデルとも近い。

2．「マンダラ」と「太陽」

　ケロッグは幼児の描画に「マンダラ」が世界で共通して現れることを認めるが，ユング（C.G.Jung）のように東洋的な宗教と関連付けるのを避けて，この形はすべての人間にとって感覚的に快いからだとしている。また，いわゆる「太陽」とされる形も，太陽の再現描写ではなく，円と，十字形などの素形の組み合わせから十字形が中心から放散されていった複合図の例であるとする。

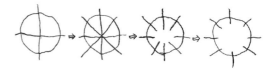

円と十字形等からなる複合図の展開例

3．ケロッグの児童画コレクションの公開

　ケロッグが収集した描画の画像データが，人間，動物，マンダラなどに「分類」されて，インターネット上で公開されている。検索は，"Rhoda Kellogg Child Art Collection" を入力するとヒットするが，英語版しかない。

　このような世界規模での児童画のデータは，最新の AI（人工知能）による画像分析を使えば，さらに新しいパターンの発見につながる可能性もある。　　　　　　　（ふじえみつる）

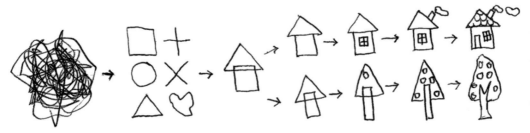

なぐり描き（スクリブル）　　素形（ダイアグラム）　　結合図（コンバイン）　　複合図（アグレゲート）　　絵らしい形

スクリブルから絵への展開例

第2章
美術科教育の学習指導

　グローバル化は私たちの社会に多様性をもたらし，AI（人工知能）をはじめとする様々な技術革新は，私たちの生活を質的にも変化させつつある。これからの予測困難な時代を生きる子供たちには，社会の変化にいかに対処していくかという受け身の対応ではなく，社会の変化を前向きに受け止め，主体的に向き合って関わり合っていくことが求められている。

　子供たちは，社会や人生，生活を人間ならではの感性を働かせてより豊かなものにしたり，現在では思いもつかない新しい未来の姿を発想し，構想し，実現したりすることができる無限の力をもっている。こうした答えのない問いに向かい，新しい意味や価値をつくりだしていくための資質・能力の育成を目指してきた教科，科目といえるのが，図画工作や美術，工芸である。

　現行の学習指導要領の小学校図画工作科や中学校美術科（平成29年告示），高等学校芸術科（美術，工芸，平成30年告示）においては，教科目標を育成すべき資質・能力の観点から「知識及び技能」，「思考力，判断力，表現力等」，「学びに向かう力，人間性等」の3つの柱で整理して示している。目標の柱書には，教科等の本質である「造形的な見方・考え方」とともに，生活や社会の中の形や色，美術や美術文化と豊かに関わる資質・能力を育成する旨が明示され，何を学ぶ教科や科目なのかを明確にしている。また，「A 表現」，「B 鑑賞」，〔共通事項〕で構成されている内容についても育成すべき資質・能力で整理されている。このことは，授業づくりが「何をつくるのか」，「何を描くのか」といういわゆるコンテンツ・ベースではなく，「何を学ぶのか」，「どう学ぶのか」というコンピテンシー・ベースのいっそうの重視といえる。

　本章では，「2−1　学習指導要領」でこれまでの学習指導要領の変遷から，それぞれの時代の社会的な背景や，図画工作科や美術科などが何を目指してきたのかを学ぶことができる。そして，次の「2−2　教育課程と授業」では，教育課程と授業づくりの視点から，「主体的・対話的で深い学び」の授業改善や，「個別最適な学び」，「協働的な学び」などの具体的な指導について学ぶ構成となっている。この章を通して，いかに図画工作科や美術科が，「子供たちの学びに常に伴走」し，「子供を主語にした」学習指導を行ってきたかを感じていただければ幸いである。

（東良雅人）

39 学習指導要領の変遷（1）

昭和22年度及び昭和26年改訂版の学習指導要領（試案）について教えてください

学習指導要領は，昭和22（1947）年に「学習指導要領（試案）」が作成され，昭和31（1956）年からは，「学校教育法」及び「同施行規則」に基づき各教育課程の内容を定めたものとして大臣告示となり，以後ほぼ10年ごとに改訂されてきた。

なお，学習指導要領の改訂は，昭和26（1951）年発行学習指導要領（試案）からは昭和25（1950）年に設置された「教育課程審議会」の答申に基づき実施されている。平成13（2001）年からは「中央教育審議会」として統合され，各期の改訂の方向を示す「中央審議会答申」を反映したものとなっている。

1．昭和22年度学習指導要領（試案）
（1）背景と特徴

昭和22年の一般編発行を皮切りに，教科編として国語編以下13冊の学習指導要領が「試案」という形で作成された。「教育基本法」，「学校教育法」が公布され，「学校教育法施行規則」の制定に向けて，具体的な学校の組織や教育課程が検討される中，当時の文部省は連合国軍総司令部（GHQ）民間情報教育部（CIE）から「コース・オブ・スタディ」を編修するように命じられ，その訳語として「学習指導要領」が用いられた。

これは文部省が作成した最初の学習指導要領であるが，これに準じて各地域の教育委員会が独自の学習指導要領を作成すべきとの見解から「試案」となっている。また，GHQの指示で廃止された「修身」・「日本歴史」・「地理」に代わる「社会科」，小学校の男女共修による「家庭科」，中学校の「職業科」，小・中学校の「自由研究」の新設など，児童生徒中心主義，経験主義的な教育の傾向が見られる。

（2）図画工作編（試案）

教科編13冊中の一つである『学習指導要領図画工作編（試案）』は，戦前の「図画科」と「手工科」を「図画工作科」に統合するとともに，小学校は第1学年から第6学年，中学校は第7学年から第9学年として示されている。「はじめのことば」では，「図画工作の教育はなぜ必要か」について，「発表力の養成」，「技術力の養成」，「芸術心の啓培」，「具体的・実際的な活動性の助長」などの項目をあげて説明している。

「第一章　図画工作教育の目標」では，「一　自然や人工物を観察し，表現する能力を養う」，「二　家庭や学校で用いる有用なものや，美しいものを作る能力を養う」，「三　実用品や芸術品を理解し鑑賞する能力を養う」を大項目として示し，その下に養うべき17の能力や態度を設定している。

「第二章　図画工作の学習と児童・生徒の発達」では，就学前の「造形力の基礎」について，「造形衝動」と「仕事の衝動」を基に説明している。また，小学校を2学年ごとに，中学校3学年をまとめる形で，各段階の児童生徒の造形的な発達の特徴を示している。

「第三章　教材，表現材料及び用具」では，第1学年から第9学年の「図画工作科教材単元一覧表」を示している。その項目は，「描画」から「鑑賞」まで16項目があり，「手芸」，「セメント工」なども含まれている。また，「主要な表現材料及び用具一覧表」には，「クレヨン」から「塗装材料」まで，34の品名が示されているが，太平洋戦争終戦直後の物資不足の日本社会においては，これらの教材が整うはずもなく，あくまでも参考・標準であることを強調している。

2．昭和26年（1951）改訂版学習指導要領（試案）
（1）背景と特徴

前述の『昭和22年度学習指導要領（試案）』が，終戦直後の混乱の中で，調査研究に十分な

時間がなかったとの反省に基づき,『昭和26年(1951)改訂版学習指導要領(試案)』は編纂された。主な変更点としては,「教科課程」を「教育課程」と改称し,「自由研究」に代えて小学校に「教科外の活動」を,中学校に「特別教育活動」を設置している。また,中学校「体育」を「保健体育」に,高等学校「社会科」には「日本史」,「東洋史」,「西洋史」を新設している。

全体の構成としては,「一般編(試案)」は小学校,中学校,高等学校を1冊にまとめ,「各教科編(試案)」は,小学校と中学校・高等学校に分けている。これはGHQCIEの窓口が小学校と中学校・高等学校とに分かれたことによって,対応する文部省も初等教育課と中等教育課となったことによる。

(2) 小学校学習指導要領　図画工作編(試案)

前編との変更点としては,小学校と中学校を分けたこと,各学年の図画工作指導は「指導書」(平成10(1998)年改訂からは「解説」)に移し,図画工作教育の目標を,「1．図画工作教育の一般目標」と,「2．小学校における図画工作教育の目標」としたことなどがある。小・中・高の図画工作教育全体をまとめる「図画工作教育の一般目標」では,「(1)造形品の良否を判別し,選択する能力を発達させる」,「(2)造形品を配置配合する能力を発達させる」,「(3)造形的表現力を養うこと」,「(4)造形作品の理解力,鑑賞力を養うこと」の4つの大項目とその下に16の小項目をあげている。また,「図画工作教育における児童の発達」では,前編とほぼ同様の内容が示されている。

新設の「各学年の指導目標と指導内容」の章では,学習指導法は評価との関係を考慮して,指導計画・学習過程に重点を置いており,指導内容は,「描画」,「色彩」,「図案」,「工作」,「鑑賞」にまとめられ,用具・材料等は附録としている。

(3) 中学校及び高等学校学習指導要領　図画工作編(試案)

中学校と高等学校の図画工作編として,まと

めて提示されているが,高等学校の部分においては,昭和16(1941)年の「国民学校令」による芸能科図画及び芸能科工作の教科名を用いている。

第Ⅰ章は,小学校と同様の「図画工作教育の一般目標」に続いて,「中学校の図画工作教育の目標」,「高等学校図画教育の目標」,「高等学校工作教育の目標」が示されている。

「第Ⅱ章　中学校図画工作教育課程」では,中学校における教材の構成が示され,最初に「表現教材」として「描画」・「図案」・「配置配合」・「工作」・「製図」,続いて「鑑賞教材」,さらに「理解教材」は「表現に即した理解教材」と「その他の理解教材」に分けられ,最後に「技術熟練の教材」が学年ごとに説明されている。

「第Ⅲ章　高等学校芸能科図画教育課程」における指導内容は,「絵画」,「彫刻」,「図案」,「色彩」,「図法・製図」,「鑑賞」,「生活の美化」,「美術概論」となっており,「第Ⅳ章　高等学校芸能科工作教育課程」における指導内容は,「工芸」,「彫刻」,「建築」,「図案」,「色彩」,「図法・製図」,「鑑賞」,「生活の美化」,「工芸概論」が示されている。

3．年間授業時数

『昭和22年度学習指導要領(試案)』と『昭和26年(1951)改訂版学習指導要領(試案)』における図画工作の年間授業時数を比較すると次のようになる。

年間授業時数

学年	小 学 校					
	1	2	3	4	5	6
昭和22年(/週)	105 (3)	105 (3)	105 (3)	70-105 (2-3)	70 (2)	70 (2)
昭和26年	音楽 図工 870時間 20%-15%	音楽 図工 870時間 20%-15%	音楽 図工 870時間 20%-15%	音楽 図工 870時間 20%-15%	音楽 図工 家庭 870時間 25%-20%	音楽 図工 家庭 870時間 25%-20%

学年	中 学 校		
	7 (1)	8 (2)	9 (3)
昭和22年(/週)	70 (2)	70 (2)	70 (2)
昭和26年(/週)	70-105 (2-3)	70-105 (2-3)	70-105 (2-3)

(大坪圭輔)

40 学習指導要領の変遷（2）

昭和33年及び昭和43・44・45年告示学習指導要領について教えてください

1. 小学校学習指導要領　昭和33年改訂／中学校学習指導要領　昭和33年改訂

（1）背景と特徴

昭和27（1952）年のサンフランシスコ講和条約発効によって，日本の主権が回復し，占領下の学習指導要領ではなく，独立国としての将来を担う人材の育成を期した，法的根拠の明確な学習指導要領の必要性に関する論議がなされるようになった。このような当時の教育課程審議会答申を受け，文部省は教育課程及び時間配当等については「学校教育法施行規則」に定めるとの規則改正を行った。

法的拘束性をもつ「改訂告示」として示された学習指導要領改訂の基本方針は，「基礎学力の充実と科学技術教育の向上」，「学習内容の系統性と小・中学校教育の一貫性」，「情操教育，身体健康安全教育の充実」に要約することができる。具体的には，小・中学校の「算数（数学），国語の授業時間数増」，「道徳の設置」，さらに中学校の「職業・家庭科」を「技術・家庭科」に，「図画工作科」を「美術科」に再編することなどである。また，高等学校では「職業を主とする学科」に「美術に関する学科」が加わり，「倫理社会」が新設された。学習指導要領の記述は法文的な簡潔なものとなり，各科目の解説や指導方法は「指導書」（小・中学校は平成10（1998）年改訂より，高等学校は昭和35（1960）年改訂より「解説」）に示された。

（2）小学校学習指導要領　図画工作

「第1　目標」には，次の5項目があげられている。「1　絵をかいたり物を作ったりする造形的な欲求や興味を満足させ，情緒の安定を

図る」，「2　造形活動を通して，造形感覚を発達させ，創造的表現の能力を伸ばす」，「3　造形的な表現や鑑賞を通して，美的情操を養う」，「4　造形的な表現を通して，技術を尊重する態度や，実践的な態度を養う」，「5　造形活動を通して，造形能力を生活に生かす態度を養う」であるが，注目すべきは「情緒の安定」や「美的情操」など，徳育としての性格が強調された点である。

「第2　各学年の目標および内容」では，系統的な整理がなされるとともに，「デザイン」の導入，彫刻と塑像を合わせた「彫塑」など，下記の表に示す構成となっている。「3　指導上の留意事項」では，「2　内容」に示す各事項の時間配当の大まかな割合を示している。

小学校学習指導要領　昭和33年改訂　図画工作内容構成

学年	1	2	3	4	5	6
内容	絵をかく			心の中にあるものを絵で表現する		
				外界を観察しながらそれを絵で表現する		
	版画を作る					
	粘土を主材料として，いろいろなものを作る			彫塑を作る		
	模様を作る		デザインをする			
	いろいろなものを作る			役にたつものを作ったり，構成の練習をしたりする		
				機構的な玩具，模型の類を作る		
				作品を鑑賞する		

（3）中学校学習指導要領　美術

「第1　目標」は，小学校図画工作との関連性を踏まえて，4項目が示されているが，教科名が美術となり，技術・家庭との差別化から，美術的な表現能力や美的感覚の洗練などが強調されている。また，「第2　各学年の目標および内容」の「2　内容」は次頁の表のように整理されているが，「美術的デザイン」については，その『中学校指導書美術編』において，「工的技術を主とした，建築や工業的デザインを除いた分野のものとする」としている。また，内容が削減されたことによって，授業時間数も減じられているが，小学校図画工作と同じく，各事項の大まかな時間配当も示されている。

中学校学習指導要領　昭和33年改訂　美術　内容構成

学年		1	2	3
内容	A表現	印象や構想などの表現		
		(1) 写生による表現　　ア　絵画　　イ　彫塑		
		(2) 構想による表現　　ア　絵画　　イ　彫塑		
		色や形などの基礎練習		
		(1) 配色練習　　　　　　(2) 形の構成練習		
		(3) 材料についての経験　(4) 表示練習		
		美術的デザイン		
		(1) デザイン　　　　　　(2) 物の配置配合		
		B鑑賞		

２．小学校学習指導要領　昭和43年７月／中学校学習指導要領　昭和44年４月／高等学校学習指導要領　昭和45年10月

（１）背景と特徴

1960年代後半からの科学技術や経済の発展，生活や文化の向上などに対応し，教育課程の質的改善が図られた。教育の「自由化」，「人間化」，「社会化」などを唱えるアメリカの新たな教育運動の影響もあり，教育課程の弾力化と多様化が打ち出された。中央教育審議会は答申において「期待される人間像」の言葉を用い，「人間として調和のとれた発達」を保障する教育課程の改訂が行われた。

主な改訂は，「各教科の時間数を最低時数から標準時数に変更」，「教育課程の領域を各教科，道徳，特別活動に確定」，「高等学校の芸術，外国語，女子の家庭一般を必修化」，「高等学校男子の体育時数増加」，「高等学校芸術の各科目にⅢを設置」などである。

（２）小学校学習指導要領　図画工作

「第１　目標」は総括的目標に続いて，３項目の具体的な目標が示されている。また，「第２　各学年の目標および内容」の「２　内容」は，「A絵画」，「B彫塑」，「Cデザイン」，「D工作」，「E鑑賞」の５領域となり，中学校美術科との系統性が強調されている。さらに，「第３　指導計画の作成と各学年にわたる内容の取り扱い」では，各領域の扱いを年間授業時間に対する割合で，「絵画および彫塑40％」，「デザイン15％」，「工作40％」，「鑑賞５％」と示し，鑑賞の指導は，第４学年までは，主として他の各領域の表現活動に付帯して行うものとするとしている。

（３）中学校学習指導要領　美術

「第１　目標」では，総括的目標に続いて，「絵画および彫塑」，「デザインおよび工芸」，「鑑賞」，「生活に生かす態度」に対応した４項目の具体的な目標が示されている。また，「第２　各学年の目標および内容」の「２　内容」では，「A絵画」，「B彫塑」，「Cデザイン」，「D工芸」，「E鑑賞」の５領域となっている。さらに，「第３　指導計画の作成と各学年にわたる内容の取り扱い」では，各領域に充てる授業時数の割合を学年ごとの標準として次表のように示している。

中学校美術　各領域に充てる授業時数

学年	1	2	3
A絵画 B彫塑	45%	45%	40%
Cデザイン D工芸	45%	45%	40%
E鑑賞	10%	10%	20%

（４）高等学校学習指導要領　芸術科美術及び工芸

昭和31（1956）年改訂によって芸能科は芸術科となり，今回の改訂では，音楽，美術，工芸，書道の各科目が，ⅠからⅢまで２単位科目として開設可能となった。また，芸術科美術の内容は，「A絵画」，「B彫塑」，「Cデザイン」，「D鑑賞」となり，芸術科工芸においては，「A構成と表示（Ⅱ及びⅢは表示)」，「Bデザインと製作」，「C鑑賞と理論」となっている。

３．年間授業時数

昭和33（1958）年改訂と昭和43・44（1968・69）年改訂における小学校図画工作及び中学校美術の授業時数を比較すると次のようになる。

昭和33年改訂と昭和43・44年改訂における年間授業時数

学年	小　学　校						中　学　校		
	1	2	3	4	5	6	1	2	3
昭和33年（／週）	102 (3)	70 (2)	70 (2)	70 (2)	70 (2)	70 (2)	70 (2)	35 (1)	35 (1)
昭和43・44年（／週）	102 (3)	70 (2)	70 (2)	70 (2)	70 (2)	70 (2)	70 (2)	70 (2)	35 (1)

（大坪圭輔）

41　学習指導要領の変遷（3）

昭和52・53年及び平成元年告示
学習指導要領について教えてください

1. 小学校学習指導要領　昭和52年7月／
###　　中学校学習指導要領　昭和52年7月／
###　　高等学校学習指導要領　昭和53年改訂版

（1）背景と特徴

　昭和50年代後半に入ると，「校内暴力」や「落ちこぼれ」，「不登校（当時は「登校拒否」）」などの問題が顕在化し，その背景に受験競争や詰め込みによる教育があるとされ，調和のとれた人間性豊かな児童生徒の育成を目指して改訂が行われた。「ゆとりある，充実した学校生活」を標題に，授業時間数の1割減及び学習内容の削減が実施され，学校の創意工夫を生かした「ゆとりの時間（学校裁量時間）」が設置された。また，中学校での選択教科の拡大，高等学校での必修単位及び卒業単位の削減などが行われ，高等学校では「現代社会」や「数学Ⅰ」などの基礎的な総合科目が新設された。さらに，美術関係教科では，小学校低学年の図画工作科に「造形遊び」が新設され，小学校図画工作，中学校美術，高等学校芸術の内容を，「A表現」と「B鑑賞」で構成することとなった。

（2）小学校学習指導要領　図画工作

　「第1　目標」は教科としての総括的な目標のみとなり，具体的な目標は「第2　各学年の目標及び内容」に，低・中・高学年の3段階の発達段階を考慮し，3項目で示されている。
　「2　内容」では，低学年の「造形的な遊

**小学校学習指導要領　昭和52年7月　図画工作
内容構成**

学年	1	2	3	4	5	6
A表現	(1) 造形的な遊び		(1) 絵で表す→		(1) 絵で表す	
	(2) 絵や立体で表す→		(2) 立体で表す→		(2) 彫塑で表す	
	(3) 使うものをつくる→		(3) 使うものをつくる→		(3) デザインしてつくる	
B鑑賞	(1) 作品を見る→		(1) 作品を見る→		(1) 鑑賞する	

び」の新設とともに，全体が「A表現」と「B鑑賞」で構成され，前表に示すように，2学年ごとの発達を考慮した展開となっている。

（3）中学校学習指導要領　美術

　小学校図画工作と同様に，「第1　目標」は教科としての総括的な目標のみとなり，具体的な目標は「第2　各学年の目標及び内容」に各領域に対応する構成で示されている。「2　内容」においても，図画工作同様「A表現」と「B鑑賞」の2領域に整理統合され，「環境のためのデザイン」の削除や「使用のためのデザイン」が工芸に統合されるなど，内容の精選が行われている。さらに，各領域に充てる授業時間数の標準的な割合は削除され，第3学年には選択教科としての「美術」が設けられた。

中学校学習指導要領　昭和52年7月　美術　内容構成

学年	1	2	3
A表現	観察や想像をもとにした絵	観察や想像をもとにした絵	観察や想像をもとにした絵，彫塑
	観察や想像をもとにした彫塑	観察や想像をもとにした彫塑	
	色，形などによる構成	色，形などによる構成	色，形などによる構成
	伝達のためのデザイン	伝達のためのデザイン	伝達のためのデザイン
			工芸の製作
	工芸の製作	工芸の製作	
B鑑賞	絵画や彫刻の鑑賞 デザインや工芸の鑑賞	絵画や彫刻の鑑賞 デザインや工芸の鑑賞	美術の鑑賞

（4）高等学校学習指導要領　芸術科美術及び工芸

　高等学校の芸術科美術及び工芸においても，小学校図画工作，中学校美術との関連を図り，「A表現」，「B鑑賞」の2領域で内容を構成し

**高等学校学習指導要領　昭和53年改訂版　芸術科
美術及び工芸　内容構成**

	美術Ⅰ	美術Ⅱ	美術Ⅲ	工芸Ⅰ	工芸Ⅱ	工芸Ⅲ
A表現	絵画	絵画	絵画	デザインの基礎	使用のためのデザインと製作	使用のためのデザインと製作
	彫塑	彫塑	彫塑	使用や装飾のためのデザインと製作	装飾のためのデザインと製作	装飾のためのデザインと製作
	伝達のためのデザイン	伝達のためのデザイン	デザイン			環境のためのデザインと製作
B鑑賞	鑑賞	鑑賞	鑑賞	鑑賞	鑑賞	鑑賞

ている。同様に目標も総括的で簡潔な表現となっている。また内容については，これも詳細な記述をやめ，基本的事項に精選されている。

２．小学校学習指導要領　平成元年３月／中学校学習指導要領　平成元年３月／高等学校学習指導要領　平成元年３月

（１）背景と特徴

今回の改訂は，時代の転換期にあたり，戦後教育の総括と位置付けられた。しかしながら，いじめや不登校，学力低下など学校教育全般にわたる問題は深刻さを増していた。このような状況にあって，昭和62（1987）年の教育課程審議会は，改訂のねらいとして「豊かな心を持ち，たくましく生きる人間の育成」，「自ら学ぶ意欲と社会の変化に主体的に対応できる能力の育成」，「基礎的・基本的な内容を重視し，個性を生かす教育の充実」，「国際理解と我が国の文化と伝統を尊重する態度の育成」を答申した。

（２）小学校学習指導要領　図画工作

改訂の要点には，工作的な内容の指導の充実とともに，構想力などデザインの能力を高め，生活に生かす態度を育てるデザインの能力などが示されている。また，鑑賞の指導の充実を図り，高学年では鑑賞指導を独立して扱うとしている。表現の指導においては，造形的な創造活動の基礎的な能力を高め，「材料をもとにした造形遊び」を中学年に拡大するとともに，従前の「彫塑」は「立体」に変更している。さらに，学年の目標を低・中・高学年にまとめて示し，学年間を見通した弾力的な指導ができるようにしている。

小学校学習指導要領　平成元年３月　図画工作　内容構成

学年	1	2	3	4	5	6
A表現	(1) 材料をもとにした造形遊び		(1) 材料をもとにした造形遊び		(1) 表したいことを絵に表す	
	(2) 表したいことを絵や立体に表す		(2) 表したいことを絵や立体に表す		(2) 表したいことを立体に表す	
	(3) つくりたいものをつくる		(3) つくりたいものをつくる		(3) つくりたいものをつくる	
B鑑賞	(1) かいたりつくったりしたものを見て楽しむ		(1) 作品を見ることに関心を持つ		(1) 造形作品に親しむ	

（３）中学校学習指導要領　美術

全体を第１学年と，第２学年及び第３学年とで構成し，第１学年で授業時数週２時間，第２学年は学校の状況に応じて週１〜２時間，第３学年は週１時間となり，選択科目として第２学年及び第３学年では各学年週１時間の選択科目の設定が可能という標準時数となっている。なお，今回から造語としての「彫塑」は使用せず，「彫刻」となっている。

中学校学習指導要領　平成元年３月　美術　内容構成

学年	1	2及び3
A表現	絵画の表現	絵画の表現
	彫刻の表現	彫刻の表現
	デザインの表現	デザインの表現
	工芸の表現	工芸の表現
B鑑賞	絵画や彫刻の鑑賞	絵画や彫刻の鑑賞
	デザインや工芸の鑑賞	デザインや工芸の鑑賞

（４）高等学校学習指導要領　芸術科美術及び工芸

今回の改訂では，中学校美術の内容が発展的に始動できるようにするとともに，美的体験をいっそう豊かにし，美意識を高めることが意図されている。また，Ⅰ，Ⅱ，Ⅲの各科目を系統的・発展的に示している。

高等学校学習指導要領　平成元年３月　芸術科美術及び工芸　内容構成

	美術Ⅰ	美術Ⅱ	美術Ⅲ	工芸Ⅰ	工芸Ⅱ	工芸Ⅲ
A表現	絵画	絵画	絵画	工芸のデザイン	工芸のデザイン	工芸のデザイン
	彫刻	彫刻	彫刻			
	デザイン	デザイン	デザイン	工芸の制作	工芸の制作	工芸の制作
B鑑賞	鑑賞	鑑賞	鑑賞	鑑賞	鑑賞	鑑賞

３．年間授業時数

昭和52年改訂と平成元年年改訂における小学校図画工作及び中学校美術の授業時数を比較すると次のようになる。

昭和52年改訂と平成元年改訂における年間授業時数

	小　学　校						中　学　校		
学年	1	2	3	4	5	6	1	2	3
昭和52年（／週）	68(2)	70(2)	70(2)	70(2)	70(2)	70(2)	70(2)	70(2)	35(1)
平成元年（／週）	68(2)	70(2)	70(2)	70(2)	70(2)	70(2)	70(2)	35〜70(1〜2)	35(1)

（大坪圭輔）

42 学習指導要領の変遷（４）

平成10年及び20年告示学習指導要領について教えてください

1．平成10年告示学習指導要領

（1）中央教育審議会　第一次答申

　平成10年版学習指導要領は，平成8（1996）年7月の中央教育審議会　第一次答申が大きな指針となって改訂された。第一次答申では「ゆとり」の中で「生きる力」をはぐくむことが提言され，教育内容を基礎・基本に厳選し，自ら学び，自ら考える教育へと転換を目指し，「総合的な学習の時間」の新設，学校週5日制の実施などが示された。

（2）教育課程審議会答申

　この第一次答申を受けて，教育課程審議会は平成10（1998）年7月に「幼稚園，小学校，中学校，高等学校，盲学校，聾学校及び養護学校の教育課程の基準の改善について」答申をした。教育課程の基準の改善のねらいとして，○自ら学び，自ら考える力を育成すること，○ゆとりのある教育活動を展開する中で，基礎・基本の確実な定着を図り，個性を生かす教育を充実すること，などが示された。

（3）小学校図画工作

　図画工作の改訂の要点は，次の通りである。
① 　内容を2学年まとめて示した。
② 　いわゆる造形遊びの内容を高学年にも位置付けた。
③ 　「絵や立体に表すこと」，「つくりたいものをつくること（工作）」の内容をまとめて示し，「絵や立体」に充てる授業時数と，「つくりたいものをつくること（工作）」に充てる授業時数をおよそ等しくすることを示した。
④ 　鑑賞をすべての学年で独立して指導できるようにするとともに，地域の美術館などを利

用することを明記した。
⑤ 　授業時数は，第3学年及び第4学年は年間60時間，第5学年及び第6学年は年間50時間に削減された。

（4）中学校美術

　美術の改訂の要点は，次の通りである。
① 　「絵画」，「彫刻」，「デザイン」，「工芸」の4分野を「絵や彫刻など」と「デザインや工芸など」の2つにまとめて示し，それらを関連付けたり，一体的に扱ったりできるようにした。加えて，第2学年及び第3学年においては，分野や表現方法を選択することができるようにし，2年間で各分野の描く活動とつくる活動ができるように示した。
② 　伝えたい内容をイラストレーションや図，写真，ビデオ，コンピュータなど，映像メディアなどを使って表現する内容を示した。
③ 　鑑賞の充実を図り，日本の美術を重視し，第2学年及び第3学年に日本の美術に関する指導事項を独立して設けた。また，美術館，博物館等を積極的に活用することが示された。
④ 　授業時数は，第1学年は年間45時間，第2学年及び第3学年は年間35時間に削減された。

（5）学習指導要領の実施

　平成10年版学習指導要領は，平成14（2002）年度からの学校週5日制に伴い実施された。

平成10年版学習指導要領の内容厚生及び年間時間数

	小学校			中学校	
学年	1・2	3・4	5・6	1	2・3
表現	造形遊び	造形遊び	造形遊び	絵や彫刻など	絵や彫刻など
	絵や立体，つくりたいものをつくる	絵や立体，つくりたいものをつくる	絵や立体，工作	デザインや工芸など	デザインや工芸など
鑑賞	見ることに関心をもつ	作品などのよさや面白さ	作品などのよさや美しさ	作品など	作品美術文化など
時数	68・70	60・60	50・50	45	35・35

2．平成20年告示学習指導要領

（1）教育基本法及び学校教育法の改正

　平成20年版学習指導要領は，平成18（2006）

年の教育基本法改正を踏まえて改訂された。改正教育基本法では，①知・徳・体の調和がとれ生涯にわたって自己実現を目指す自立した人間，②公共の精神を尊び，国家・社会の形成に主体的に参画する国民，③わが国の伝統と文化を基盤として国際社会を生きる日本人の育成を目指すことが重視された。

この理念を踏まえ，平成19（2007）年に学校教育法が改正され，新たに義務教育9年間の目標を定めるとともに，各学校種の目的・目標が見直され，学力の重要な要素として，①基礎的・基本的な知識・技能の習得，②知識・技能を活用して課題を解決するために必要な思考力・判断力・表現力等，③学習意欲が示された。

（2）中央教育審議会答申

上記の方針を踏まえて，平成20（2008）年1月に中央教育審議会総会は「幼稚園，小学校，中学校，高等学校及び特別支援学校の学習指導要領等の改善について」の答申をした。そこでは，○「生きる力」という理念の共有，○確かな学力を確立するために必要な授業時数の確保，などが重視された。また，昭和52（1997）年の改訂以来，学習内容及び総授業時数は削減されてきたが，平成20年の改訂では増加することとなった。しかし，図画工作科，美術科等の一部の教科の授業時数は，変更されなかった。

（3）小学校図画工作科

図画工作科の改訂の要点は，次の通りである。
① 表現の「造形遊び」，「絵や立体，工作」の内容を，発想や構想の能力と創造的な技能の観点から整理して示した。
② 鑑賞に「話したり，聞いたりする」，「話し合ったりする」などの学習を取り入れ，言語活動の充実を図った。
③ 表現及び鑑賞において，共通に必要となる資質や能力を〔共通事項〕として新たに示した。
④ 各学年で取り扱う材料や用具を，配慮事項で示した。

（4）中学校美術科

美術科の改訂の要点は，次の通りである。
① 教科の目標に，「美術文化についての理解を深め」を加えた。
② 表現の内容を「（1）感じ取ったことや考えたことなどを基にした発想や構想」，「（2）目的や機能を考えた発想や構想」，「（3）発想や構想をしたことなどを表現する技能」に整理して示した。
③ 鑑賞の第1学年に「作品などに対する思いや考えを説明し合う」学習を取り入れ，3年間で言語活動の充実を図るとともに，「美術文化に対する関心を高める」学習を新たに示した。
④ 表現及び鑑賞において，共通に必要となる資質や能力を〔共通事項〕として新たに示した。
⑤ スケッチや映像メディア，漫画，イラストレーションなどは，配慮事項に示した。

（5）学習指導要領の実施

平成20年版学習指導要領は，小学校においては平成23（2011）年度から，中学校においては平成24（2012）年度から実施された。

平成20年版学習指導要領の内容構成及び年間時間数

学年	小学校			中学校	
	1・2	3・4	5・6	1	2・3
表現	造形遊び	造形遊び	造形遊び	感じ取ったことや考えたことなどを基にした発想や構想	感じ取ったことや考えたことなどを基にした発想や構想
	絵や立体，工作	絵や立体，工作	絵や立体，工作	目的や機能を考えた発想や構想	目的や機能を考えた発想や構想
				発想や構想をしたことなどを表現する技能	発想や構想をしたことなどを表現する技能
鑑賞	自分たちの作品や身近な材料など	自分たちの作品や身近な美術作品，製作の過程など	自分たちの作品，我が国や諸外国の親しみのある美術作品など	作品，美術文化など	作品，生活の美術，美術文化など
〔共通事項〕	形や色など	形や色，組合せなどの感じ	形や色，動きや奥行きなどの造形的な特徴	形や色彩，材料，光などの性質や感情	形や色彩，材料，光などの性質や感情
	形や色などのイメージ	形や色などの感じのイメージ	形や色，動きや奥行きなどのイメージ	対象のイメージをとらえる	対象のイメージをとらえる
時数	68・70	60・60	50・50	45	35・35

（村上尚徳）

43　学習指導要領の変遷（5）

平成29年及び30年告示学習指導要領について教えてください

　平成29・30（2017・18）年の学習指導要領の改訂では，平成28（2016）年の中央教育審議会答申（以下，答申という）を踏まえ，これまでの学校教育の実績や蓄積を生かし，子供たちが未来社会を切り拓くための資質・能力を，「知識及び技能」，「思考力，判断力，表現力等」，「学びに向かう力，人間性等」の3つの柱に整理し，いっそう確実に育成することを目指すものとなった。また，子供たちに求められる資質・能力とは何かを社会と共有し，連携する「社会に開かれた教育課程」を重視するとしている。加えて，「知識及び技能」の習得と「思考力，判断力，表現力等」の育成のバランスを重視するとともに知識の理解の質をさらに高め，確かな学力を育成することなどが求められている。

　図画工作科，美術科，芸術科（美術，工芸）では，答申において以下の内容が指摘された。

・感性や想像力等を豊かに働かせて，思考・判断し，表現したり鑑賞したりするなどの資質・能力を相互に関連させながら育成すること。
・生活を美しく豊かにする造形や美術の働きについての学習の充実。
・美術文化についての実感的な理解を深め，生活や社会と豊かに関わる態度を育成すること等。

　これらの課題を踏まえて，目標や内容について次のように改訂された。

1．目標の改善

　教科目標には，図画工作科，美術科，芸術科（美術，工芸）ともに，教科の特質に応じた物事を捉える視点や考え方である「造形的な見方・考え方」を働かせながら，生活や社会との関連をますます重視し，生活や社会の中の形や色（図画工作科），美術や美術文化（美術科，芸術科（美術，工芸））と豊かに関わる資質・能力の育成を目指すことを明示している。

　また，教科等の目標を「知識及び技能」，「思考力，判断力，表現力等」，「学びに向かう力，人間性等」の3つの柱に整理して示し，育成する資質・能力をさらに明確にしている。

　これらのことから授業づくりでは，「何を描かせるのか，つくらせるのか」ということを目指す授業ではなく，「何を身に付けさせるのか」ということを目指す授業であることがこれまで以上に強調されているといえる。

2．内容の改善

　目標の改善に伴い，内容についても3つの柱で整理され，これまで以上に育成を目指す資質・能力の明確化が図られている。特に「知識」については，〔共通事項〕の項目に位置付けられ，「造形的な視点について理解」させるものとして整理されている。「造形的な視点」とは，図画工作科では，自分の感覚や行為を基に，形や色などの感じや造形的な特徴を捉えること，美術科や芸術科（美術，工芸）では，造形の要素の働きや，全体のイメージや作風などで捉えることであり，教科の本質的な営みとしてすべての学習に必要な資質・能力である。

3．主体的・対話的で深い学びの実現

　指導計画の作成では，題材など内容や時間のまとまりを見通して，その中ではぐくむ資質・能力に向けて，児童生徒の主体的・対話的で深い学びの実現を図るようにすることが示されている。主体的・対話的で深い学びは，授業改善の視点であり，指導にあたっては，3つの柱の育成が偏りなく実現されるよう，主体的・対話的で深い学びの視点に立って授業改善を行うことが重要である。その際，「造形的な見方・考え方」を働かせ，題材を通して教科の本質に迫りながら，表現及び鑑賞に関する資質・能力を相互に関連させた学習の充実を図ることが求められる。

（東良雅人）

44 主体的・対話的で深い学び

主体的・対話的で深い学びの実現を図るとはどういうことですか

1．どのように学ぶかということ

　平成29・30（2017・18）年改訂の学習指導要領は，2030年の社会と子供たちの未来を見据え，予測困難な時代に，一人一人の子供たちが未来の創り手となることを大きな目標としている。また，よりよい学校教育を通じてよりよい社会を創るという目標を社会と共有し，連携・協働しながら，未来の創り手となるために必要な資質・能力をはぐくむ「社会に開かれた教育課程」の実現を目指したものである。

　これらの実現に向けては，新しい時代に必要となる資質・能力の育成と学習評価の充実（何ができるようになるか）や，新しい時代に必要となる資質・能力を踏まえた教科・科目等の新設や目標・内容の見直し（何を学ぶか），そして，主体的・対話的で深い学びの視点からの学習過程の改善（どのように学ぶか）という3つの方策が示された。

　主体的・対話的で深い学びとは，「どのように学ぶのか」という観点から，これからの教育において時代に求められる資質・能力の育成の実現に向けた，学習過程の質的改善を目指して提唱されたものである。

2．主体的・対話的で深い学びの実現とは

　中央教育審議会が平成28（2016）年に公表した「幼稚園，小学校，中学校，高等学校及び特別支援学校の学習指導要領等の改善及び必要な方策等について（答申）」（以下，答申という）では，主体的・対話的で深い学びの実現について次のように整理している。

① 学ぶことに興味や関心をもち，自己のキャリア形成の方向性と関連付けながら，見通し

をもって粘り強く取り組み，自己の学習活動を振り返って次につなげる「主体的な学び」が実現できているか。

② 子供同士の協働，教職員や地域の人との対話，先哲の考え方を手掛かりに考えること等を通じ，自己の考えを広げ深める「対話的な学び」が実現できているか。

③ 習得・活用・探究という学びの過程で，各教科等の特質に応じた「見方・考え方」を働かせながら，知識を相互に関連付けてより深く理解したり，情報を精査して考えを形成したり，問題を見いだして解決策を考えたり，思いや考えを基に創造したりすることに向かう「深い学び」が実現できているか。

3．図画工作科，美術科における授業改善

　答申を基に，授業改善について，いくつかそのポイントについて述べる。

① 主体的な学びを実現するために，児童生徒の興味や関心，実態などを起点として，表現や鑑賞の活動を一人一人が自分ごととして捉えられるような題材の工夫を行う。

② 対話を行うことで児童生徒が自分の見方や感じ方，考え等を広げ深められるよう，自分自身との対話や，他者との対話を重視し，それによって一人一人が思考を広げ深めていくことができるよう意図的・計画的に指導計画に位置付ける。

③ 深い学びを実現するために，表現や鑑賞の中で，感性や想像力を働かせたり，対象を造形的な視点で捉えたり，自分としての意味や価値をつくりだしたりするなど，教科の特質に応じた物事を捉える視点や考え方である「造形的な見方・考え方」が働くようにする。また，表現や鑑賞の学習において「何をさせるのか」ではなく，「何を学ばせるのか・どのように学ばせるのか」を起点に，教科の本質に迫る授業づくりを行う。

　主体的・対話的で深い学びの実現には，子供を主体とした授業づくりと，教師の学びの伴走者としての役割が不可欠である。　（東良雅人）

45 主題の追求

表現の活動において表したいことを見付けることや，主題を生み出すことは，なぜ大切なのですか

小学校図画工作科や中学校美術科，高等学校芸術科（美術，工芸）における，「A表現」の学習は，単に上手に描いたり，つくったりするためだけに行うものではなく，その活動を通して，造形的な視点を理解し活用できるようにしたり，発想や構想に関する資質・能力をはぐくんだり，創造的に表す技能を身に付けて活用できるようにすることが目的である。

「A表現」において，資質・能力の源泉となるのが，発想や構想の段階における，児童が表したいことを見付けることや，生徒が主題を生み出す（生成する）などである。以下は，それぞれの教科，科目の「A表現」における発想や構想に関する指導事項である（下線は筆者）。

> 小学校図画工作科　第1学年及び第2学年
> 「A表現」(1)
> イ　絵や立体，工作に表す活動を通して，感じたこと，想像したことから，表したいことを見付けることや，好きな形や色を選んだり，いろいろな形や色を考えたりしながら，どのように表すかについて考えること。
> 中学校美術科　第1学年
> 「A表現」(1) ア
> (ア)　対象や事象を見つめ感じ取った形や色彩の特徴や美しさ，想像したことなどを基に主題を生み出し，全体と部分との関係などを考え，創造的な構成を工夫し，心豊かに表現する構想を練ること。
> 高等学校芸術科（美術I）
> 「A表現」(1) 絵画・彫刻ア
> (ア)　自然や自己，生活などを見つめ感じ取ったことや考えたこと，夢や想像などから主題を生成すること。

学習指導要領の解説における　　　　の説明は，小学校図画工作科の絵や立体，工作に表す

活動では「自分のイメージを基に，表したいことを発想すること」であり，中学校美術科や高等学校芸術科では，「生徒自らが強く表したいことを心の中に思い描くこと」としており，これらは単なる作品のテーマではなく，児童生徒の内発的な営みであることがわかる。

「A表現」における描いたり，つくったりする活動は，「答えが用意されていない問いに向かう」課題解決的な学習でもある。その問いに向かって自分としての答えをつくりだし，発想や構想，創造的に表す技能などの資質・能力を獲得するためには，児童生徒が内発的に表したいことや，主題が見いだされるようにすることが重要となるのである。また，中学校美術科におけるデザインや工芸，高等学校芸術科の美術のデザインや工芸などにおいては，他者を意識し，目的や条件等を基に客観的な視点に立って考えられるようにすることも必要となる。

このように，表したいことを見付けることや，主題を生み出すことなどは，児童生徒を単に自由にさせることではない。指導者が，学習指導要領に示された各指導事項のねらいを，授業の中で児童生徒と共有することが求められる。その上で，子供一人一人が，教師が設定した学習のねらいの実現に向けて試行錯誤できるようにすることが大切である。

児童生徒の表したいことや主題は，子供たちのこれまでの生き方や経験，願いなどから生み出されることも少なくない。表現というとついついアウトプットの部分にばかり目が行きがちであるが，内なるものがあってこその表したいことや主題であることを忘れてはいけない。

そのため，表現の学習だけで終始するのではなく，鑑賞の学習と関連した授業づくりを行い，作品の主題について考え，作家の心情や願いなどについて学ぶことは，児童生徒一人一人が表したいことを見付け，主題を生み出す上でとても大切な学びとなる。

（東良雅人）

46 日本の伝統や文化の重視

日本の伝統や文化が重視される
理由と，美術科教育との関連について
教えてください

1．教育基本法の改正

　グローバル化する社会の中で，国際社会に貢献し活躍できる日本人を育成するためには，様々な国や地域の伝統や文化を理解し尊重する態度を育てることが重要である。そのためには，まず自国の伝統や文化を理解した上で，日本人としてのアイデンティティを確立し，そこに立脚して他国の伝統や文化を尊重することが求められる。

　このような背景から，平成18（2006）年に60年ぶりに教育基本法が改正され，伝統や文化に関する教育の充実が図られた。教育基本法の「教育の目標」第5号に，「伝統と文化を尊重し，それらをはぐくんできた我が国と郷土を愛するとともに，他国を尊重し，国際社会の平和と発展に寄与する態度を養うこと」が記された。これを受けて，平成19（2007）年に改正された学校教育法では，新たに規定された義務教育の目標の中に，伝統と文化に関する教育の充実が示された。

2．平成29年学習指導要領における位置付け

　平成28（2016）年12月の「幼稚園，小学校，中学校，高等学校及び特別支援学校の学習指導要領等の改善及び必要な方策等について（答申）」では，図画工作科，美術科，芸術科（美術，工芸）の「具体的な改善事項」の中に，「グローバル化する社会の中で，子供たちには，芸術を学ぶことを通じて感性等を育み，日本文化を理解して継承したり，異文化を理解し多様な人々と協働したりできるようになることが求められている」と記されている。これを受けて，改訂された平成29（2017）年告示の学習指導要領では，小学校図画工作科の「指導計画の作成と内容の取扱い」に，「〜美術文化の継承，発展，創造を支えていることについて理解する素地となるよう配慮すること」が新たに示されている。また，中学校美術科では教科目標に，「〜生活や社会の中の美術や美術文化と豊かに関わる資質・能力を次のとおり育成する」と示された。

　このように美術文化については，小学校では「理解する素地となるよう配慮」すること，中学校では「美術文化と豊かに関わる資質・能力」を育成することが述べられている。「美術文化」は，特定の作品を見て捉えられるものではなく，特定の国や地域，時代の複数の作品などから捉えられるものであるため，小学生から中学校にかけて，発達の段階に応じた学習が求められている。

3．美術科教育における伝統や文化の指導

　美術は，古くからの美術作品や生活の中の様々な用具や造形などが具体的な形として残されており，受け継がれてきたものを鑑賞することにより，その国や時代に生きた人々の美意識や創造的な精神などを直接感じ取ることができる。また，美術は，言葉が通じなくても作品などを見れば，そのよさや美しさ，作者の意図や心情，その文化がもつ美意識や価値観などを理解し合うことができる。材料や用具，表現方法等に違いがあっても，人間の美に憧れる心情など，普遍的な共通性があることに気付かせ，他国の文化を共感的に受け止める意識や態度を育てることが大切である。それらを踏まえて現代の美術や文化を捉えることにより，文化の継承と創造の重要性を理解するとともに，美術を通した国際理解にもつながることになる。

　以上のことから，図画工作科や美術科は，文化に関する学習において，中核をなす教科の一つであるといえる。

（村上尚徳）

47 造形的な視点

造形的な視点とは何でしょうか また，造形的な視点と〔共通事項〕との 関係について教えてください

1．造形的な見方・考え方

　平成29・30（2017・18）年改訂の学習指導要領の図画工作科，美術科，芸術科（美術，工芸）では，教科や科目の目標に「造形的な見方・考え方」が明示された。「造形的な見方・考え方」とは，教科の特質に応じた物事を捉える視点や考え方であり，その定義は以下のように整理されている。

> 小学校図画工作科
> 　感性や想像力を働かせ，対象や事象を，形や色などの造形的な視点で捉え，自分のイメージをもちながら意味や価値をつくりだすこと。
> 中学校美術科
> 　感性や想像力を働かせ，対象や事象を造形的な視点で捉え，自分としての意味や価値をつくりだすこと。
> 高等学校芸術科（美術，工芸），美術科
> 　感性や美意識，想像力を働かせ，対象や事象を造形的な視点で捉え，自分としての意味や価値をつくりだすこと。

　「造形的な見方・考え方」には教科の学習の特質が表れており，これらのことは，図画工作や美術，工芸だからこそ鍛えられるものであるといえる。

2．造形的な視点

　児童生徒が，学習活動の中で「造形的な見方・考え方」の"感性や想像力を働かせたり，自分としての意味や価値をつくりだしたりする"ためには，形や色に着目したり，イメージを捉えたりする視点が重要となってくる。

　私たちの身の回りや生活には，形や色などの造形の要素が溢れ，それらが複雑に組み合わさることでイメージをつくりだしている。しかし，そのことに気付いたりよさや美しさを感じたりする人もいれば，そうでない人もいる。ど

れだけ自分の身近な生活の中によさや美しさがあったとしても，そのことを意識したり，視点をもったりしなければ，気付かずに終わってしまうことも多い。ここで必要となるのが，先述した形や色など造形の要素の働きやイメージで捉えるなどの「造形的な視点」である。

　「造形的な視点」とは，例えば，中学校美術科を例にあげると，造形を豊かに捉える多様な視点であり，形や色，材料や光などの造形の要素に着目してそれらの感じや特徴，働きを捉えたり，全体に着目して造形的な特徴などからイメージや作風を捉えたりする視点である。また，「造形的な視点」は，教科指導の中で育てる資質・能力を支える本質的な役割を果たすだけでなく，生涯にわたって生活や社会の中の形や色，美術や美術文化と豊かに関わる資質・能力の育成にもつながるものとして，すべての学習活動の中で重視する必要がある。

3．造形的な視点と〔共通事項〕

　具体的な指導の中で「造形的な視点」と密接に関連するのが〔共通事項〕である。〔共通事項〕は，「A表現」及び「B鑑賞」の学習において共通に必要となる資質・能力であり，「造形的な視点」を豊かにするために必要な知識に関する項目である。中学校美術科の〔共通事項〕は，全学年共通の指導事項として次のように示されている。

> 中学校美術科（全学年）〔共通事項〕（1）
> ア　形や色彩，材料，光などの性質や，それらが感情にもたらす効果などを理解すること。
> イ　造形的な特徴などを基に，全体のイメージや作風などで捉えることを理解すること。
> ※小学校図画工作科では，〔共通事項〕の知識は「ア」の事項のみとなる。

　ここでの知識は，単に新たな事柄として知ることや言葉を暗記するものではなく，表現や鑑賞の学習活動の中で，これらの指導事項が具体的に実感を伴いながら理解できるようにし，学習したことが「造形的な視点」として学習活動の中で生きて働くようにすることが求められる。

（東良雅人）

48 観点別学習状況の評価と，指導と評価の一体化

観点別学習状況の評価について教えてください

1．学習評価の在り方

平成31（2019）年に中央教育審議会が取りまとめた「児童生徒の学習評価の在り方について（報告）」（以下，報告という）では，学習評価の在り方について，①児童生徒の学習改善につながるものにしていくこと，②教師の指導改善につながるものにしていくこと，③これまで慣行として行われてきたことでも，必要性・妥当性が認められないものは見直していくこと，の3つの方向性を示している。

2．観点別学習状況の評価

観点別学習状況の評価は「分析的な評価」ともいわれ，報告では，その役割について，「各教科の学習状況を分析的に捉える『観点別学習状況の評価』は，児童生徒がそれぞれの教科での学習において，どの観点で望ましい学習状況が認められ，どの観点に課題が認められるかを明らかにすることにより，具体的な学習や指導の改善に生かすことを可能とするものである」としており，報告の学習評価の在り方に示された，児童生徒の学習改善や，教師の指導改善に大きく関わってくる評価でもある。

3．指導と評価の一体化

学習評価は，各学校の図画工作や美術，工芸の授業における表現及び鑑賞を通した学習活動に関し，児童生徒の学習状況を評価するものである。つまり，教師が指導したことに対して児童生徒がどの程度実現したのかを見取るのが評価であるので，指導と評価は一体的な関係にあるといえる。

平成29・30（2017・18）年の学習指導要領の改訂では，育成する資質・能力を「知識及び技能」，「思考力，判断力，表現力等」，「学びに向かう力，人間性等」の3つの柱に整理し，その育成を目指すものとなった。これに伴い，観点別学習状況の評価の観点も「知識・技能」，「思考・判断・表現」，「主体的に学習に取り組む態度」の3観点で評価することとなった。下表は中学校美術科の各項目と育成する資質・能力との関係を示したものである。学習指導要領の内容が評価の観点と対応するように整理され，指導と評価の一体化がさらに重視されている。

中学校美術科の項目と育成する資質・能力

領域等	項目と育成する資質・能力との関係	評価の観点
A表現	(1)発想や構想に関する資質・能力（「思考力，判断力，表現力等」）	「思考・判断・表現」
	(2)技能に関する資質・能力（「知識及び技能」（技能））	「知識・技能」（技能）
B鑑賞	(1)鑑賞に関する資質・能力（「思考力，判断力，表現力等」）	「思考・判断・表現」
〔共通事項〕	(1)造形的な視点を豊かにするための知識（「知識及び技能」（知識））	「知識・技能」（知識）

4．指導に生かす評価と，総括に用いる評価

学習評価には，授業の中で評価規準を通して，児童生徒の学習の実現状況を見取り，学習の改善や，教師の指導の改善につなげるために用いる指導に生かす評価と，題材の観点別学習状況の評価の総括に用いる評価とがある。

指導に生かす評価では，評価規準を通して，特にCの「努力を要する」状況と判断される児童生徒をしっかりと見取り，児童生徒一人一人の学習の改善や，教師の指導の改善に生かすことが重要である。また，題材の目標や内容，時間数にもよるが，特に題材の前半では，Cと判断される児童生徒を中心に見取り，B「おおむね満足できる」状況になるように指導することが重要になると考えられる。

評定等，総括に用いる評価では，あらかじめ各観点の総括をどこで行うのかを，ある程度決めておくことが求められる。また，評価を総括する際の評価方法についても題材で育成を目指す資質・能力に応じて，事前に各観点の実現状況についてどのように総括するのかということを考えておくことも重要である。　　　　（東良雅人）

49 コンピテンシーに依拠した 教育課程の編成の背景

コンピテンシーに基づく教育改革 について教えてください

Society 5.0, GIGA スクール構想, デジタルシチズンシップ, STEAM 教育, 令和の日本型学校教育など昨今の教育関連の主なキーワードは, 大きく3つのカテゴリーに分けることが可能である。

1点目は, 知識基盤社会の到来に対応する社会の実現を目指す Society 5.0という時代状況に関連するもの。2点目は, 教育現場における情報のデジタル化（DX, デジタルトランスフォーメーション）により新たな教育方法の展開を期待するもの。3点目は, こうした社会的要請に対応して育成すべきコンピテンシー（学習遂行能力）に基づく教育課程の策定に関連するものである。

20世紀後半から21世紀の教育において, 育成する知識や技能をどう方向付けるかについてコンピテンシーや21世紀型スキルといった概念の議論が活発化し, それを踏まえた教育課程改革が進行してきたが, まずその動向を整理しておきたい。

1. コンピテンシーとは

コンピテンシーが注目されたのは, 1970年代のアメリカの心理学者マクレランドの行動特性研究などに由来する。知能や知識よりも感受性やポジティブな態度形成が社会的な成功にはより重要であることが指摘された。その後スペンサーらによって, 知識を蓄積することよりも多様な課題をこなす上で知識・技能・能力を活用することの重要性などが示されたが, 21世紀の転換期を迎え, 新たな時代に適合する教育改革には再定義が必要との観点から, OECD をはじめ各国で検討されるようになった。1997年以降の OECD の DeSeCo プロジェクトではコンピテンシーは, 「知識やスキル, 態度及び価値観を結集することを通じて特定の文脈における複雑な要求に適切に対応していく能力」（吉田, 2016）と定義された。さらにコンピテンシーで特に重視されるべきキー・コンピテンシー（主要能力）が検討され, 「異質な人々から構成される集団で相互に関わり合う力」, 「自律的に行動する力」, 「道具を相互作用的に用いる力」の3つに集約された。

コンピテンシーの動向と並行して, 同時期にアメリカなどを中心に21世紀型スキルと呼ばれる能力論も登場した。これは「ATC21s」（21世紀型スキルの評価と指導プロジェクト）が提唱した能力概念であり, グローバル社会を生き抜くために求められる基礎的な能力を検討する試みである。その結果, 批判的思考力, 問題解決能力, コミュニケーション能力, コラボレーション能力などのスキルが規定された。

キー・コンピテンシーの「道具を相互作用的に用いる力」は, 学習到達度調査の PISA に, 21世紀型スキルの「コラボレーション能力」は, PISA18などにおける「協調問題解決能力」調査に反映されてきた。

2. 諸外国における資質・能力に関わる動向

コンピテンシーや21世紀型スキルという資質・能力に基づく教育改革努力は国際的なレベルで進行してきたが, それらの構成要素は国により異なる。次頁の表はそれを一覧にしたものだが, いずれも「基礎的なリテラシー」, 「認知スキル」, 「社会スキル」を育成する教育改革を推し進めていることが理解できる。OECD では2030年の未来予測を基に, 各国と課題を共有しながら連携してコンピテンシーや教育課程の方向性をアップデートした形で検討し, 2015年に始まった多国間プロジェクトの Education 2030や, その後のラーニング・コンパス（学びの羅針盤）2030によって, これからの不確実な社会状況における複雑な要求に対応するための知識, スキル, 態度及び価値の活用によって個

コンピテンシーに依拠した教育課程

国別	資質・能力の構成要素	基礎的なリテラシー	認知スキル	社会スキル
OECD	キー・コンピテンシー	・相互作用的道具活用力 （言語・記号の活用） （知識や情報の活用） （技術の活用）	・反省性（考える力）	・自律的活動力 （大きな展望・人生設計と個人的プロジェクト） ・異質な集団での交流力 （人間関係力・協働する力・問題解決力）
イギリス	キースキル	・コミュニケーション ・数の応用 ・情報技術	・情報処理　・創造的思考 ・推論　・評価 ・調査研究　・課題設定スキル ・問題解決	・他者との協働 ・主体的学習と学びの改善 ・文化的コンピテンス・相互関係力・表現力
フィンランド	コンピテンス	・多元的読解力 ・ICT コンピテンス	・思考力，学ぶことを学ぶ力	・生活自立力・日常活動の管理・安全性 ・職業に必要な能力や起業家精神 ・社会への参加と影響力・持続可能な社会の構築
ドイツ	コンピテンシー	・事象コンピテンシー	・方法コンピテンシー	・自己コンピテンシー ・社会コンピテンシー
アメリカ	21世紀型スキル	・情報リテラシー ・情報通信技術に関するリテラシー	・創造力とイノベーション ・批判的思考，問題解決，意思決定 ・学びの学習，メタ認知 ・コミュニケーション ・コラボレーション（チームワーク）	・地域と国際社会での市民性 ・人生とキャリア設計 ・個人と社会における責任 （多文化に関する認識と対応）
オーストラリア	汎用的能力	・リテラシー ・ニューメラシー ・ICT	・批判的・創造的思考力	・倫理的理解 ・異文化理解 ・個人的・社会的能力
シンガポール	21世紀型コンピテンシー	・情報とコミュニケーション・スキル	・批判的・創造的思考	・公民的リテラシー ・グローバル意識・異文化スキル
韓国	核心力量	・知識・情報の処理能力 ・コミュニケーション能力	・創造的思考力 ・審美的な感性	・自己管理能力 ・共同体への貢献

国立教育政策研究所編，「資質・能力［理論編］」，東洋館出版社，2018他を参考に筆者作成

人と社会のウェルビーイング（幸せ）を達成する学習の枠組みを提供している。

3．わが国の資質・能力に基づく教育課程

わが国もOECDとの政策対話等を通じて海外のコンピテンシーの議論を共有してきたが，コンピテンシーという用語は使用していないものの，資質・能力に関する議論が20世紀後半から文部科学省の中央教育審議会や教育課程審議会答申等でなされ，学力観の見直しによる平成元（1989）年の学習指導要領改訂における「新しい学力観」の提起や，平成10（1998）年の学習指導要領における「確かな学力」，「豊かな人間性」，「健康・体力」からなる「生きる力」も提案してきた。その「確かな学力」には，知識及び技能，思考力，判断力，表現力等，課題発見・問題解決能力等が構成要素として含まれており，こうした延長上に現行の学習指導要領における育成すべき資質・能力の3本柱がある。現行の学習指導要領は，すべての校種で教科等の目標，内容を，資質・能力の観点から整理しており，その意味で海外のコンピテンシーに基づく教育課程変革の動きと連動していると同時に，構成要素も共通している部分が多い。

4．美術科教育における資質・能力

わが国の美術科教育においては，従来から表現・鑑賞を通じて感性，想像力を豊かに働かせること，造形や美術文化の理解を尊重する態度などの資質・能力は重視されてきたが，現行の学習指導要領では，図画工作科，美術科においても教科の特質を反映する「造形的な見方・考え方」を働かせ，〔共通事項〕に位置付けられた知識において「造形的な視点」を理解することや生活，社会と豊かに関わる態度の育成などの資質・能力をさらに重視する方向性が示されている。こうした観点で美術科教育の質的改善を図ることが，子供たちの未来を切り開く「生きる力」を育成することにつながるのである。

（福本謹一）

50 個別最適な学びと協働的な学び

「個別最適な学び」と「協働的な学び」の充実を視点とした，図画工作科・美術科の授業について教えてください

1．学校教育で育成を目指す資質・能力

　子供たちを取り巻く社会の構造が急激に変化しつつあり，今後を予測することが困難な時代を迎えている。世界的な規模で危惧されている近年の諸問題を自分自身の問題として捉えて，持続可能な社会を創ることに主体的に参画するとともに，自らの人生を幸福でよりよいものにしていくための資質・能力を子供たちにはぐくんでいくことが学校教育に求められている。知識の量を増やすことのみに力点を置いた教育や，定型的な手続きに関する能力のみを高めるための教育ではなく，児童生徒が課題を見出し，それを自ら解決するための力を育成することが重要とされている。このような学校教育をめぐる議論を踏まえて，平成29（2017）年に告示された学習指導要領においては，各教科等の目標が３つの資質・能力（「知識及び技能」，「思考力，判断力，表現力等」，「学びに向かう力，人間性等」）によって整理して示された。

2．Society 5.0時代の到来と学校の情報化

　前述した社会変革の一つとして，人工知能（AI）やビッグデータの活用，情報通信技術（ICT）機器の普及等の新しい技術の発展により，日常生活をはじめとする社会全体の情報化が加速しつつあることがあげられる。このような社会の在り方は「Society 5.0」と位置付けられ，内閣府は「サイバー空間（仮想空間）とフィジカル空間（現実空間）を高度に融合させたシステムにより，経済発展と社会的課題の解決を両立する，人間中心の社会（Society）」と定義している。先端技術による様々な業務や手続きの自動化や省力化は，人間の生活に大きな恩恵をもたらす可能性がある一方で，新しい技術やICT機器等を活用することができる人とそうでない人との間に格差が生じるのではないか，人工知能やICT機器等の導入拡大が人間の雇用機会を減らしてしまうのではないかという懸念についても指摘されている。

　学校教育の情報化に関する動向としては，令和元（2019）年12月の閣議決定による「GIGAスクール構想」をはじめとする教育政策に基づき，児童生徒に1人1台の情報端末が配備されたことが特筆される。この配備により，ICT機器を活用した学習が特別なものではなく，学びの道具として児童生徒が日常的にふれることができる環境が整ったといえる。ICT機器を各教科等の学習において活用する利点は，思考を深める，他者とコミュニケーションを図る，考えを表現する等，児童生徒の様々な活動を支援することができるということにある。例えば，図画工作科・美術科の授業においてもICT機器を表現や鑑賞のツールとして活用することのほか，表したい主題についての考えを整理したり，制作を通して考えたことをまとめて発表したりする場面で活用するなど，豊かな美術の学びにつなげるための取組が幅広く実践されている。

3．「個別最適な学び」と「協働的な学び」の充実

　中央教育審議会は令和3（2021）年1月の答申により，学校教育でのICTの活用と少人数によるきめ細かな指導により，「個別最適な学び」と「協働的な学び」を一体的に充実させる

ICT機器を使って表現する

方向性を示した。同答申において「個別最適な学び」の概念は、「指導方法・教材や学習時間等の柔軟な提供・設定を行うことなどの"指導の個別化"」、「子供自身が学習が最適となるよう調整する"学習の個性化"」という、2つの側面から示されている。一方、「協働的な学び」に関しては、「子供一人一人のよい点や可能性を生かすことで、異なる考え方が組み合わさり、よりよい学びを生み出していく」と述べられ、他者との関わり合いの重要性について指摘されている。

このような「個別最適な学び」と「協働的な学び」を一体的に充実させていくという趣旨を踏まえて、ここでは図画工作科・美術科における授業改善に向けた取組について例示する。

（1）「個別最適な学び」の充実を視点とした授業改善

表現の題材においては、指導者から学習目標・技法・材料等が一元的に提示されて授業が展開されることが比較的多いと考えられる。しかし、同一の技法や材料で制作することが目的ではなく、大切なことは図画工作科・美術科の目標に対応した資質・能力を育成することである。指導の個別化の観点から授業改善を図る方法として、学習目標と主題に関する大まかな方向性を示して、技法・材料についてはある程度、児童生徒が選択できる設定とすることなどが考えられる。

美術科における授業改善の例としては、ブックカバーのデザインを扱った題材において、水彩絵の具で表す、和柄の紙をコラージュして表すなど、生徒が発想・構想したことに応じて活動方法を選択することなどがあげられる。生徒が技法・材料を選択する際、その理由について使用する条件や目的との関連で思考を深めさせることは重要である。思考を促す方法として、ブックカバーの構想を練る段階でワークシートや学習支援アプリ等を使用してマインドマップを作成する活動を設定することなどが考えられる。このようなツールを使用して生徒が考えを

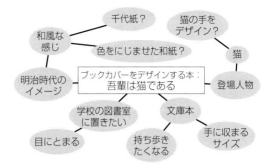

技法・材料を選択する際のマインドマップ例

可視化して思考の深まりを自覚することは、学びを最適化しようとする態度につながり、学習の個性化を図る観点からも有効である。

（2）「協働的な学び」の充実を視点とした授業改善

従来から図画工作科・美術科の授業においては、共同で行う創造活動や互いの作品を鑑賞し合う活動などが幅広く実践されてきたため、児童生徒が協働しながら学習する場面は想定しやすい。しかし、これらの学習活動が表面的なものに陥らないように留意するとともに、互いの感じ方や考え方が交流され、それが個人の学びを触発していくことが重要であると考えられる。

図画工作科における授業改善例として、異なる考えを交流させたり、組み合わせたりして、より楽しくなるような学習活動を設定することなどが考えられる。形式的な話し合い活動を行うのではなく、児童が自ら話し合いたくなる授業展開が望ましい。例えば、造形遊びの題材において、「どうしたら素敵な廊下になるだろう」という問いに向き合う中で、グループ内で協力して場所や空間の特徴を基に活動を考える授業などがあげられる。多様な発想にふれながら学び、自他の考え方を認め合うことは探求的であり、他者や社会との関わりと結び付けながら学ぶことの意味を実感することにもつながる。

実際の指導にあたっては、ICT機器の利点を生かす方法を検討するとともに、児童生徒の身体感覚を生かした協働的体験やフィジカルなコミュニケーションや対話の機会を十分にもつことにも配慮したい。　　　　　　（竹内晋平）

51 教材研究・授業研究の方法

教材研究・授業研究の基本と，その方法について教えてください

1．図画工作科・美術科の授業

　図画工作科・美術科の学びは，表現や鑑賞の活動を通して実現される。ごく簡単にいえば，その活動の時間が授業の時間ということになる。

　他の多くの教科では，導入後，主発問やゆさぶる発問による教師と子供のやりとり，子供同士の学び合い活動，板書，全体交流など，多様な要素で双方向的・立体的に授業が展開する。もちろん，基本的な構造は図画工作科・美術科も同様だが，最も大きな違いは，図画工作科・美術科の場合は，子供が自ら悩み考え，そして，主体的に考え，決めて活動している時間が圧倒的に長いということだろう。

　他の教科でも，学びの主体は子供であり，一方的な知識の伝達などといった旧態依然とした授業は現代ではほぼ見られず，図画工作科・美術科の授業も，教師と関わりなく子供が自分だけで活動しているわけではない。そうではあっても，教師の過度な介入で，子供の表現を固定的な方向に導いてしまうことのないよう，十分に自分たちで考え，活動する時間を保障することが，図画工作・美術の授業の基本である。

2．授業研究としての教材研究

　上記からは，その時間・単元にどのような表現・鑑賞活動を行うか，すなわちどのような教材＝題材を設定するかが，図画工作科・美術科の授業において最も大事であることがわかる。近年は図画工作科・美術科でも教科書の活用が以前よりも進んではいるが，基本的に教科書に沿って年間の学習計画が進んでいく他の教科とは違い，年間の題材配列が教師によって設定さ

れる図画工作科・美術科は，一つ一つの題材の意味が極めて重要といえる。つまり，図画工作科・美術科においては，何よりも教材研究が授業づくりの大きなウエイトを占めるのである。

3．教材研究の基本姿勢

　図画工作科・美術科の教材研究の基本は，教師自身がまずは「やってみる」こと以外にない。大人はともすると「どのように指導するか」だけを急ぎ考えてしまうが，その活動（表現や鑑賞）の中に，どのような学びの要素があり，どのようなワクワクする発見や楽しさ，あるいは材料・用具の扱いの難しさがあるのかを，教師が実感的に理解しないまま，指導方法を考えるのは本末転倒である。

　さらには，その「やってみる」スケールは，子供たちが授業で経験する以上のものでなければならない。単純な物理的大きさ（絵画的表現であれば紙の大きさなど）はもちろん，技法のバリエーションなど，すべての面においてである。

　例えば，モダンテクニックを授業で扱うためには，スパッタリングなど名付けられた技法を表層的に理解するのではなく，絵の具の表現特性を十分に原理的に理解しなければ，子供の学びを深められない。誤解のないようにいっておくが，教師がうまく表現し，見本をたくさん提示するなどということが大事なのではない。その活動の質的特性をしっかりと教師が身体化することこそが重要なのである。

4．発想・構想の手がかりの言語化＝題材名

　子供たちの意欲がわくためには，題材名が重要であり，皆同じではなく，一人一人異なるイメージが生まれるようなものがよい。例えば，「風景画」ではなく，「私がなぜか気になる景色」とすることで，それぞれの体験に基づいた発想の手がかりとなる。また「モダンテクニック」ではなく，「○年○組絵具表現研究所」などとすることで，自分で考えた技法への興味がわく。

　このように，主題や技法を柔軟に捉える題材

名を設定するためには，まずは教師が，「どのような言葉やきっかけがあれば，発想が広がるか」を自分で体験することが必要であり，活動の特性をしっかりと言語化して考えることが求められる。

5．表現を左右する材料・用具

　題材の大枠が決まったら，材料・用具の検討をしなければならない。

　例えば絵画的な表現の場合，紙はどのような画用紙がよいのか，大きさは四つ切りか八つ切りか，あるいは正方形などにしたほうが題材意図に合うのか，絵の具は個人持ちのセットがよいのか，共用絵の具がよいのか，水彩筆でよいのか，刷毛やスポンジなどのほか様々な用具を用意したほうがよいかなど，教師自身が実際の表現活動（制作）を通して十分に検討し，子供にふさわしいものを準備し，環境設定をしなければならない（もちろん，活動によっては子供自身が材料用具を考え，選ぶ環境とする）。

　また，例えば粘土の場合，大雑把に「粘土」などとせずに，様々な粘土を実際に試しておくことも重要である。紙粘土一つとっても，従来からある一般的な紙粘土と，近年主流となりつつあるかるい粘土とでは，反発性や伸縮性など造形性が異なる。容器などに貼り付けて造形することを主眼とする粘土などは，過剰ともいえる伸びがあり，他の粘土とは操作の特性が全く異なる。このような点を吟味せずに，授業に臨むことがあってはならない。

　用具については，子供の造形意欲や「こうしたい」という思いを実現するよう，十分に使いやすいものを用意しなければならい。例えば，彫刻表現の芯材に用意した針金が細すぎて粘土の重さに耐えられない，用意した接着剤や接着方法ではうまく接着できない等のトラブルは，すべて教師の教材研究の不足によるものであり，逆にいえば十分な教材研究で回避できるものである。

6．授業実践と授業研究

　授業研究といったとき，授業者が自身の実践を記録し省察する場合もあれば，複数の参観者やチームで協議・検討する場合もある。また，実践者である教師のチーム（学年や学校，地域の教科研究会など）が授業改善や開発のために行う研究と，研究者が観察研究対象として授業を分析する研究に大別されるという考え方もある。いずれにしても，教師の授業力・専門性の開発・伸長を目指すものとして，授業研究は欠くことのできないものである。

　授業研究は，おもには授業時間を対象とするが，事前準備を含めた授業の全体像が重要である。したがって，授業者自身が研究主題を明確にし，目標達成のために，どのような事前研究をし，授業内ではどのような手立てをとったか，何を提案し協議したいのかを，参観者や研究者と共有することが基本である。その上で，参観者は，研究主題に即した視点で授業を観察し，特に子供の姿をしっかりと見ることが重要である。

　授業者が自身の実践を記録する際には，ビデオカメラ等による映像記録が一般的である。ただし，固定カメラで定点的に特定のグループや教室の状況を記録するのか，手持ちのカメラで移動しながら記録するのかでは得られる情報が異なる。また，子供のつぶやきや発言などの分析についても，エピソード記述としてまとめるか，逐語記録を残し分析するかなど，いくつかの方法がある。参観者のメモや記録のとり方も一様ではない。

　いずれにしても，研究主題にあった記録分析を心がけたい。冒頭で述べたように，図画工作科・美術科の授業では子供の活動が中心であり，制作過程の出来事や作品そのもの，ワークシートなどの思考の軌跡，子供自身の振り返りの言葉などを特に大事にしたい。　　　（佐藤賢司）

52 年間指導計画の立て方

年間指導計画を立てる際に気を付けることや配慮すべきことを教えてください

1. 指導計画作成にあたっての留意点

年間指導計画を作成する際には，学習指導要領に示された教科や学年の目標及び内容を十分に理解し，指導すべき事項が不足なく取り組め，その結果として学年の目標が達成できるよう計画されなければならない。

加えて，学校が子供たちの実態等などから，掲げている教育目標や，地域の実態などをもとにした継続的な取り組み等を反映させていくことが重要である。また，他教科や総合的な学習の時間との連携など，学年で指導する各教科等の目標や内容の関連を視野に入れて年間指導計画を作成することで，学習効果が高まる。ただし，その際にはそれぞれの教科や領域等の独自性を損なわないように，内容の構成を練ることも忘れてはならない。

2. 年間指導計画の作成

（1）子供の実態と教科の目標及び内容から扱う題材を検討する

図画工作科や美術科の年間指導計画は，題材が配列されている。これは，題材が目標及び内容の具現化を目指す「内容や時間のまとまり」であり，題材を一つの学習の単位として指導しているという教科の特性からである。

題材の選定と配列は，子供の実態と教科の目標や内容を踏まえて行う。一つ一つの題材が，資質・能力のどのような側面を育成するものであるのかをしっかり考え，前年度までに何を学習し成長してきたのか，次年度以降に何を学習し成長していくのか，子供の成長を見通し検討するようにしたい。

（2）年間の授業時数や，指導計画の作成上留意すべき点を踏まえる

各学年の標準の総授業時数は，学校教育法施行規則に下表のように示されている。学習指導要領の総則には，時間数の取り扱いについて，年間35週（小学校第1学年は34週）以上にわたって行うよう計画することとされている。

図画工作，美術の各学年の標準の授業時数

校種	小学校						中学校		
学年	1	2	3	4	5	6	1	2	3
時数	68	70	60	60	50	50	45	35	35

（3）学習指導要領の「指導計画の作成と内容の取扱い」に示された内容を踏まえる

例えば，小学校図画工作科では，「絵や立体に表す内容と工作に表す内容の授業時数がおよそ等しくなるように計画する」，「表現と鑑賞の関連を図る」，「低学年では他教科等との関連を積極的に図り，生活科を中心とした合科的・関連的な指導や，弾力的な時間割の設定などの工夫をする」等が示されている。中学校美術科では，「表現と鑑賞の相互の関連を図る」，「1年は絵や彫刻，デザインや工芸において描く活動とつくる活動のいずれも経験させるようにすること」，「障害のある生徒などの困難さに応じた指導の工夫を計画的，組織的に行うこと」等が示されている。

（4）教科間等の連携等を視野に入れて，学習効果がより高まるように考慮する

題材をいつどのように行うかを，他教科との関連等を視野に入れて工夫したい。年間授業時数が35週（34週）で割り切れない学年等は，週ごとに1時間の週と2時間の週を組み合わせることになる。また，各教科の特質や学習の特性に応じて効果的な場合，その授業を特定の期間に行うことが認められている。こうしたことも踏まえて，学習の効果が上がるように柔軟に指導計画を立てるようにしたい。　　　　（山田芳明）

53 指導の実質化に向けた指導案の書き方

学習指導案を作成する意義や、具体的な指導案の書き方、留意点について教えてください

1. 学習指導案作成の目的・意義

学習指導案は、ほかならぬ授業者自身のために作成するものである。授業者は授業にあたって、授業の内容、押さえるべきポイント、どのように授業を進めるのか等をしっかり検討し、計画を立てる必要がある。学習指導案を作成するということはそういうことである。

授業の見通しや計画を指導案として明文化しておくことによって、授業を省察する際の手がかりとすることができる。想定通り授業が進められたのか、もし進められなかったとすればその原因は何か、こうしたことを検討する際に指導案は重要な資料となる。

また、公開授業等の場合、その授業を参観する他者にとって、授業者の意図、授業の工夫や計画が示された指導案は、授業内容を見通したり理解したりするための資料となる。

さらに指導という行為が、指導案という共通の書式で記されることで、保存、蓄積が可能になる。その結果、第三者が参照可能になり、例えば同じ単元や題材についての複数の指導案を参照し比較することで、教科の指導についての理解を深めることもできるようになる。

2. 学習指導案の形式

学習指導案には決まった形式があるわけではない。しかし、およそ図に示すような項目と内容の記載が求められることが多い。

指導案の最初の行には大きく「○○科学習指導案」と表題を書き、次いで授業者（指導者）の氏名を書く。表題は「第4学年　図画工作科

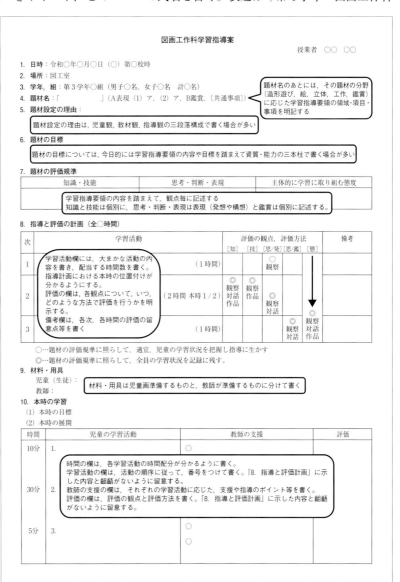

学習指導案」というように学年を記載する場合もある。次に，日時や場所，授業を行う対象の学年・組等といった基本情報を書き，次いで扱う題材について記すことが多い。

「題材名」は，その題材の学習指導要領上の位置付けがつかめるようなものでありたい。また，題材名は児童生徒に向けて示されるものなので，その題材の活動内容を子供たちが容易につかみ，なおかつ関心や意欲が高まるものであることが望ましい。また最近は，題材名の後に，その題材の分野（図画工作であれば，造形遊び，絵，立体，工作，鑑賞）に応じた学習内容の学習指導要領上の位置付け（領域，項目，事項）を明記することが多い。

次に書く「題材設定の理由」（題材について）などでは，「児童（生徒）観」，「教材観」，「指導観」の三段落構成で記述することが多い。

児童（生徒）観はいわば，児童生徒の本題材に対するレディネスである。これまでにどのような学習を積み重ねており，どのような発達の段階にあるのか，児童生徒の関心等，本題材と関連する内容を書く。

教材観は，児童（生徒）観を踏まえて教師が設定した本題材の学習活動内容，その学習活動を通して伸長を期待する資質・能力について書く。

指導観には，教材観で述べたような資質・能力をすべての児童生徒が伸長できるようにするための具体的な手立てを検討し書く。その際には，材料・用具の選定や準備，場の設定，活動の進め方，児童生徒のつまずきの想定とそれに対する手立て等について検討し書く。授業過程の手立て等は導入，展開，終末といった，題材の大きな流れに沿って記述する場合が多い。

以上のことからわかるように，「題材設定の理由」を詳しく検討するということは，その題材の内容や授業の方法等を詳しく検討することにほかならない。

その次に，「題材の目標」と，「評価規準」を明記する。近年は，題材の目標は教科の目標や学年の目標を踏まえて，「知識及び技能」，「思考力，判断力，表現力等」，「学びに向かう力，人間性等」の3つの柱で示す場合が多い。もちろん，それらの内容を一文に要約して書いてもよい。評価規準は，観点別学習状況の評価の観点ごとに記述する。評価規準を作成する際には，国立教育政策研究所による「『指導と評価の一体化』のための学習評価に関する参考資料」を参照するとよい。

続いて，「指導と評価の計画」を立てる。授業公開などをする場合には，その公開授業が指導計画上で何時間目に当たるのかも明示しておく。

「材料・用具」は，児童生徒が個々に準備するものと教師が全児童生徒に対して準備するものに分けて書くことが多い。

最後に「本時の学習」について書く。本時の学習には，「本時の目標」と「本時の展開」が示される。

本時の目標は，題材の目標と指導と評価の計画の学習活動と評価観点等の中の本時の位置に基づき設定する。

次に本時をどのように進めていくのか，本時の展開を書く。この指導案例では「時間」，「児童（生徒）の学習活動」，「教師の支援」，「評価」の4列で作成している。児童（生徒）の学習活動の欄は児童生徒の立場で書き，教師の支援の欄は教師の立場で書く。その際，例えば，児童（生徒）の学習活動の欄に「題材のめあてをつかむ」と書き，それに対応する教師の支援の欄に「題材のめあてをつかませる」といったオウム返しのような記述ではなく，児童生徒が「めあてをつかむことができるようになる」ために，教師がどのような手立てを講じるのか，どのようなことに配慮するのかを明示する。

学習指導案の作成を通して，授業がより具体的にイメージできるようになることで，指導の実質化を図っていきたい。　　　　　（山田芳明）

54 特別支援教育

特別なニーズのある子供への
教育的な配慮とは，
どのようなものでしょうか

1.「特別なニーズ」拡大の現状

令和4（2022）年12月に出された「通常の学級に在籍する特別な教育的支援を必要とする児童生徒に関する調査」（文部科学省）によると，学級担任等が回答した特別な教育的支援を必要とする児童生徒の割合は，小・中学校の通常学級に8.8％在籍するとされた。留意事項として「発達障害のある児童生徒数の割合を示すものではない」とするものの，配慮を必要とする子供の割合であるとされる。このことは，平成24（2012）年に行われた同調査（一部調査方法が異なる）の6.5％と比べ，特別なニーズのある子供の急増を印象付ける結果となった。

特別支援教育の場へ視点を移すと，同じ時期の10年間における在籍者数は約2倍となる（文部科学省，2023）。内訳は，特別支援学校が1.2倍，特別支援学級で2.1倍，通級による指導では2.3倍である。義務教育段階の全児童生徒数が同期間に1割程度減少する中で，これら特別なニーズのある子供の増加に対し，たとえ通常学級の担任であったとしても，特別支援教育の専門性が必要不可欠だと考えられる。

2.特性と個に応じた教育的支援の重要性

学校における「合理的配慮」を実行するのは教師である。合理的配慮とは，個々の障害特性や学習スタイルに合わせて子供の理解を助け，自律的に活動できることを保証する教育的支援である。特に，特別支援教育の場に多く在籍するという自閉スペクトラム症（以下，ASD）の子供への支援は重要である。まずは障害特性の理解が必要であり，アセスメントの視点が大切となる。アセスメントとは，教師による子供の実態把握を指し，個々の観察等を通じて強みや興味・関心を捉えることである（知能検査等を指す場合もある）。客観的な視点から，子供の「できる」を叶える適切な指導の基礎となる。

授業では，大きく2つの配慮が必要である。

1つ目は，感覚への配慮である。ASDの子供は感覚に対する過敏（または鈍麻）をもつ場合が多いため，多様な刺激からの影響を低減させ，学習へ向かいやすくする環境設定が不可欠となる。窓外の光や棚にある物など，個々の実態に応じカーテンを閉めたり布を掛けたりして，視覚的な刺激へ配慮する。雑音や音楽など，聴覚への刺激も抑えて配慮する。触覚への配慮として，グチャグチャなどの刺激に対する学習経験は重要である。拒否的な態度をとる子供も散見されるが，多くの場合は未学習や経験不足によることが多いため，まずは挑戦できるように配慮する。例えば，造形活動の場合，粘土自体をつくる活動から始めるなど，刺激へ多様に触れられる機会を検討する。トイレットペーパーへ木工用ボンドと水を混ぜて「練る」ステップを設けるなど，素材との出会いの場面を工夫する。苦手さのすべてを回避させる発想ではなく，物を介して挑戦できる機会をつくることも大切である。

2つ目は，視覚的に理解できる力を活用することである。ASDの子供は，音声言語を介して情報を処理するのが苦手な場合が多い。一方で，見て情報を捉えるのは得意なため，写真や文など個の理解に応じたツールを活用して支援する。また，授業の「見通し」の支援は必須である。導入は，板書のほかにICT機器を活用して制作手順を映像などで視覚的に示し，活動の内容や到達点を見てわかるようにする。ほかに，取り組みを撮影すれば，「まとめ」でモニターを使って具体的に振り返ることもできる。

個に応じて，環境にある刺激へ配慮し視覚的な理解を助ければ，個々が独創的に表現できる授業づくりが実現するであろう。　（佐々木敏幸）

55 STEAM 教育

STEAM 教育の可能性と課題について教えてください

1．STEAM 教育とは

令和元（2019）年 5 月 17 日，教育再生実行会議は，「技術の進展に応じた教育の革新，新時代に対応した高等学校改革について」において，「幅広い分野で新しい価値を提供できる人材を養成することができるよう，初等中等教育段階においては，STEAM 教育を推進するため，『総合的な学習の時間』や『総合的な探究の時間』，『理数探究』等における問題発見・解決的な学習活動の充実を図る」とした。

この STEAM 教育は，Science，Technology，Engineering，Art（Arts），Mathematics の頭文字をつなげた教育プログラムのことであり，AI（人工知能）や IoT（Internet of Things；モノがインターネットにつながること）の急速な発展による社会変化の中で，各教科等の学びを基盤としつつも多様な情報を活用・統合し，問題・課題解決と社会的な価値創造を目指す新しい学びとして注目されている。

2．海外における STEAM 教育のAの扱い

STEAM 教育は，アメリカで始まった STEM 教育を前身としているが，科学技術偏重の教育への反省から，これらの教科に芸術系科目 Art（Arts）を加え，統合教育として展開をみせている。この STEAM 教育はもともと2006年にジョーゼット・ヤックマンが提唱したものであるが，Aについて彼は芸術としての Arts だけに限定するものではなく，国語や外国語などのコミュニケーション，社会の発展や倫理，リズムや協調性の学習を含む音楽や体育などを含むリベラルアーツを重視するホリスティック教育から着想を得ていた。しかし，現在でもこのA

を Art として視覚美術やデザインに限定する見方，Aを Arts として複数の芸術関係の領域とみなす考え方，Arts を Liberal Arts や Humanities を含む考え方など多様である。

STEAM 教育は，アメリカのみならずカナダ，EU（欧州連合）諸国，オーストラリア，韓国をはじめとするアジアでも広がっているが，Aを芸術とする見方が多く，学際的で統合的な学習が展開されている。

3．わが国における STEAM 教育の方向性

わが国の STEAM 教育は，こうした海外の動向も見据えて，今後の社会を生きる上で不可欠になる科学技術の素養や論理的思考力を涵養する STEM の要素に加え，より幸福な人間社会を創造するためにAを芸術に限定することなく，デザイン思考やリベラルアーツの要素を編み込んだ学びとして展開しつつある。そこでの学びの特徴としては，「学びの STEAM 化」，すなわち，文理を問わず教科知識や専門知識を習得すること（＝「知る」）と探究・プロジェクト型学習（PBL）の中で創造的・論理的に思考して未知の課題やその解決策を見出すこと（＝「創る」）とが循環する学びと，「学びの自立化・個別最適化」，すなわち AI やデータの力を借りて，多様な学習方法を見出し，子供個々に最適で自律的な学習機会を提供する学びとがある。

令和 3（2021）年の文部科学省中央教育審議会答申「令和の日本型学校教育」の構築を目指して」では，STEAM 教育に関して，教科等横断的な学習の推進による資質・能力，文理融合による課題の発見・解決や社会的な価値の創造，情報活用能力に加えて，芸術的な感性も生かし心豊かな生活や社会的な価値を創り出す創造性などの現代的な諸課題に対応する資質・能力などを育成することが提言された。

この STEAM 教育は，高等学校における「総合的な探究の時間」や「理数探究」などを軸に展開を図りながら，小・中学校での実施も見据えた取り組みが加速されている。その際，美術

教育の視点からの関わりについて検討しておくことが重要である。

４．STEAM 教育の実践

　以上のような動きをまとめると，STEAM教育を特徴付ける学習形態の要素は次のようになるであろう。

・探究型の学習（PBL/PjBL）による問題解決学習
・デザイン思考に基づく教科等横断的学習
・社会的現実に対応すると同時に子供にとって有意味な課題設定
・科学技術・情報技術の主体的活用
・子供による社会的価値の創造的プロセス

　こうした要素を反映させながらSTEAM教育の実践試行例も次第に増えつつある。経済産業省は，EdTech活用等による教育プログラム開発の実証事業「未来の教育」（2018）を開始し，「学びのSTEAM化」，「学びの自律化・個別最適化」，「新しい学習基盤の整備」をキーワードにした政策課題を整理し，「未来の教室」ビジョンを発表した。同時に，産学連携等で開発された教材コンテンツや指導案を集約したオンライン・プラットホーム「STEAMライブラリー」を立ち上げ，SDGs（持続可能な開発目標）にも関連するエネルギー，防災など社会と接続されたテーマを設定して，STEAM教育の今後の在り方を検討するリソースを提供している。その他，多くの大学，教育機関，学校現場と企業等が連携した教材開発プロジェクトが進行しており，プログラミング教育などICTと連携したものからリベラルアーツ寄りの教材開発例など多様である。

　このような教材開発，試行例の中で，美術と関わりの強いものも見え始めている。例えば，図画工作科の教科書題材のドリームプロジェクト（6学年，日本文教出版）を基に，人々が楽しく幸せに暮らせる未来について想像したことや，プログラミングの機能から表したいことを見つけ，未来の町を表現したり鑑賞したりする実践例などでは，人感センサーなども利用し，モーターで物が動いたり，照明がついたりする工夫もされており，プログラミングの機能を生かしながら想像力を働かせて発想や構想につなげている。STEAM教育ならではの利点が生かされているといえよう。

５．STEAM 教育の課題と美術教育

　STEAM教育教材例の中には，STEM教育的な色彩が強いことやプログラミング学習の延長としてロボットを扱うなど，子供には魅力的な題材であるものの，既定的な目標達成型となって創造的問題解決学習となっていない場合も見受けられる。

　また，実社会に対応した課題を扱おうとすると，SDGsの環境問題，貧困問題や地域の活性化・地場産業の復活，統廃合による学校の活力低下・沈滞化の解消などネガティブな視点ばかりを問題化，課題化しがちである。その場合，解決案を探る際の情報収集過程が一元化する傾向があり，類似した方向性しか見出せないこともある。年齢に応じて子供独自の視点を引き出す教師の指導力が重要である。

　STEAM教育では，教科等横断的な取り組みが期待されているが，美術を含むリベラルアーツの特性を生かした学びにつながる教育課程が構築できるかどうかが問われている。特に，「創造的な」問題解決を図るためには，カリキュラム・マネジメントの視点を考慮しながらも，美術科教育の視点からの課題解決型のデザイン思考に加えて，課題提案型で拡散的思考を特徴とするアート思考を働かせて取り組むことも重要である。プログラミングなどのICT一辺倒にならず，芸術的な感性や子供ならではの想像力を発揮できるよう，教師には教育的想像力を発揮して，課題の設定や創造的で柔軟な解決を図る学習のデザインが求められる。そうすることによって，学習の認知的側面と感情的側面が統合され，教育の全体性と健全性の確保につながるはずである。　　　　　（福本謹一）

56 教科横断的学びと美術教育

わが国の教科等横断的な考え方と美術科教育の関係について教えてください

1. 総合的な学習の時間の源流

　平成29（2017）年に改訂されたわが国の学習指導要領では，カリキュラム・マネジメントによって教科間をつなぐ学習の重要性が命題として示された。教科間を連携させたり統合させたりする学習として，わが国では「総合的な学習の時間」が創設されており，小・中学校では平成14（2002）年度から，高等学校では平成15（2003）年度から実施されている。

　翻って，昭和22（1947）年と昭和26（1951）年に示された学習指導要領は，戦前の画一的で注入的な教育から脱却し，子供たちや地域の実情に合わせて自主的にカリキュラムが編成されることを期して，その参考資料となるよう「試案」として示された。同時期には，「子供たちの生活上の課題や関心」などを中核にして，埼玉県川口市の「川口プラン」や広島県豊田郡本郷町の「本郷プラン」など，各地で特色あるカリキュラムが生み出されていった。このような取り組みの中心にあったのは，地域社会の課題に連なる子供たちの生活上の課題解決に向けた学習であり，そのユニークな学習が展開された戦後初期は，わが国の学校教育の歴史において重要な時期であったといえる。

2. 総合的な学習の時間の現状と課題

　文部科学省は，これまでの「総合的な学習の時間」の成果として，「総合的な学習の時間の取組が，知識・技能の定着と思考力・表現力・判断力の育成の両方につながっている」，「総合的な学習の時間の取組が，各教科等における探究的な学習の根幹になっている」ことなどをあげる。一方，課題として，「社会に開かれた教育課程の実現に向け，実社会・実生活にかかる課題をより積極的に取り扱うことが必要」などをあげている。また，「総合的な学習の時間」の学習活動は，そのねらいを踏まえて地域や学校の実態に応じながら各学校が創意工夫を十分発揮して展開することが求められていることを背景に，指導内容が学校の裁量に任されているため，本当に教科を横断した総合的な学びができたかどうか懐疑的な部分もあるとの指摘がある。

　上記のような状況に対し，各教科の学びや学習領域を統合する取り組みとして，カリキュラム・マネジメントのいっそうの充実が求められている。今後の学校での学びでは，「総合的な学習の時間」等と個々の教科間をつないでいくことを通して子供たちのどのような資質・能力を育成していくかという視点を伴いながら，カリキュラム・マネジメントに関する理論及び実践に関して，これまで以上の活発な展開が予想される。

3. わが国における教科等横断的な考え方

　平成20（2008）年の中央教育審議会答申には，「小学校教育として育成を目指す資質・能力を育んでいくためには，各教科等を学ぶ意義を大切にしつつ，教科等間の相互の関係を図りながら，教育課程全体としての教育効果を高めていくことが必要となる。そのためのカリキュラム・マネジメントである」と明記されている。

　現行の学習指導要領に反映されているカリキュラム・マネジメントは，次の3つの側面から規定されている。

　すなわち，①教科横断的な視点，②PDCAサイクルの確立，③教育内容と人的・物的資源等の効果的な活用，である。

　PDCA（Plan, Do, Check, Action）サイクル，すなわち各学校が教育課程を編成・実施・評価・改善していくことが求められている。そのプロセスは次の通りである。まず「何ができるようになるか」を定め，そのために「何を学ぶ

か」，「どのように学ぶか」，その学びを実施するために，学校や家庭，地域と連携して「何が必要か」を考え，「子供たち個々の発達をどのように支援するか」，そして「何が身に付いたか」という学習評価となる。

このことから，カリキュラム・マネジメントの実現に向けては，子供の実態や資質・能力観，地域の実情，指導内容を踏まえて，学校の特色に応じた学びの創出を目指すことが肝要である。そして，美術科教育においても，子供の学習目的に応じて他教科や地域・社会とのつながりを意識することが大切である。

4．美術科教育と生活や社会とのつながり

現行の図画工作科学習指導要領における「改訂の趣旨」には，これまでの成果だけでなく課題も示されている。すなわち，生活を美しく豊かにする造形や美術の働き，美術文化についての実感的な理解を深め，生活や社会と豊かに関わる態度を育成すること等については，さらなる充実が認められることである。

この指摘に符合して，芸術ワーキンググループは，「生活や社会の中での働き」に関して，「授業の中で，なぜそれを学ばなければならないのかということを実感することについては，教員の意識としても，子供たちの意識としても弱いのではないか」と述べている。このため，学習したことがこれからの自分たちの生活に生きてくるという実感をもてるよう，身の回りにある芸術やその働きに気付かせていくような指導を重ねたり，特定の教科だけでなく，複数の教科等と協力したりして総合的な視点から指導することが重要であると示されている。加えて，現代的な諸課題を踏まえた教育内容の見直しについても言及されている。例えば，「伝統や文化に関する学習」については，グローバル化する社会の中で，子供たちには芸術を学ぶことを通して感性等をはぐくみ，日本文化を理解して継承したり，異文化を理解し多様な人々と協働したりできるようになることが求められることにふれ，そのために，「わが国の伝統や文

化と現代の生活とのつながりが実感できるよう，特定の教科だけでなく，複数の教科等による学習の連携を図る」など，総合的な視点から指導することが重要であると示されている。

5．美術科教育における教科等横断的視点のもち方

美術科教育のよさを生かしていくためには，図画工作，美術という教科特性を明確にした上で授業をデザインしていく必要がある。同時に，従来の教科内容を見直し，必要性に応じて総合的で脱領域的な題材開発を行う視点をもつことも重要である。

わが国の教科カリキュラムには，主に3タイプの類型を見ることができる。①各教科での学習（狭義の教科カリキュラム），②2つ以上の教科を関連付ける学習（関連カリキュラム），③例えば生活科のように，いくつかの大きな文化領域から構成される学習（融合カリキュラム），である。それらに加えて，既存の教科にとらわれずに，子供の生活に根差した活動や現代的諸課題に対応した内容を構成する総合学習もある。例えば，表現活動のリソースである粘土を使った制作や美術館体験などを文化的視点から再構成すれば，社会科等との連携の上で，「地域の文化財」や「地域創生」などの現代的な諸課題をテーマにした総合的な学習の時間の中核に美術科教育を位置付けることができると考えられる。

図画工作科や美術科，表現や鑑賞の活動を通して「造形的な見方・考え方」を働かせ，自分たちの生活と密接に関係しながら個々の多様な価値観を形成していく教科としての側面をもっている。さらに，教科内や教室内の学びにとどまらず，他教科，地域社会との接続可能性について多様な実践の在り方を模索できうる教科であり，子供たちの身の回りから社会に関わる学習活動へ広げていく視点をもつことができる特性があることを，授業デザイン上の念頭に置くべきである。

（畑山未央）

57 創造的問題解決学習とポートフォリオ評価

美術が創造的な問題解決学習であるといわれる理由とポートフォリオ評価について教えてください

1. 美術と創造的な問題解決学習

予測困難な時代においては，新しい発想や革新的な方法で問題や課題を捉え，多様な角度から対応策や解決策を考えることが必要とされている。近年は様々な企業等で「デザイン思考」や「アート思考」が重視され，様々な問題を解決するために美術に関係する思考過程が用いられている。デザイン思考は，課題解決に向けて課題を共有し，解決策を経て，取り組み，実行し，修正するといった段階を重視する。あくまでも，課題を解決するという目的が重要となる。それに対しアート思考は，最初から答えがどこにたどり着くかはわからない。試行錯誤しながら答えを見出すものとされている。

美術は新しい価値をつくりだす文化の創造的役割を担っている。美術の表現過程に創造的な問題解決学習がある。

2. ポートフォリオの意義と特性

ポートフォリオとは，書類入れや書類かばんのことで，作品集としての意味もある。平成10 (1998) 年度の学習指導要領における「総合的な学習の時間」の導入以降多用されるようになった。学習の状況や成果について，児童生徒の状況などを踏まえて評価するために有効と考えられたものである。図画工作科や美術科においても，学びの過程を大切にする教科として同様の評価方法を用いることは有効である。表現や鑑賞の活動において，思い浮かんだアイデアやイメージの多くは消えていく。表現や鑑賞の評価が結果のみではないということを伝える意味でも，ポートフォリオ評価には大きな意味がある。

3. ポートフォリオ評価の方法と具体

学びの過程を残すためには，学習者自身の意識付けが重要となる。発想や構想の段階で何を思い付いたか，どのような見方・考え方をしたかなど，言葉や資料，写真などを効果的に残す必要がある。ただし，学習者に負担なく学びの軌跡を残す配慮が大切である。

(1) 学びの軌跡のファイリングブック

「課題把握」，「発想や構想」，「表現方法」，「完成作品」や「鑑賞作品」，「作家や作品の背景」，「作品の価値」，「作品から感じたこと」など配布された資料や学習プリントなど，発想や構想の段階では自分のアイデアの元となる資料もファイリングする。

〈指導と評価のポイント〉 資料を集めることを習慣化させ，学びの結果とどう結び付いたかを評価する。

(2) 消しゴムを使わないスケッチブック

他教科のノートにあたるものがスケッチブックである。1時間の学びで，文字だけではなく，思考やイメージを図や絵で表現する。思考の過程を残し，表現力を高めることにも役立つスケッチブックの活用は効果的である。

〈指導と評価のポイント〉 アイデアスケッチの指導を十分に行い，消さないことを指導し，発想や構想のイメージを評価する。

(3) タブレット型端末を用いた記録と振り返り

1人1台情報端末が普及したことで，記録の蓄積が効率的にできるようになった。必要な情報を残したり，友達との学びを共有したりすることができる。教師自身も子供たちの活動の様子を記録し，評価に役立てることもできる。

〈指導と評価のポイント〉 著作権や情報モラルを厳守させた上で，自他の学びで気になることや学びの成果を記録させ，整理して保存するよう指導し，学習者の見方・考え方を評価する。

美術が作品主義に陥らないためにも，学びの過程を重視する評価の一つとしてポートフォリオは活用できる。 （足立直之）

58　美術教育の法則化

教師として，法則化した指導を
どう受け止めればよいでしょうか

1．教育技術の法則化

　教育技術の法則化に共感し，熱心に取り組む教員は少なからず存在する。教育の法則化とは，優れた教育実践をより確実に成果を得られるようマニュアル（法則）化し，賛同する教員が共有するもので，1980年ごろから様々な教科で取り組まれてきた。図画工作科・美術科でも，指導法や方式が開発され，絵画の指導法には一部で強い支持を集めているものがある。

2．法則化した指導の実際

　これらの指導法には共通点がある。例えば，ゆっくりと描くというもの。描く線の長さや描くための時間を指定したり，「手が震えるぐらいに」と状態を示したりし，描くことに集中させようとする。色の場合では，使う色の数を限定し，子供が混色して使う状況にする。これらの方法を練習することを推奨する例もある。

　表現の対象も「人物」や「物語の一場面」，「特定の生き物や植物」など教師が指定し，活動の手順も教師が指示する。

　例えば，顔では鼻をはじめに描き，目や口を描き進め髪や輪郭は最後に描く。全身を描くには，顔と胴をつなぐ際の傾きを意識付けたり，手や足を先に描き，後から胴体とつなぐように描かせたりすることで，動きのある表現が実現するようにする。植物であれば，茎から葉脈をたどり葉先へ上に向かって描き進め，根本からは根の先へ下に向かって描き進める。通常では子供がしない描き方を指導することによる概念的な絵にならないよう指導が行われる。

　指導法を紹介する書籍では，「○○を描く順序」，「○○を描くワザ」など絵を描く方法が示

される。「エチュード」から「シナリオ」と，下絵や習作から決まったテーマに基づく表現活動の指導へと段階的に示される例もある。

　教師の経験年数にかかわらず，書籍を熟読し内容に沿って指導することで，どの子供も同様の作品を完成できることが法則化の所以である。

3．法則化を支えるもの

　こうした法則が普及する背景には，自身が表現する活動に自信をもてない教師の「子供が思うように表現できるように指導できない」不安を解決したい強い熱意があると考えられる。

　子供の表現の活動は「〜なものをつくりたい」「〜の色にしたい」「〜のために使いたい」など様々な思いを伴う。一人一人の子供が思いのままに活動することで表れる子供の多様性に，指導に自信をもてない教師の多くは不安を感じ，学習の評価も作品の均質な完成度に重きを置きがちになる。その不安は子供に伝わり，「教師の期待通りに表現できない」不安となる。

　法則化された指導は，指導に不安をもつ教師とその教師に指導される子供の不安の解決になるが，そこに教育的な意味や価値を認めることは難しい。一方，不安を感じる教師を生み出してきたのも過去の教育の結果でもある。

4．何のために図画工作・美術を学ぶのか

　図画工作科・美術科は，表現や鑑賞の活動を通して「造形的な見方・考え方」を働かせ，生活や社会の中の形や色などと豊かに関わる資質・能力を育成する教科である。そこでは自分の意味や価値，自分にとって新しいこと，自分の見方や感じ方など，自分を表現する活動を通して自分を新しくすることが期待される。

　一人一人の子供の「自分」を最も知っているのは子供と直接関わる教師である。一人一人の思いを大事に指導すれば，表現活動に伴う意味や価値も多様性を伴うことがわかるだろう。多様性が生じない法則化した指導を選ぶかどうかは，他者が考える子供らしい絵を描かせるのか，教師自らが知る子供のありのままを表せるようにするのかの選択でもある。　（西尾正寛）

59 美術の苦手な子の指導

美術の苦手な子供への指導は
どのようにしたらよいでしょうか

1．苦手意識の原因となるもの

　子供には，どの教科に対しても得意・不得意，好き・嫌いといった意識の違いがある。特に技能を要する教科は「できる」,「できない」がはっきりするため，そういった意識は生じやすい。事実，年齢が高くなるとともに，美術への苦手意識は大きくなる。成功体験や容認体験が徐々に減ってくるからである。しかし，美術は創造芸術であり，人と異なる表現を追求する。同じものはコピーとされ，類似作品は許されない。人と異なることを前提とした表現であるにもかかわらず，自分の評価を自ら下げてしまうことで徐々に自信を失っていくのである。

　つまり，何らかの基準が自己喪失に影響を与えているということである。

（1）写実的な表現の優位性

　ものを見て描く，つくるということが教材として扱われるとき，写実的な表現へのあこがれとともに写実的に表現できることが必要とされる。その表現力を身に付けることができない場合，苦手意識は強くなる。この写実的な表現力はその後の美術の「得意」,「苦手」に大きな影響を及ぼす。

（2）多様な表現の経験不足

　美術の表現は多様であるにもかかわらず，偏った内容の表現しか経験していない子供と出会うことがある。指導者の裁量に委ねられる側面が大きい教科であるからこそ留意すべきである。

（3）適切な評価・目標の必要性

　多様な表現を認めつつ，その表出の在り方については質が問われる。指導者は，質の高いものを取り上げる。それを見る子供たちは，そう

いった表現を目指したり，逆に自分にはできないとあきらめたりする。指導者の評価が，様々な意欲の子供たちのその後のやる気に影響を与えているのである。

2．確かな知識と技術の定着

　知識や技術は，伝達・伝授が可能なものである。言葉や体験を介することで，徐々に獲得できるものである。そのことが苦手意識の原因の一つであれば，確実に習得させることもできるであろう。

　しかし，技術の高さと表現力の豊かさは必ずしも同じではない。特に写実表現におけるデッサン力は発達段階としてあこがれる技術ではあるが，それができなくても豊かな表現ができることを教えたいものである。

　また，知識についても，頼りすぎないように留意したい。知識ですべてが補えないのが技術や感覚である。頭ではわかっていてもできないことは多い。美術は豊かな感性をはぐくむ教科といわれる。そのことを忘れず，適切に知識と技術を教える必要がある。

3．豊かな表現にふれることの喜び

　小学校中学年ごろから，苦手意識を抱く子供は増えてくる。しかし，「こんな作品をつくってみたい」,「こんなことを思い付いた」といったイメージやアイデアは想像できる。そのように考えると，幼児期の表現にヒントを得ることができる。粘土遊びのような触覚に頼るもの，色水遊びのような光や色を楽しむもの，基地など組み立てて楽しむダイナミックな遊びなど，表現行為を味わわせることも苦手意識を感じさせない一つの方策である。また，これまでふれたことのなかった素材や教材には，比較的興味をもって取り組む姿が見られる。つまり，多様な表現に子供たち自身も可能性を感じ，豊かな表現を期待できるということである。

　いずれにせよ，子供たちの発達段階や造形体験に応じて教材を適切に提示し，ていねいに評価していくことが美術を苦手にさせない手立てになる。

（足立直之）

60 児童画作品展の課題と展望

児童画作品展にはどのような意義があり，どのようことが課題とされているのですか

児童画作品展には，学校で在校生の作品を展示する校内作品展なども含まれる。しかし，ここでは公募による作品展（公募展，コンクール等）を対象としたい。こうした児童画作品展については，幼稚園や保育園，学校等の造形表現，図画工作，美術等の授業において取り組まれた作品，または学校教育の一環として取り組んだ作品が多数応募されている。こうした作品展の意義や成果を確認しつつ，課題や今後の展望について考える。

1．意義・成果

公募による児童画作品展には，長年にわたって開催されているような全国規模の作品展もあれば，都道府県規模，地区や市といった規模のものまで，その規模の大小を問わなければ実に多くの児童画作品展が毎年開催されている。

こうした作品展には以下のような意義・成果があると考えられる。

① 図画工作や美術科教育の意義と成果を，保護者や一般市民に示す場となっている。

② 子供たちの創作意欲を刺激し，発表の機会となっている。

③ 教育活動における造形活動や作品制作の時間を保障することに寄与している。

実際，子供たちにとっては，学校という閉じた場だけではなく，公共の場に展示され多くの人に鑑賞してもらえることは，表現への意欲を高めることにもなっている。また，こうした展覧会は毎年行われているため，年間カリキュラムに位置付けられていることも多く，担任が全科の授業を行う小学校等においては，図画工作の授業の充実や，学習活動の機会を保障するこ

とにも寄与していると考えられる。

2．課題・展望

一方で，児童画作品展は，次のような問題や課題を抱えていることに留意が必要である。

（1）出展することが目的化してしまう

多くの公募展では，各種の賞が与えられることもあり，入選する（させる）ことが目的化し，結果として教師が発達の段階等から逸脱した精緻で高度な作品や見栄えのよい作品を描かせようと，子供の表現の過程に教師が過剰に介入してしまうといったいわゆる「作品主義」に陥ってしまうことが少なくない。このことは，先の意義・成果①とは裏腹に，保護者や一般の市民に子供の表現や各年齢の子供の作品について誤った認識を生むことにもなるおそれがある。

（2）年間の授業時数に占める出展作品にかける時間の割合が高くなりすぎる

また，①に伴って作品制作に多くの時間をかけることとなり，その結果，年間指導計画における教科のその他の絵の表現はもとより，小学校では立体や工作，造形遊び，中学では彫刻や工芸，鑑賞等に取り組む時間が十分に確保できないといったことになる場合がある。このように，造形活動や作品制作の時間の配分が極めて歪んだものになってしまうことは，先にあげた意義・成果③を相殺して余りある状況を生み出しかねない。

加えて，1つの作品制作に過剰な時間を割くことは，意義・成果②の子供たちの創作意欲をかえって低下させ，図画工作嫌いや美術嫌いにしてしまうことにもなりかねない。

「過ぎたるは及ばざるがごとし」ではないが，児童画作品展が抱える負の側面が生じないように，教師自身が教育の目的を見失わず，バランス感覚をもって指導を行うように心がけたい。

(山田芳明)

61　図工展・校内展示，野外造形展・屋外展示の意義

図工展，野外造形展とは何ですか

1．図工展の特徴と可能性

　授業で生まれた子供の作品を，美術館の展覧会のように，校舎や体育館全体を活用して展示する作品展が「図工展」である。「校内展」や「学校美術館」と呼ばれることもある。子供の作品を一堂に展示することは，学習の成果を子供自身が振り返るだけでなく，友達の作品を見て感じ取ったり，自分の表現と比較して考えたりする場となる。また，全学年の作品を同じ空間に展示することで，学年に応じた表現の深まりや造形表現の多様性にふれる機会にもなる。

　図工展では，全校児童の作品をまとまった形で展示するため，展示会場には体育館や校内のフリースペースなど広々とした空間を使う場合が多くある。そのため，大きな空間や場所の特徴を生かした展示の工夫が必要となる。学年ごとに作品を並べるだけでなく，作品の魅力が引き立つような会場設営をしたり，造形遊びを生かしたりすることで，見慣れた生活空間が造形空間として生まれ変わる様子を体感することになる。例えば，段ボールや発泡スチロールを加工して展示台を自分たちでつくったり，名札に作品名と名前を書くだけでなく，子供自身の思いが語られる欄や教師のコメント欄を加えたりすることで，作品の見方を変えるきっかけにもなる。教室や廊下に作品を並べる展示とはひと味違う鑑賞体験により，図画工作科の楽しさをより実感することにつながっていく。

　さらに，学校便りや図工通信，ホームページなどで発信して家族や地域の人たちに開放すれば，家庭や地域全体で子供たちの表現を称賛し成長を喜ぶ行事の一つになる。展示に際して

は，授業の中で育成を目指した資質・能力や，製作中の具体的な姿を示した写真を合わせて掲示・紹介するなど，作品の出来栄えだけでなく，子供が表現する過程でどのような力を発揮したのかを伝えられるようにしたい。

2．校内展示の工夫と意義

　子供は授業で学ぶだけでなく，自分を取り囲む環境からも学んでいる。図工展のような大きな空間を用いた全校規模の展示だけでなく，たくさんの人の目にふれる校内の様々な場所に作品を展示すれば，日常的に学べる鑑賞環境をつくることができる。展示場所は子供の生活空間でもあるため，安全面の配慮をした上で，展示の仕方を工夫することで，自分や友達の作品を大切に扱おうとする気持ちや追究意欲を高めることにつながる。題材によっては，展示場所を話し合って決めてからつくることで，場所の特徴を意識して表現を工夫するようになる。

　平面作品は，作品よりもひと回り大きな台紙（色画用紙や白ボール紙など）に貼ることで，作品の形や色が引き立つようになる。教室の壁面や廊下に展示する場合は，作品が傷つかないようにクリップなどで連結する方法もある。階段や窓際など場に適した形でギャラリーを開設して，定期的に展示替えを行うようにすると，作品を日常的に展示・鑑賞できる空間が生まれる。校内展示の工夫により鑑賞環境を整えることで，友達や異学年の作品を鑑賞することが日常生活に浸透していく。場所の特徴を生かして展示方法を工夫すれば，さらに効果を上げることにもなる。

　たくさんの思いを実現させた子供の作品を大切に扱うことは，子供の存在そのものを大切に

するということである。教師が，ひと手間をかけて作品を展示することにより，作品を大切に扱うとともに，互いを認め合うという気持ちが子供にもしっかりと伝わっていくようになる。

3．野外造形展の特徴と可能性

作品を校内での展示に終わらせるのではなく，公園や広場など校外の場所に集めて広く公開し，家族や地域の多くの人たちに造形教育の大切さを理解・実感してもらえる機会となるのが野外造形展である。図工展の多くが学校単位で開催されるのに対し，地域の各学校や幼稚園等が参加をして，会場一帯に多数の作品が並ぶ大規模な展示風景が，野外展の特徴といえる。展示会場では，たくさんの人と作品が出会い，交流し合うことで，様々なコミュニケーションの輪が広がっていく。会場に足を運ぶと，子供が家族の手を引いて展示を案内する姿をよく目にする。「わたしの作品はこれだよ」，「こんな工夫をしたんだよ」と，親や祖父母に誇らしげに紹介し認めてもらうなど，子供にとっては称賛を受ける絶好の場となる。地域に開かれた野外展は，子供たちに自信と自己有用感をもたせ，家族や地域の人たちの弾ける笑顔を見ることができるたいへんよい機会である。

野外展を教師の視点から考えると，実施・運営には，参加する各学校・園の全面的な協力に加えて，行政による予算措置などのバックアップが欠かせない。しかし何よりも，子供たちに自信をもたせ，創造の芽を伸ばしていきたいと願う教師の思いがあってこそ実現することができる。また，これらの展覧会は，展示方法や材料・用具の使い方，題材の指導法や子供の表現の可能性など，教材研究の場としても，教員同士の情報交換や造形教育の質を保つ有効な手段としても，とても重要である。

長年取り組まれている，愛知県岡崎市の「造形おかざきっ子展」や豊橋市の「子ども造形パラダイス」，神奈川県相模原市の「さがみ風っ子展」をはじめ，地域と一体となって持続・発展してきた様々な野外展に実際に足を運んでみ

ると，多彩な地域素材や作品，きめ細かな展示のノウハウについて広く学ぶことができる。

4．屋外展示の工夫と意義

野外展のように屋外で作品を展示する際は，風雨に強い作品を展示するとともに，展示する場所の特徴に合った効果的な材料・教材の研究や，作品を直接地面に置かないなどの展示方法の工夫が不可欠である。例えば，耐久性に優れた焼き物は人気が高いが，素焼きのものと釉薬で光沢を出したものでは表情が異なる。土や石，小枝や木の実などの自然素材は，強度に加えて周囲の環境に溶け込みやすく，屋外展示には効果的である。傘や風車など，あらかじめ風雨を取り込むことを想定した題材も考えられる。学校や地域にある樹木に直接作品を飾り付けるなど，自然環境そのものを展示に生かすこともできる。また，ラミネート加工や透明シートの活用，金網や穴あきボードと結束バンドの組み合わせも，屋外展示に有効である。蝶番を施した折りたたみ式の展示ボードがあれば，搬出入にも役立つ。作品を校内から屋外へと開放することで，子供たちの思いが外へと開かれていくとともに，表現と鑑賞の幅を広げることにもなるのである。

作品を展示することによって，子供の作品をより大切にすることができるようになり，作品が生まれた過程にも目を向けるようになる。一方，作品を見られることを意識しすぎるあまり，教師の指示が多い画一的な表現にならないよう留意したい。子供が本来もっている感性や考え方の特徴を生かして表現できる学びの環境を整え，子供の個性や発想を大切にした指導を心がけたい。子供たちの生き生きとした表現が，生きた展示につながるのである。　　（稲垣修一）

美術科教育の領域と内容

　わが国の近代教育制度における美術教育は，明治期の「罫画」や「画学」，「図画」が絵画的な内容として，また，「手工」が工芸的な内容として開始されたが，当初は図法や技術の習得などが主な内容であった。

　戦後，昭和33（1958）年に学習指導要領が正式に告示され，小学校は「図画工作科」，中学校は「美術科」となった。内容は，絵画，彫塑，デザイン，工芸的なもののほかに，構成練習なども含まれ，造形能力や美的能力を生活に生かすという傾向が見られた。

　昭和50年代に入り，A表現，B鑑賞の2領域になり，小学校では「造形遊び」が低学年に取り入れられ，平成元（1989）年で中学年，平成10（1998）年に高学年に拡大されていった。また，平成10年版学習指導要領に基づく評価では，目標に準拠した評価（いわゆる絶対評価）が重視され，「評価規準」を作成し，育成する資質・能力と評価の関係を明確にすることが求められるようになった。同時に中学校では，内容は，絵画・彫刻的な表現と，デザイン・工芸的な表現にまとめられた。

　平成20（2008）年の改訂では，資質・能力の育成がいっそう明確になり，表現は，「発想や構想」と「技能」に関する指導事項に分けて示され，表現と鑑賞でともに働く資質・能力が〔共通事項〕として整理された。平成29（2017）年の改訂では，目標と内容が3つの柱で示され，「発想や構想」と「鑑賞」が，「思考力，判断力，表現力等」に整理されるなど，資質・能力の育成がいっそう重視された。

　このように，絵や立体，彫刻，工作，デザイン，工芸などの内容は，学習指導要領が改訂される中で，資質・能力の観点からまとめて示されるようになってきているが，本章では，歴史的な経緯や専門教育としての美術科教育との

		小学校	中学校
材料などから思い付く		造形遊び	
完成イメージをもつ	感じ取ったことや考えたこと	絵や立体	絵や彫刻
	目的や機能，用途	工作	デザインや工芸

関連も考慮して内容を区分して記載している。内容の区分と資質・能力の育成の視点から，各項目の内容を理解していただきたい。　　　　　　　　　　（村上尚徳）

62 造形遊びの目的と内容
いたらしきさとし

「造形遊び」導入の経緯と変遷，その目的・内容・留意点について教えてください

1．導入の経緯

「造形遊び」は，「造形的な遊び」として昭和52（1977）年版小学校学習指導要領図画工作科低学年に正式に登場した。以来，約10年ごとの改訂において，材料や場所・空間などに関わる活動として，「造形遊び」（平成元（1989）年版），「楽しい造形活動」（平成10（1998）年版），「造形遊び」（平成20（2008）年版・平成29（2017）年版）と名称が変化してきた。

昭和51（1976）年の教育課程審議会答申の図画工作改善の基本方針において，領域を整理統合することが示され，それまでの5領域が「表現」，「鑑賞」の2領域に整理された。その際，低学年では，「より総合的な造形活動が行われるようにすること」とされ，「造形的な遊び」が位置付けられた。もっとも，これは全く新しい内容ではなく，昭和43（1968）年版でも当時の「彫塑やデザイン」などの領域の中で，これに似た内容がすでに示されていた。

こうした変遷がある「造形遊び」の源流としては，西野範夫（元文部省視学官）が問題提起した「子どもの論理」や，板良敷 敏（元文部科学省視学官）の昭和45（1970）年前後の社会状況や文化に影響を受けた根源的な教育実践が存在した。また，これらの源流には，その基盤として造形教育センターの「デザインや工作を核とした教育理念」と大阪「Doの会」の「アンチテーゼ意識」が，それぞれあった。さらに，その共通意識として，「コンクールを背景とした描画活動中心の作品主義」への反発があったと考えられる。

このうち，板良敷の主張・実践や岩﨑由紀夫

らとともに行ったDoの会の活動は，美術教育の意味を問い直そうとしたものであった。以下はDoの会による当時の時代背景を踏まえた「Do宣言文」（1978）である。

> 美術教育は子どもを行為に駆り立てることである。造形活動は行為に発し，行為に終わる。／色や形による表現は，今日風化しているといえる。／美術教育は，現実に立ち向かう力を培うことであり，色や形で子どもを縛るのではなく，行為するエネルギーをコントロールすることができる力を獲得させることである。それは机からの解放を意味し，「環境」や「もの」に目を向けさせることである。（中略）我々は，指導者であるよりも時間・空間・場・素材の提供者でありたい。

当時の同時代美術である，アクション・ペインティング，ハプニング，もの派，環境芸術などがDoの会の活動や題材に色濃く投影された。そして，指導者が児童に想を練らせ導入を十分にとる絵を中心とした授業に対して，具体的な素材と場を与え，そこから児童が自由に発想し展開するような授業を実践した。

2．目的と変遷

昭和52年版以降，関連書籍における例示活動は広がりを見せるものの，「子供本来の生き生きした姿を取り戻すために遊び性を生かす」という設定理由や「材料や場所に関わる体験を核とした"全身的な造形活動"，"発想や連想を豊かにし，その過程の楽しさを味わう活動"，"構成遊び的な活動"」という要素・性格は，現在に至るまで一貫しているといえる。

平成元年版では，「新しい学力観」というスローガンの下，「造形遊び」は，中学年まで拡大された。また平成10年版では，「新しい学力観」を受けた「生きる力」というスローガンの下で，高学年まで拡大され，全学年における枠組みの確立が図られた。新しく加わった高学年では，この時期の児童がもつ社会性や環境に関する意識を生かし，光，風，人の出入りなどの環境構成の活動を例示した。

3．現行の学習指導要領の内容

　現行の平成29年版学習指導要領においては，児童の造形表現活動（A表現）を次の2つに分けて設定した。

［1］:〈材料や場所・空間などに働きかけることから始まる〉活動　［A（1）（2）ア］
［2］:〈自分の表したいことを基に，これを実現していこうとする〉活動　［A（1）（2）イ］

　表現の出発の時点で，おおよその目的や方向性があるか否かで分けている。［2］は，主題や目的，用途や機能などに沿って自分の表現を追求していく性質をもち，絵や立体，工作などに表す活動である。これに対して，［1］は，主題や内容があらかじめ決められたものではなく，児童が材料や場所・空間などと出会い，それにふれあうなどして，目的を見付けて発展させていく活動である。結果的に作品になることもあるが，はじめから具体的な作品をつくることを目的としていない。

　これが「造形遊びをする」活動とされ，思いに沿って試みる自由さや能動性など遊びの特性を，学習として取り入れた活動である。児童は，材料や場所などに主体的に働きかけ，自分の感覚や行為などを通して形や色を捉え，そこから生まれる自分なりのイメージを基に，発想や構想を繰り返し，体全体を働かせながら技能などを創造的に用いて発展させていく。

　児童の主体性が重んじられる「造形遊び」では，活動間や学年間の連続性は大きな課題であるが，平成29年版では次のようになっている。

　造形表現活動を思い付く対象は，低学年では「身近な自然物や人工の材料の形や色など」，中学年では「身近な材料や場所など」，高学年では「材料や場所，空間などの特徴」とし，高学年では新たに空間を加えた。

　表現過程での「思考力，判断力，表現力等」においては，低学年では「感覚や気持ちを生かしながら」，中学年では「新しい形や色などを思い付きながら」，高学年では「構成したり周囲の様子を考え合わせたりしながら」，それぞ

れ，どのように活動するかについて考えるとした。

　「技能」においては，低学年では「身近で扱いやすい材料や用具に慣れるとともに，並べる，つなぐ，積む」などするとした。中学年では「材料や用具のそれまでの経験を生かし適切に扱うとともに，組み合わせる，切ってつなぐ，形を変える」などとした。低・中学年では活動において手や体全体を働かせる身体性も強調した。高学年では「活動に応じて材料や用具を活用し，それまでの材料や用具などの経験や技能を総合的に生かし，方法などを組み合わせてつくる」などとし，統合的な活動として特徴付けた。

　〔共通事項〕に示された「知識」は，形や色などに関して，自分の感覚や行為を通すことを前提とし，「気付く」（低学年），「感じが分かる」（中学年），「造形的な特徴を理解する」（高学年）こととした。活動全体の中で，これらを児童が実感できることが大切である。

4．指導の留意点

　先の児童の2つの造形表現活動に関する学習指導要領の区分は，主に表現の出発点での活動内容の分け方であることに留意したい。最初は，その場に立ち，木切れや土にふれながら「さぐる」が，そこから「めざす」方向が定まり，児童の意識が［2］（A（1）イ（2）イ）の内容に移っていくことがある。「めざす」方向が定まらないままで物や場と関わる時間を保障した上で，児童の実態や学年によっては，その子なりの方向性を見付けさせていくような指導・支援が必要となろう。

　また，学習指導要領では，低・中・高学年ごとに扱う材料や用具が示されているが，子供の主体性を生かす「造形遊び」の場合，これらを複数使う可能性がある。指導者は，これらに対する十分な習熟と準備が必要となる。さらに，児童の実態を踏まえ，活動の活性化のために，あえて材料や用具の制限を企てることも指導のポイントとなるだろう。　　　　　（宇田秀士）

63 授業における造形遊びの展開

造形遊びを展開する上で押さえておきたいポイントを教えてください

１．造形遊びとその他の活動との違い

造形遊びとは，材料やその形・色などに働きかけることから始まる造形活動である。

「絵や立体，工作に表す」は，先に自分の表したいことを決めてから活動が始まる。対して「造形遊び」は，はじめに材料があり，材料との関わりの中で思い付いた活動をしながら，新しい発想と活動を繰り返していくものである。途中で表したいことが変わっていってもよいのである。たとえ同じような材料や用具を使っている活動であっても，何から出発するのかによって，「絵や立体，工作に表す」と「造形遊び」は違っているのである。

２．低 学 年
（１）材　料

低学年の造形遊びは，「手や体全体の感覚を働かせる」，「思い付いたことをやってみる」，「工夫して活動をする」を繰り返し，技能を働かせながら活動を展開していくものである。まずはじっくり材料と関わる時間が必要である。材料としては，「関心や意欲をもちやすく手や体全体で活動できる材料」，「並べたりつないだり積んだりできるもの」，「形や色，質感などから造形活動を思い付きやすいもの」などの視点から用意しやすいものがよい。具体的には，自然の材料（土，粘土，水，氷，枝，葉など）や身近な人工物（新聞紙，段ボール，空き箱，ビニールシート，袋，紐など）が考えられる。

（２）活動前の準備のポイント

活動前には，「手や体全体を働かせることができる活動が期待できるか」，「絵や立体，工作の提案になっていないか」，「学習のねらいに合った材料，場所の広さや環境か」，「導入時の言葉（なげかけ）は適切か」を吟味することが重要である。造形遊びは，手だけではなく体全体の感覚を使い材料に関わり，材料や周りの環境と一体化する中で新しい見方や感じ方をし，さらなる表現意欲に結び付ける学習展開となる。そのためには，児童にとって魅力的であり，活動量に応じた材料や場所の設定が必要である。新しい活動を思い付いても，材料が足りなかったり，場所が狭すぎて十分な活動ができなかったり，危険になったりすることがないようにしたい。また逆に材料が多すぎると一つの活動を長時間続け新しい発想が出にくくなったり，場所が広すぎると材料を運ぶなどの無駄な活動が増えたり，他の児童の活動が見えず刺激が得にくくなったりするので，活動のねらいにあった量や広さの検討も必要である。

（３）児童が能動的に活動し，自分なりの表現を追求するためのポイント

指導者が児童の思いに寄り添い，表現をともに楽しむ姿勢が何より大切である。例えば，新聞紙が材料であれば，「新聞でどのようなことをしてみたいかな」の問いかけから活動を展開していってもよいし，「つなげてみるとどんなふうになるかな」という活動の提案でもよいのである。児童は指導者の提案（なげかけ）から，それぞれが思い付いたことをやってみて，さらにその中で思い付いたことをやってみるという活動を展開することになる。児童が思い付いたことをすぐに試したり，表現したりできるよう，様々な活動展開をあらかじめ予想しておくことで，児童に寄り添った具体的な言葉がけや

技術的な支援ができるのである。

3．中学年

造形遊びは，材料やその形・色などに働きかけることから始まる造形活動であるが，中学年では，新たに場所が加わる。

（1）身近な材料や場所などを基に造形活動をするとは

材料としては，低学年で扱ったものに加え，切ったり分解したりして，組み合わせや形を変えられるものが増える。活動場所としては，広さだけでなく，高低がある，広い狭い，明暗がある，表現に利用できるものがあるなど，イメージを広げやすい場所を設定したい。低学年では主に平面的な活動が多いが，中学年の造形遊びは，組み合わせたり，加工してつないだりというように，自分なりに構成した表現になり，より立体的に空間を生かすような表現へと変わってくる。これらの材料や場所の形や色・感じなどから造形的な活動を思い付き，それらと関わる中で新しい活動を展開するというように進んでいくものである。

（2）活動前の準備のポイント

材料は，「日頃から材料銀行として集めて保管しておく」，「地域の工場などに働きかけ廃棄されるものをもらっておく」，「校庭の樹木剪定時や落ち葉の季節など，材料を手に入れやすい時期に活動する」など，活動時期や家庭への呼びかけなど計画的に準備しておきたい。活動場所について

も，学校全体の教育活動に迷惑がかからない時期を選び，使用時期についての広報などをしっかり行っておきたい。また，場所や用具の扱いなどの安全面での確認も徹底しておきたい。使用が予想されるのこぎりなどの用具の使い方については，それまでに工作などで経験して扱いに慣れておくなど計画的に進めておく必要がある。

（3）児童が能動的に活動し，自分なりの表現をするための手立てのポイント

まずは材料と場所でどのようなことができるか一人一人が考えたり活動したりする時間をもち，その中から生まれた児童の思いやイメージを大切にしたい。

さらに「つくり，つくりかえ，つくりつづける」活動の中で生まれたイメージや思いを共有する交流を重視し，その中からグループでの表現活動に移行してもよい。中学年では友達と協力し，より大きく工夫した表現をしようとするようになってく

る。あらかじめグループ分けをして活動してもよいが，材料や場所と関わる中でイメージを共有し自然発生的に生まれるグループというのも素晴らしい。新しい活動に向かうときには，共感的な声かけや技術的な支援などで温かく見守りながらも，安全面での配慮や一人一人の思いが大切

にされているかなどの視点も忘れないようにしたい。題材によっては，材料から造形活動を思い付きそれに合った場所を選んでもよいし，活動場所にある材料などを活用してもよい。材料についても指導者が用意するだけでなく児童自らが集めてくるなど，より主体的な活動も取り入れていきたい。

４．高 学 年

　高学年の造形遊びは，これまでの経験や技能に基づき，材料や場所との関わりから出発して，その特徴を基に造形的な活動を思い付き，特徴を生かして表現する総合的な活動である。

（１）材料や場所，空間などの特徴とは

　身の回りには，「光が差す，暗い，風が通る，木々が茂っている，広い，長い，狭い」など，様々な場所がある。高学年の児童は，材料や場所を前にして，はじめにその「形や色・質感（光を通す，つるつるなど）・性質（加工できる，重ねられるなど）」などに関心を示すであろう。また「穏やか，落ち着く，不安」などその場から受ける印象にも考えが及ぶであろう。さらに「風・光・時間・人の動きなどによる変化」や「過去の自分との関わりなどの記憶」とも関連付けて表現したいと考えるかもしれない。これらがすべて特徴ということである。

（２）児童が能動的に活動し，自分なりの表現をするための手立てのポイント

　高学年では，材料や場所を前にしてすぐ思い付くままに活動に入るのではなく，その特徴をしっかり捉え，それを生かすためにどう表現するかを考える時間を確保することも大切である。まず，発想を広げるために話し合い活動やワークシートなどで，表現イメージをできるだけ多面的に出し合い，その中から自分なりの視点で，材料や場所及び製作工程をある程度まとめた上で活動に入ることも考えられる。もちろん，児童の主体的な活動を重視しはじめの計画に縛られることなく，つくりながら効果的な表現方法を思い付いたり，新しい材料を使ったり，試したりすることを繰り返し，よりよい表現を求めて活動することが大切である。そのための時間も十分保障したい。指導にあたっては，導入時の発言やワークシートなどにしっかり目を通し，児童がどこに関心を寄せ，どう表現しようとしているかを把握しておくことが大切である。それにより，材料や場所の提供，技能面での支援，イメージをさらに膨らませるた

めの声かけができ，表現方法の変化や意図などに気付き，評価することができる。

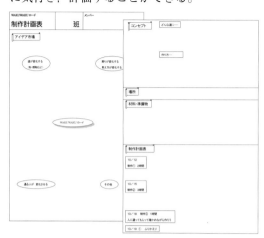

（３）造形遊びの視点を大切に

　高学年の造形遊びは，様々な造形経験に基づく総合的な表現活動の側面が強い。これまでに経験してきた絵や立体，工作に表す活動や鑑賞体験のみならず，他教科での知識や経験も関連させることで，より豊かな表現となることも多い。しかし，教師が自分の発想や考え，出来栄えという視点から助言し，児童の発想や表現の幅を狭めていることもよく見られる。あくまでも主体は児童であり，児童自らが材料や場所に働きかけ，試行錯誤しながら活動することが重要なのであって，結果として作品になることもあると捉えておく心構えが大切である。また，機器などを利用して製

作の過程を記録し，まとめとして自他の活動を振り返り，活動の意味や価値付けをしておくことも必要である。

（柳奈保子）

64 現代美術と造形遊び

造形遊びと現代美術，そして子供の遊びはどうつながるのでしょうか

1．現代美術が起こした変化

　1910年代半ば，「ダダ」あるいは「ダダ的運動」の渦中，M・デュシャン（Marcel Duchamp, 1887-1968）は『泉』により，美術とは無縁であったものを美術作品と概念付け，鑑賞者に新たな価値の生成を促すレディメイドを提案した。表現する行動を目的とするパフォーマンス，描く行為そのものに価値を見出したアクション・ペインティングなどの現代美術の進展の過程で，芸術と非芸術の境界は曖昧になる。

　自然環境に働きかけその環境でのみ成立するアースワーク，社会の情報化や大量消費のイメージを反映させるポップアート，オブジェとそれが存在する空間すべてを作品とするインスタレーション，デジタルテクノロジーとの融合により生まれるメディアアートなどにより，美術の領域は重層化し，拡張する。

2．図画工作科が必要とした変化

　1970年代後半，学校教育は，戦後の経済成長を支えた教育内容の高密度化や注入主義的指導により生じた受験戦争や少年非行など諸課題の反省に立ち，教科の目標や内容について，子供の視点からの見直しを迫られた。

　図画工作科教育においても，戦後の民間教育運動の影響による絵画教育への偏重や，コンクール入賞を目指す作品主義などに，問題意識をもつ教員が現れた。関東や関西で同時多発的に取り組まれた，絵画，彫塑，デザイン，工作など従来の枠組みを離れた「やがて『造形遊び』となる実践」の開発は，子供を主体とする教育への転換と現代美術が辿ってきた脱領域的な動向の必然的な出会いだったといえる。

　そうした中，大阪教育大学附属平野小学校の板良敷敏が中心となり，のちに学習指導要領の内容「造形遊び」として取り上げられる実践開発が展開される。

3．現代美術と子供の造形的な活動

　平成29（2017）年告示の小学校学習指導要領で示された造形遊びでは，発想や構想することを「造形的な活動を思い付き，どのように活動するかについて考える」こととし，表現する活動（行為）そのものを目的としていると解釈でき，現代美術の理念がつながっているといえる。造形遊びの指導事項を実現し，現代美術のつながりが見られる実践例を紹介する。

　自然材や人工の材料を並べたり積んだりしてできる形から新しいイメージを思い付いてつくる題材は，現代美術のレディメイドの手法に当たる。砂場や土の造形園などで砂や土に触れ穴を掘ったり砂や土を盛ったりして楽しく形をつくる題材，風が吹き抜ける場所で材料の動きを表現する題材，たくさんの落ち葉の色を活用して新しいイメージを表現する題材は，アースワークの様相を見せる。体を超える大きさの空間を材料で区切るようにつくる題材，校庭の狭い場所を自分が楽しいと感じるようにつくり変える題材は，インスタレーションと捉えることができる。LEDライトを活用して，光の色や影の形をつくる活動はメディアアートといえるだろう。こうした実践は一方で，どれもが子供の遊びの中に，生来の資質・能力を認めることができるものばかりである。

　板良敷は「子どもに現代美術の真似事をさせるわけではない。従来からなされてきた美術教育を，現代美術の積極的な導入によって発想を展開し，別の視点をもつことも意義のあることであろう」と記述している。

　美術に文化的背景をもつ教科でありながら，美術の多様性や拡張性を失っていた図画工作科の行き詰まりを，現代美術の考え方で突破しようと試みたそこに，子供のありのままの姿があったということではないだろうか。　　（西尾正寛）

65 造形遊びの評価

評価活動で大切なことは
どのようなことでしょうか

1．主体的な活動の特色を踏まえた評価

　「造形遊び」においては，指導と一体化させた評価活動がとりわけ重要となる。それは，児童が材料や場所・空間などと出会い，自ら目的を見付けて発展させていく活動であるからだ。指導者は，以下のサイクルを十分に生かして指導改善を図ることになる。

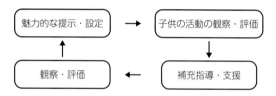

　指導者は，子供の活動を読み取るために，観察記録に加え，児童の実態や学年に応じて，活動カードや簡易ポートフォリオを作成させ，児童の自己評価やグループでの相互評価を取り入れていく。そしてこの情報を解釈・評価し，補充指導・支援に生かしていくとともに，評定の基礎資料としたい。

2．活動の出発点

　「活動の始まりでの対象」は，「身近な自然物や人工の材料の形や色，場所や空間などの特徴」であり，これに対し子供が関心をもち，意欲が湧くような魅力的な提示・設定をした上で，評価活動を行う。材料の収集や選択，場所探しなども含めて，「主体的に学習に取り組む態度」が生まれているか観察し，評価を行う。

　また，材料や場所・空間に関わる中で，これらについての見方や感じ方を広げているとも考えられる。「思考・判断・表現」として，その材料や場所・空間の特徴，よさ，面白さを見出しているか評価を行うとともに，児童自身の目的と結び付けていくように導いていく。

3．活動の過程

　活動過程での「思考・判断・表現」の評価においては，「感覚や気持ちを生かす，新しい形や色を思い付く，構成したり，周囲の様子を考え合わせたりする」といった発想・構想に関する内容がある。また「活動や製作中の作品などを踏まえて見方や感じ方を広げ，深める」といった鑑賞に関する内容もある。一方，児童の活動を観察する中で，指導者による活動の提案や過去の活動との結び付け，グループでの共同学習の指導など，それまでの授業展開を補足する指導・支援が必要な場合がある。

　「技能」の評価では，低学年では，材料や用具に慣れ，体全体を働かせながら「並べる，つなぐ，積む」，中学年では適切に扱い，「それまでの経験を生かし，組み合わせる，切ってつなぐ，形を変える」などの内容が軸となる。高学年では，「材料や用具などについての経験や技能を総合的に生かし，方法などを組み合わせて活用する」などの内容を中心に評価する。

　このとき，指導者は，土，粘土，木切れ，のこぎり，金づち，針金などの各学年の材料や用具を，児童の実態などを踏まえながら取捨選択し，指導・支援をした上で評価を行う。特に材料と材料との「接着・接合」は，児童の思いを実現する点で鍵となる技能であり，十分に活動を観察し，指導に生かしていきたい。

4．活動のまとめと発展

　まとめの段階では，「思考・判断・表現」の観点から，クラスやグループなどでの交流活動の中で，「よさや面白さがわかる」，「工夫や試みに気付く」，「自他の違いに気付く」などの内容が軸となる。さらに活動全体を通して，「知識」の観点から，材料や場所・空間を捉える造形的な視点について「自分の感覚や行為を通して気付き，理解しているか」について評価を行う。指導者は，これらを踏まえて，自らの授業の振り返りを行い，次の活動へ発展させたい。

（宇田秀士）

66 小・中学校の絵や立体・彫刻の教材

絵や立体・彫刻などの自己表現の目的や内容，指導のポイントについて教えてください

1．学校教育における絵画・彫刻の歴史

わが国の図画教育は，明治5（1872）年発布の「学制」の中で，小学校に「罫画」，中学校に「画学」が示され，これが先駆けとなった。その後，明治14（1881）年に「小学校教則綱領」，「中学校教則綱領」が公布され，「図画」として統一されたが，図法や技術の習得などが主な内容であった。大正から昭和初期にかけては諸外国の教育思想を受け，芸術教育としての主張が活発になり，山本鼎の「自由画教育運動」などが提唱された。

一方，彫刻については，立体的な制作は，明治19（1886）年に高等小学校の科目として「手工」が設置されたが，内容は，「木細工，金工，竹細工，粘土細工及び紐結ビ，編物細工」などの工芸的な内容であった。

2．小学校における内容の変遷

小学校では，文部省告示の昭和33（1958）年版学習指導要領において「絵」，「版画」，「粘土」でつくる内容（高学年は「彫塑」）が示された。昭和52（1977）年版からは，「A表現」，「B鑑賞」の2領域になり，「A表現」の低学年に「造形遊び」が設置されたことに伴い，低学年では「絵や立体」にまとめられた。平成元（1989）年版から平成10（1998）年版にかけては，中学年，高学年と順次「造形遊び」が拡大され，「工作」の内容も一体化し，「絵や立体，工作」にまとめられていった。平成20（2008）年版は，「絵や立体，工作に表す活動を通して，次の事項を指導する」となり，資質・能力の育成がいっそう明確になった。平成29（2017）年版は，「発想や構想」と「技能」に分けら

れ，その中に「絵や立体，工作」が位置付けられた。このように，「絵や立体」と「工作」は，まとめて示されるようになったが，「工作」は，意図や用途が明確な表現として「絵や立体」とは分けられ，両者の時間数を等しくすることが記されている。

3．中学校における内容の変遷

中学校では，昭和33年版学習指導要領において「写生による表現」と「構想による表現」の中に「絵画」，「彫塑」が示された。昭和52年版からは「A表現」，「B鑑賞」の2領域になり，「A表現」の中に「絵画」，「彫塑」が示された。平成元年版では「彫塑」が「彫刻」に名称変更され，平成10年版では「絵画」が「絵」に変更され，「絵や彫刻などに表現する活動を通して，次のことができるよう指導する」となり，資質・能力の育成が強まった。平成20年版は「感じ取ったことや考えたことの発想や構想」と「技能」を組み合わせて「絵や彫刻」の学習を行うように改訂され，資質・能力の育成がいっそう明確になった。平成29年版は指導項目が「発想や構想」と「技能」に分けられ，資質・能力の育成がいっそう重視された。

4．指導のポイント

平成29年版学習指導要領では，小学校では「表したいことを見付けること」，中学校では「主題を生み出し」と示されており，自分で表したいことを考えて表現することが求められている。また，指導事項も「発想や構想」と「技能」から整理されているため，単に「校舎を描こう」というような再現的な題材ではなく，「○○な校舎を描こう」というような，自分の表したいことを考えて表現できるような題材の設定が求められる。また，表現と鑑賞を関連付けることも重視されており，例えば人物を描く場合，鑑賞で「その人の人柄や心情はどこから感じられるか」を考えさせ，顔の角度や表情，しぐさ，色彩などに着目させ，その視点を生かして「発想や構想」をさせるなどの学習プロセスが大切である。　　　　　　　（村上尚徳）

67 絵 画

絵画の発生，絵画の意味と表現形式について教えてください

1．絵画とは

絵画とは造形美術の一つで，広義には様々な捉え方ができるが，視覚的，感覚的に浮かんだ対象を，主に平面に表したものである。

漢字の「絵」は，五色の刺繍による絵模様を意味し，英語では"paint"にあたる。また「画」は田畑などに端を発する区切りを表し，"draw"にあたる。つまり，絵画は線描などのように画面を区切る"draw"と，その区切られた領域の中に色をつける"paint"の両者を含む行為といえる。

2．洞窟壁画から建築物に描かれた壁画へ

人類の絵画の起源として，フランスのラスコー（図1）やスペインのアルタミラの洞窟壁画（旧石器時代）があげられる。これは洞窟という暗闇の中に鹿や牛などの動物が狩りでの成果を願うかのように描かれた。壁画はその後，建築物の壁画や天井画として世界各地の古墳や神殿，教会や寺院などで描かれた。

図1　ラスコーの洞窟壁画

3．西洋美術史の変遷

西洋美術史で一般的に語られる変遷を以下のように辿ってみる。歴史学における時代区分は，「古代」から始まり「中世」，「近世」，「近代」，「現代」と表される。

（1）古 代

先史美術，メソポタミア美術，エジプト美術（図2），ギリシア美術（図3）など，中世以降のルーツとなる表現であり，それぞれ崇拝する神に対する宗教的王権的な表現が主である。

図2　エジプトの壁画
（エジプトのピラミッドなどの内壁にある壁画は，形式化された人体やヒエログリフなどが描かれており保存状態もよいものが多い）

図3　西洋建築の装飾
（ギリシア，パルテノン神殿のフリーズは，建築の装飾としてレリーフ状に設えており，絵画的な要素が強い）

（2）中 世

中世の絵画とは，基本的にキリスト教に関連した絵のことを意味する。ローマ美術，初期キリスト教美術，ビザンティン美術（図4），初期中世美術，ロマネスク美術，ゴシック美術が中世になる。中世のキリスト教の権威が徐々に崩れ出したルネサンス美術あたりからが「近世」と呼ばれる。

図4　天井画
（ビザンティン美術，イタリア，ラヴェンナの初期キリスト教建築の教会モザイク。ドーム状になった天井画）

（3）近 世

近世の始まりであるルネサンス期は，キリスト教からすると異教となるギリシアの神々が絵画に描かれ，ギリシア・ローマの文化の復興という形でキリスト教のみの原理的な考えに異論が加えられた。イタリア初期ルネサンス美術（図5），15世紀北方美術，イタリア盛期ルネサンス美術，マニエリスム美術，北方ルネサンス美術と続く。キリスト教を基本とした宗教美術は，バロック美術，ロココ美術，新古典主義，ロマン主義，写実主義あたりまで続いた。

図5　ボッティチェッリによる『ビーナスの誕生』（テンペラ画）

（4）近 代

近代アートは，産業革命を大きな背景として西欧の諸国に影響を与えた。生活において大き

な転換期を経て，「近代絵画」は宗教美術，王政賛美から，近代市民としての自覚，革命などを通じて以下のような変容や拡散を遂げる。

印象主義，象徴主義，後期（ポスト）印象主義（図6），アールヌーヴォー，フォーヴィスム，ドイツ表現主義，キュビスム，未来派，シュプレマティスム，ロシアの前衛芸術，新造形主義，ダダイズム，シュルレアリスム，エコールド・パリなどである。

図6　セザンヌによる『セント・ビクトワール山』（油彩）

（5）現 代

現代アートには，第二次世界大戦後から現代に通じる様式に戦後美術，抽象表現主義（図7），アンフォルメル，ネオダダ，ポップアート，アースワーク，ミニマルアート，コンセプチュアルアート，メディアアートなどがあり，その後も多様化する表現形式がある。

図7　ジャクソン・ポロックのポーリングによる絵画

4．絵画史におけるいくつかの転換

西洋美術史の流れの中で，モザイクやフレスコ画，ステンドグラスによる建築物に描かれた壁画，あるいは天井画は，建物に直に描かれていた。それらに対して，狭義の絵画とも捉えられる麻の生地を木枠に貼ったキャンバスに描かれた絵画が主体になったのは，概ねイタリア・ルネサンス期からである。それまでの支持体は，「板絵」や壁に直接描く壁画などであった。フランス語で絵画を意味する tableau（タブロー）は古くは板絵を意味したが，キャンバスに描かれた絵もタブローである（図8）。卓や台のように移動できることがタブローの特徴でもあり，壁画と対置され，現在の絵画の一般的な様式として定着した。

さらにイタリア・ルネサンス期の大きな絵画の特徴は，遠近法を2次元の絵画に導入したことである（図9）。

「近代」は，産業や社会の変化のみならず，絵画史においても大きな転換点となった。産業革命などを経て経済や社会が変革し，また技術的にも写真や動画の誕生が絵画の在り方を大きく変えていき，それ以前の神話や宗教，写実性をもつ描画の様式とは根本的に違う方向性を模索する画家が現れた。セザンヌら印象派の画家たちの取り組みは，機械的な写真とは違う絵画の平面性を重視した絵画の自立性や概念，色彩，無意識そのものや反芸術の要素を目指すなど，新たな絵画の在り方を模索する試みでもあった。

図8　タブロー
（レオナルド・ダ・ヴィンチの『モナ・リザ』は，板に描かれた油彩画（タブロー）である）

図9　マサッチオによる『聖トリニティー』

現代アートにおける素材は，建築に使用する材料や加工前の天然素材，リサイクル材などの様々なものを絵画の材料として用いている。モニターやLEDなどの発光する媒体，サイバー空間における絵画表現など，AI（人工知能）などを使ったイメージの生成などを含めると，使用される素材についても時代の発展とともに多様化している。

（中野良寿）

68 ドローイング

多様化する絵画とドローイングの関係について教えてください

1．ドローイングとは

　ドローイングとは，絵画において，鉛筆やペン，木炭などで線を引くという行為に重きを置いて描かれた絵のことで，習作（エチュード）や素描（デッサン）にとどまらず，その描画自体を本画としての視点で再認識されている作品もある。また，戦後美術の中心がヨーロッパからアメリカに移行するに従い，線描としてのドロー（draw）に力点を置いた絵画作品が増えたことを，一ジャンルとして示すこともある。

　ドロー（drawing）は，英語で「線を引く」，「線描」という意味である。絵画では素描という言い方をする。また，コンピュータグラフィックスにはペイント系ソフト，ドロー系ソフトがあり，ドロー系ソフトでいうドローとは，描画の手順を順次記録，線画で画面を構成する手法のことである。絵画における素描あるいはドローイングは，観察したモチーフについて対象物を写実的に把握し，習作としてスケッチブックや素描用紙に描く線描を主とした絵のことを指していた。しかし，現代アートにおける素描は油絵や日本画などの本画の下絵という枠に収まらない，一つのジャンルとして認知されてきており，さらにその特徴を生かした表現が増えている。

2．支持体と描画材

　キャンバスを支持体として描かれた油絵やアクリル画，あるいは木製パネルに貼られた和紙の上に描画された日本画など，移動可能な支持体に描かれた絵画を本画として認知する共通理解に対して，ドローイングとは，木炭やパステル，鉛筆，インクや単色の絵の具などで描かれた線描を主体とした絵を本画に劣らないメディアとして考える一つのジャンル，表現形式である。

3．伝統的絵画におけるタブローのための習作や素描

　伝統的絵画では"本画"としてのタブローを制作する絵画作品のための習作は，画家の描画力向上のための訓練として，本画のための構想画，あるいは建築における設計図の役目のような意味合いで制作されてきた。

図1　ミケランジェロによるシスティーナ礼拝堂のフレスコ画

　例えば，バチカン市国のバチカン宮殿システィーナ礼拝堂にある，ミケランジェロ作の『最後の審判』で使われたフレスコ画（アフレスコともいう）（図1）においては，シノピアと呼ばれる下絵が制作されたが，その下絵は実寸大の紙に描かれた線描に針穴を開けて，ジョルナータと呼ばれる1日のみ描画可能なモ

図2　レオナルド・ダ・ヴィンチによる『聖アンナと聖母子と幼児聖ヨハネ』
（木炭と白いチョークで描かれている）

ルタルの上に転写された。この下絵としてのシノピアも，ドローイングの概念のルーツといえるかもしれない。

　また，レオナルド・ダ・ヴィンチが描いたロンドンのナショナルギャラリー所蔵の『聖アンナと聖母子と幼児聖ヨハネ』（図2）は油彩画と下絵（ドローイング）があり，下絵についても，油彩画と同様かそれ以上の魅力をもつ作品として認知されている。

4．マティスの習作や素描

　アンリ・マティスのドローイングに関連する作品として，木炭による素描（図3）と切り絵『ブルー・ヌード』シリーズ（図4）がある。

　「木炭による素描」は文字通り，人体や静物

図3　アンリ・マティスによる『ヌード』（木炭で描かれている）

図4　アンリ・マティスによる『ブルー・ヌード』（切り絵で描かれている）

を素描用紙に木炭で描いた習作であるが，伝統的な，再現性の高い素描ではなく，木炭の描き味や筆圧を，自律的に解放したかのような自由さが特徴の素描である。何度も描いては消す行為を繰り返し，最終的な線を決定している。その過程が濃淡となって残っているところも魅力である。

　また，『ブルー・ヌード』シリーズは切り絵であるが，先述の「木炭による素描」を下敷きにして，その矩形に合わせて青い紙を切り取り，パズルのように張り込んだシリーズである。一見すると一般的の手芸的な切り絵のように見えなくもないが，人体の写生的素描から矩形の形態を剪定しており，絵画的な要素が強い作品といえる。

5．現代的ドローイング作品

　1970～1980年代の「もの派」の中核的な役割

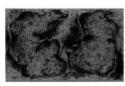

図5　吉田克郎によるドローイング作品

を果たした，リ・ウファン（李禹煥）や吉田克郎（図5）など「もの派」の周辺の作家の描く絵画については，ドローイングとしての要素が大きいものが多い。

　2000年代以降のドローイングとして，村上隆や奈良美智（図6）らの日本の漫画やアニメーションなどのサブカルチャーとの接

図6　奈良美智によるドローイング作品（漫画やパンクバンドなどの影響を受けている）

近により，この時代の作家の絵画については漫画家カルチャーの影響による，ドローイング的な絵画作品が増えた。

　海外では1970年代から一貫して壁に描くド

図7　ソル・ルイットの作品（インストラクションに特化することにより壁画としての絵画や他者性を重要視した）

ローイングのシステムを確立したソル・ルイットの作品（図7）がある。彼は，ミニマルアートやコンセプチュアルアートの代表的な作家の一人であり，インストラクションによる作品はギャラリーなどに描かれるが，展覧会の会期が終わると消されていくこと自体も作品のコンセプトに含まれている。

　1970年代からランドアートの文脈で注目されたクリストは，独自のプロジェクトを行うために，完成予想図を描いたプランドローイングをコマーシャル

図8　クリストとジャンヌ・クロードの作品（梱包をテーマに大規模な作品環境アートを展開し，1991年には日本の茨城県やアメリカのカリフォルニアで「アンブレラプロジェクト」を行い注目された）

ギャラリーなどで販売することで資金を集め，公共機関などの補助金に頼ることなく，野外における大規模な梱包作品を展開した（図8）。

　近年では，覆面芸術家であるバンクシー（図9）が，グラフィティの手法と文脈を使い，世界各地の街角の壁面にステンシルなどによるグラフィティを描いている。これらも

図9　バンクシーの作品（政治的に緊張感がある国の壁面などにグラフィティを施す覆面芸術家である）

多様なドローイング作品の一種と見ることができるだろう。

（中野良寿）

69 ペインティング

水彩絵の具の基礎技法（混色，マチエールなど）について教えてください

1．水彩画とは

　水彩画とは，水を溶剤とした絵の具で描画・彩色する絵画技法，及びその作品を示す。油彩画や日本画などの，習作や素描を制作する際には，鉛筆，パステル，コンテ，描画用木炭とともに，水彩絵の具などの素材を使用することが多い。これらの素材の中で，水彩絵の具は下絵，あるいはスケッチに活用しやすいものである。

2．紙（支持体）と描画材
（1）紙（支持体）

　水彩画の支持体は紙が主で，スケッチブックに直接描くか，水を使うので乾いたときに平滑な画面を維持できるようパネルに水張りした紙の上に描く。描画用紙は，スケッチブックやカット，ロールなどで購入する。稀にキャンバスなどを使うこともあるが，これはアクリル絵の具を使った場合が多い。

　紙は，水彩絵の具用の水彩紙が適している。水彩紙には紙目の粗さの違いにより，荒目，中目，細目などがある。また紙の厚さは，にじみや暈しの仕上がりに影響が出るため確認したい。紙の厚さは「連量」や「坪量」で表される。連量は，紙を一定サイズの寸法で1,000枚重ねたときの重さ（一連は1,000枚）である。坪量は，紙を1m×1mの寸法にしたときの1枚の重さである。一般的によく使われる水彩紙は190gや300gの厚みが多い。ウォッシュ技法などの水を多用す

図1　水彩紙（スケッチブック，ブロック，パッドなど様々な種類がある）

る描画には，300gの厚い紙がよく使われる。水彩紙の素材は主に，コットン，木材，非木材パルプがある。紙の色目は，「ホワイト」にも幅があり，メーカーによっても異なる（図1）。

（2）描画材

　水を媒介として用いる水彩絵の具には，アラビアゴムをメディウムとした透明水彩絵の具，不透明水彩絵の具（ガッシュ）や，アクリルをメディウムとしたアクリル絵の具などがある。アクリル絵の具には，油絵の具のように，絵の具の種類としての「透明色」と「不透明色」がある。

　描画用具等として，鉛筆（6H～6B），消しゴム（練り消し），水彩絵の具用の筆がある。大きな面積を塗る場合は，日本画用の様々なサイズの刷毛な

図2　水彩絵の具の種類と描画道具

どが適している。また，水彩用パレットまたは紙パレット，水入れ，ティッシュ，雑巾，画板なども必要である（図2）。

3．混色の種類：混色と重色
（1）加法混色と減法混色

　異なる2色以上の色を混ぜ合わせて異なる色をつくることを「混色」という。混色には，混ぜると明るくなる「加法混色」，混ぜると暗く濁ってくる「減法混色」がある。

① 　加法混色は，パソコンのディスプレイなどの透過光に関する混色であり，赤（red）・緑（green）・青（blue）を三原色として，3色を混ぜることにより原理的には白になる混色である。

② 　減法混色は，絵の具や印刷インクなどの反射光に関する混色で，シアン（C）・マゼンタ（M）・イエロー（Y）の3色をすべて混ぜると原理的には黒あるいは黒に近い灰色になる。インク印刷の場合は，黒を意味するブラック（K）を加えてCMYKで表される。絵の具ではパーマネントイエロー（黄色），

クリムソンレーキ（赤），ウルトラマリン（青）などを使うことになるが，それぞれ原色そのものではないため，複数の絵の具を使い混色することになる。

（2）混色と重色

水彩絵の具の混色は，減法混色の原理で行うことになるが，この混色の仕方にも以下の2通りがあることを確認したい。

① パレット上で色を混ぜ合わせる混色と同じやり方として，「ウエット・オン・ウエット」がある。これは，紙の上で濡れた色の上に濡れた色を塗っていく描法

図3　ウエット・オン・ウエットによる混色（色が濁るが，独特の風合いが出る）

である。にじみ効果を伴うことが多い（図3）。

② 「ウエット・オン・ドライ」は，紙の上に色を塗り，それが乾いたことを確認して，その上から濡れた色を塗布する方法である。最初の絵の具の層が一度乾いているため，その上から塗られた色の層と混ざることがないので濁らない。これは「重色」ともいい，重ねることにより黒に近付くが，各層の階層は維持されるため色セロファン紙を重ねたような効果に近い。透明水彩絵の具の特徴である透明感を表現することができる（図4）。

図4　ウエット・オン・ドライによる重色（色を何層重ねても色が濁ることがない）

4．マチエール

水彩絵の具や墨汁など水性の画材を使った場合，マスキング液を用いて地の紙の白を効果的に生かすことができる。マスキング液にはボトルタイプのものとペンタイプのものがある。ボトルタイプのものは液体なので，刷毛目の効果を出すことができる。ペンタイプのものは，線や点を簡単に描画できる特徴がある（図5）。

また，ウエット・オン・ドライのやり方で，にじませた画面に食塩を散らすことにより食塩の周りに特徴的な痕跡を残すことができる。このマチエールも面白い効果が期待できる（図6）。

さらに，平筆を使って画面上に線を引くとき，筆の穂先に溜めた絵の具の量を少なくすれば，かすれた表情の線が引ける。線は，水平や垂直に直線を基準に引くほか，波状に引くなど線の引き方を変えることで髪の毛や川の波を表すなど，独特のマチエールをつくりだすことができる。

線だけを使った1970年代の現代美術の作品

図5　マスキング液を使って白のブラシストロークを効果的に表した例

図6　マチエール（混色の過程で食塩を画面に散らすことで独特のマチエールになる）

図7　リ・ウファンによる『線より』

として，「もの派」の中核的な役割を担った作家であるリ・ウファン（李禹煥）の『線より』がある（図7）。これは，膠液（水性）をメディウムとして日本画の青の顔料を使い，キャンバスの上に刷毛で線だけを規則的に引いた作品である。画面上で同じ行為を繰り返すことで，独特のかすれたマチエールをつくりだしており，シンプルだが水彩絵の具の描法を最大限に生かした作品の一つであるといえよう。　（中野良寿）

70 遠近法

遠近法とは何か，また絵画指導との関わりについて教えてください

「遠近法」の英訳であるパースペクティヴという言葉は，語源的には，ラテン語のペル（貫き渡って）とスピケーレ（凝視する）が結合したもの，すなわち，ペルスピケーレ（はっきり見る）と考えられるが，それが幾何学を基礎にした発展過程と科学的態度に基づけば「透視図法」，事物の空間感・遠近感を表現する美術的手法としては「遠近法」と呼ばれ，いずれも一視点からの空間表現手法である。

遠近法の代表的な種類には，ルネサンス期に成立した透視図法（線遠近法）があるが，色彩のトーンや濃淡によって奥行きを表現する「空気遠近法」や「色彩遠近法」，その他，古くから「俯瞰図法」，「虫瞰図法」，「遠小・近大法」，「重積法」，「遮蔽法」，「明暗法」など数多くの名称のものがある。いずれも基本的には，平面上に描写したものに，三次元的な空間（奥行き）があるような視覚的・心理的満足や錯視的効果を与えようとする試みにほかならないし，また，平面上で奥行きを暗示する一種の社会的約束にもなっている。

透視図法は，ブルネレスキやアルベルティなどによって体系化された幾何学に基づく一種の錯視的手法で，空間のある一点から事物に投射した線を画面上に投影する図法である。この場合，描かれる事物の稜線は平行ではなく，水平線上の消点と呼ばれる点に収束する。すなわち，視点を一点に固定し，主体と客体との距離を明確化して，視覚に忠実で客観的な見方を提示するものであった。そのため，近代以降の美術においては，逆に遠近法からの逸脱が企図され，平面を平面として扱う絵画の追求，また，

心理的効果のための多視点的な遠近法利用などの表現も生まれた。

空気遠近法は，空気中の水蒸気，塵芥の影響で遠くの事物が不明瞭になる現象を利用した表現法である。遠方の事物をぼかして描いたり，薄紫や薄青に描いたりするのがこれにあたる。俯瞰図法，虫瞰図法は，視点を極度に高く，もしくは低く設定するものである。俯瞰図法の場合，東洋画の「三遠法」（高遠，深遠，平遠）と類似して，遠い事物ほど上部に描かれるので，上下遠近法ともいえる。遠小・近大法は，遠くの事物を次第に小さく描く方法，重積法は，遠方の物を上に積み重ねる方法，遮蔽法は，遠くの物が近くの物に遮られるように描く方法，明暗法は，キアロスクーロとも呼ばれ，陰影による遠近法である。

こうした遠近法の指導は，子供の空間認識の発達と関わる問題なので，十分な留意が必要である。子供の空間表現の発達過程において，透視図法的な表現は，内発的に達成することは難しい。低学年の子供に見られる展開図的表現やレントゲン描法などとして知られる表現は，「子供は見たものではなく知っているものを描く」（主知主義）といわれるように，視覚的な空間表現ではなく認知的な空間表現である。子供がこのような表現をする時期には，大人の表現様式を押し付けず認めることが望ましい。

ともかく遠近法を伝達すべき認知パターンとして，子供に内面化させることを一律にねらうことは問題である。中学校美術科の学習指導要領，内容の取扱い「A表現」（2）の主題を基に創造的に表す技能に関する指導事項を例にあげれば，必要に応じて大まかな遠近感を表す方法を示唆するなど，子供個々の内面的要求を大切にしながら指導のねらいに応じて，表現の幅を広げてやるような手立てを工夫することが大切である。　　　　　　　　　（福本謹一）

71 小学校の絵

小学生の絵に表す活動の
指導のポイントを教えてください

　小学校における絵画題材は，人物や静物，風景の写生画や，空想画，物語絵などの想像画，記憶画や生活画などがあり，これらは大きく，観察によるもの，想像によるもの，記憶によるものに分けられる。こうした題材で用いられる材料や技法は多種多様で，鉛筆やクレヨン，パス，水彩絵の具を用いたものや，紙版や木版によるもの，紙や布を切り貼りしたもの，吹き流しやスパッタリング，ローラーを用いたものなどがある。絵に表す活動においては，子供の表したい思いを大切にしながら，自分で表現方法を考え，工夫できるよう支援をすることが求められる。ここでは，小学校の絵に表す活動を，観察による表現，想像による表現，記憶による表現に分け，低学年，中学年，高学年の3つの段階で指導のポイントを考えてみたい。

1．観察による表現

　観察による表現では，自画像や友達の顔をはじめ，自分の靴やランドセル，学校内のお気に入りの場所など，自分自身や身の回りにあるものや風景が対象となる。実際に対象を見ながら描く写生画のほか，外でスケッチをして教室で着色することもあり，記憶による表現と重なるところもある。

　低学年では，見たものを絵に表すというよりは，感じたことや体験したことを優先して表すことになるだろう。中学年に進むにつれて見ることに関心を示すようになるため，より意識して対象を観察することができるようになる。指導にあたっては，子供が表そうとするものに対して表現意欲を駆り立て，興味をもてるようにしたい。写実的な表現欲求の高まりを見せる高

学年では，重なりや遠近を画面の上で表現できるようになってくる。対象をよく観察することで子供が表したいことを見付け，それを基に画面構成を考えさせたい。

　観察による表現では，よく見て表すことをねらいとする一方で，自分なりの見方を大切にした表現ができるよう支援することも必要である。例えば，校庭の木を描く際，幹に触れたり，匂いを嗅いだり，近付いたり離れて見たり，下から見上げてみたり，その場所から感じる雰囲気や体験したことを意識させるのもよいだろう。対象を，子供に主体的に見付けさせ，表したいところに着目させる働きかけも大切である（図1～4）。

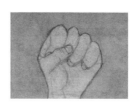
図1　自分の手

図2　自画像

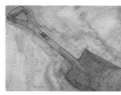
図3　シャベルの写生画

図4　校庭の絵

2．想像による表現

　想像して表す絵には，自分で話を考えたり，物語を聞いたり読んだりして気に入った場面を想像して表す絵，未来や空想の絵，フロッタージュなどの表現から想像した絵，鑑賞からイメージして表現する絵などがある。

　低学年では，話の絵を表す際にはイメージや考えを広げるために，話の場面を実際に演じてみるとよいだろう。また，混色やローラーで偶然にできる模様に意味付けするなど，色や模様と関連させた活動も取り組みやすい。

　中学年では，低学年から発展させた材料体験

を進め，そこからイメージをつくったり，フロッタージュやデカルコマニーなどの技法を用いたりする表現にも取り組めるだろう。様々な材料や技法を工夫して想像の世界を広げられるようにするとともに，紙版画や木版画にも挑戦できるよう指導計画を検討したい。

高学年では，作品の鑑賞からイメージすることに興味をもてるようになり，そこからイメージを広げて想像することができるようになってくる。見ることのほか，耳で音を聞く，風を感じる，花の香りを嗅ぐ，手で触れてみるなど，感覚を働かせてイメージを膨らませることも有効である。材料や技法を工夫しながら，それらの特徴を生かし，自分なりの表現を見付けることができるよう意識させたい（図5，6）。

 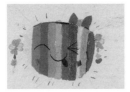

図5　自由の自転車　　図6　スマイルカラー

3．記憶による表現

記憶に基づいて表現する絵は，子供が自分で見たこと，経験したことを基に表すものである。記憶画や生活画の指導においては，題材の設定で子供の興味や関心，生活体験を基にすることになる。子供が感じたこと，経験して心に残っていることを表したいという思いを大事にしたい。

低学年では，食べ物，乗り物，植物などの身の回りのものや，遠足，運動会などの出来事は，絵に表しやすいテーマであるが，低学年の子供にとって，例えば「遠足」といった漠然としたテーマより，経験の幅を狭めることで場面が焦点化されやすいだろう。

中学年においては，記憶や生活の場面を再現するといっても，リアルに場面を表すのとは違う絵の楽しさや面白さに気付かせ，新しい世界を生み出すような表現活動ができるよう表し方を工夫させたい。

高学年では，表現したい場面を構想し，計画を立てられるようになってくる。客観的な表現を求めるようになる時期でもあり，記憶だけでなく観察を深める必要もある。中心になるものと周りのものとのバランスや組み合わせ方などの画面構成や彩色を工夫させたり，重なりや遠近，全体的なまとまりと部分的な面白さなどに注目させたりもできるだろう（図7，8）。

図7　徒競走

図8　頑張った運動会

絵に表す活動においては，子供自ら進んで表現する態度をはぐくみ，子供が表したいことを見付けていろいろな表現方法を試したり，工夫したりしながら表現の面白さや楽しさに気付けるようにすることが望まれる。また，友達の作品を見て，表現の工夫について話し合い，表現する楽しさや喜びを感じられるよう支援していきたい。

指導にあたっては，絵画表現の発達段階に関する理解も不可欠である。一般的な表現傾向を理解した上で，個々の子供の実態を把握し，適切な支援をすることが求められる。同時に，製作過程において子供が試行錯誤しながら表現を深められるように支援していきたいものである。表現の幅を広げるためにも，様々な材料や用具を使用できるようにしたいが，その際，安全や用具の準備，管理など十分に配慮する必要がある。子供の個性や発達の状態を把握し，一人一人の表現がかけがえのないものであることを忘れず，子供の学習を支援していきたい。

（蜂谷昌之）

72 中学校の絵

中学校の絵における絵画表現には どのようなものがあるのかを 教えてください

1. 描画材で区別する

（1）水彩画

小学校から使い慣れた画材で，中学校でもよく使われる。絵の具の種類に，透明水彩や不透明水彩がある。透明水彩は，紙の白さや

「船」【風景】
（水彩・スケッチ）

重色の美しさを生かした表現が特徴とされる。不透明水彩は，混色や発色のよさを生かした厚塗り表現が特徴である。

（2）アクリル画

水で溶くアクリル絵の具を用いるが，乾くと耐水性となる。特にアクリルガッシュは不透明でムラになりにくいので，ポスターカラーのような使い方もできる。紙だけでなく，木や石，プラスチックなどにも描くことができる。

（3）鉛筆画

身近な画材で，種類も豊富である。鉛筆の芯の幅を生かした線描や，立体感のある細密表現，ハッチングやぼかしなどの表現技法もでき，モノクロームの多様な表現が可能である。消しゴムは消すだけでなく，描くこともできる。

（4）水墨画

調墨と筆遣いで表現する絵である。モノクロームの表現なので，墨の濃淡と紙の白さだけで表現する。例えば，筆を立てれば一筆で笹の葉を描くことができ，筆を寝かせれば一筆で山

 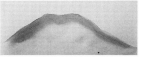

左：「笹の葉」【静物】，右：「山」【風景】（墨・模写）

を描くこともできる。

（5）パステル画，色鉛筆画

パステルと色鉛筆の違いは，顔料を固める展色剤の量の差にある。パステルは展色剤の量が少ないので，描き心地で発色がよく，

「牡蠣」【静物】
（パステル）

混色しやすいが，絵の具の定着は弱い。色鉛筆は扱いやすく絵の具の定着もよいが，混色が難しいので，着色の順序を工夫する必要がある。

（6）ペン画

ボールペンやマジック，万年筆等，様々な種類があるが，線の太さやインクの濃さが統一である。細い線のペンでは線の粗密で，太さのあるペンでは点の粗密等を工夫して表現をする。筆ペンは線の太さを工夫することで表現力豊かな線描ができたり，蛍光ペンを用いればポップな作品を描くこともできたりする。

2. 表現方法で区別する

（1）スケッチ，クロッキー

スケッチには様々なタイプのものがある。アイデアスケッチ，風景や人物を描き残すもの，静物の細密表現などである。いずれにし

「海」【風景】
（鉛筆・スケッチ）

てもモチーフがあり，印象やイメージを描き留めるものの総称である。そのうち，クロッキーは素早く捉えることを指す。

（2）デッサン（素描）

そもそもデッサンは素描，下絵と訳される言葉であるが，正確に描写することや表現の基礎的な技能として使われることが多い。中

「夏みかん」【静物】
（鉛筆・デッサン）

学生は写実的に表現したいと思う欲求をもつ時期でもあるので，その思いを叶えるために小さなモチーフや部分表現をさせるなど，デッサン

に取り組むことがある。

（3）漫画，イラスト

吹き出しやオノマトペによりストーリーをもつ漫画に対して，イラストは単独の作品を指す。イラストは挿絵ともいわれる。中学生にとっては身近な題材であるが，著作権などに配慮する必要がある。

（4）版　画

版をもち，同じ作品が複数枚作成できる。凸版，凹版，平版，孔版など様々な種類の版画がある。工程が複雑であったり，専用の道具を必要としたりするなど，指導にも専門性を要する。

「五重の塔」
【風景】
（版画・凹版）

（5）模　写

元となる作品を写すことで作品の技術を学ぶ意図で行ったり，作品理解のために行ったりする。

3．対象やモチーフで区別する

（1）風景画

美しい自然や奥行きのある風景など，構図や描きたい視点を決めて描くことが多い。遠近法を用いたり水彩表現を工夫したり，ねらいに応じて表現方法を工夫することが大切である。

（2）人物画（自画像）

肖像画，自画像など何を描くかによって呼び方も変わる。ポーズや表情，色彩等の表現を工夫することで感情や性格を表現できる。中学校で自分を見つめさせるために自画像を描かせることがある。

「息子」
【人物画】
（鉛筆・スケッチ）

（3）静物画

花や文房具，靴など身近なモチーフを描いたものを指す。形の特徴や色彩の美しさ，質感などモチーフを捉える基礎を身に付けるために描くことが多い。

（4）生活画

修学旅行や社会体験など経験したことを絵で表す。発達段階から思い出したことを絵で表すよりも，写真などの記録を基に描くことを好む。

（5）構想画・想像画

自分の思いや願いなどを表す際に，様々な場面やモチーフを組み合わせて表現することがある。変化のある構図や統一感のある色彩など表現者の意図を作品に反映しやすい。

（6）抽象画

具象に対する言葉として抽象がある。一概に具象と抽象を区別することができないが，具象が基にあって抽象化したものや，具象を基にもたないものがある。感覚的もしくは概念的に作品を表現する難しさがある。

「三本の矢」【抽象画】
（アクリル）

4．そ　の　他

（1）新しい教材

美術科の授業時数は第1学年で週あたり1.3時間，第2・3学年で1時間である。限られた時間で作品を仕上げることは難しいが，それを補う手段として教材を購入することがある。スクラッチボードや切り絵などは準備を省略でき，効率的に制作することができる。

（2）支持体

絵は様々なもの（支持体）に描かれる。画用紙，色画用紙，段ボールなどの平面に描くこともあれば，皿や壁，屏風などの用途があるもの，石の形を生かした作品など様々である。描くということ自体は絵として見てよい。絵としての価値があるものは絵画作品と捉えてよい。

（3）他領域との関連性

デザインと絵画，工芸と絵画，彫刻と絵画など，各領域の間にも様々な表現がある。絵画表現は多様である。自分の表したいことを表現できることが大切である。描くという行為を原点とする絵画は，簡単であり，難しくもある，可能性のある表現行為といえる。　　　　（足立直之）

73 版画の種類と技法

図画工作科や美術科で学ぶ版画にはどのような方法と特徴がありますか

1．教育版画の起こり

　昭和26（1951）年，大田耕士の提唱により創立された「日本教育版画協会」は，学校教育における版画の普及を促すため，版材と技法の開発を盛んに行った。

　昭和28（1953）年に協会機関誌で「紙版画」の方法がはじめて発表され，身近な材料で幼児や児童にも表現が可能で，独特で豊かな表現ができる新しい形式として受け入れられた。紙版画の開発によって版画教育が広がったといえる。また，現在の塩化ビニール板を用いたドライポイントは，金属板に代わる凹版による表現として普及に役立った。

　昭和28年に，第1回のコンクールが開催され，昭和29（1954）年に第1回全国版画教育研究大会が行われた。第1回大会では，講演，実技指導，研究発表，第2回大会からは公開授業も実施され，学習内容としての版画とその指導が全国的に広がることとなった。

2．学年に応じた版画の種類と方法

　版画の種類や方法について一般的には，凸版，凹版，孔版，平版で説明されるが，ここでは児童生徒の発達段階の特徴に応じた版画の種類と技法を紹介する。学年別に示すが，児童生徒の実態や扱うテーマ等により版画の種類や方法を選ぶことが大切である。版画それぞれの版のつくり方や刷る方法については教科書の教師用指導書等に詳しく掲載されているので参考にされたい。

（1）小学校低学年の版に表す活動

　この時期の児童には，「版に表す活動」，「写る」ことで様々な形や色ができることに気付

き，「写す」ことを楽しむ活動が適している。活動のはじめから表したいことを決めるのではなく，教師は簡単な版のつくり方や写し方を紹介し，どのようにすると形や色が写るか，児童自身が試しながら気付き，思いをもつ時間や場を大切にするようにしたい。

1）身近な材料を版にする（スタンピング）

　身の回りの小さめの容器，段ボール板の断面や片面波段ボール，エアキャップ（プチプチする緩衝材），粘土の型抜き用具などに絵の具をつけ，版にして紙に写す方法である。形の写りやすさや形の面白さなどを試しながら，材料を探したり集めたりすることも考えられる。

　写した形を並べて新しい形や模様をつくったり，できた形にパスや絵の具などで描き足したりするなど（図1），活動しながら表したいことが見付かる楽しさがある。1人1枚の画用紙を用いても，ロール紙など大きめの紙に共同して活動してもよい。

図1　材料を版にして，描き足した作品

2）こすって形を写す（フロッタージュ）

　木の幹や落ち葉，網かご，玄関マットや手洗い場のタイルなど凹凸のある表面にコピー用紙やトレーシングペーパー等の薄い紙を重ね，パスや色鉛筆などで模様を擦り出す方法である。身近な場所から模様を探し，好きな色を選んで写しながら，同じ模様で向きを変える，違う模様を同じ紙に重ねるなどの試みに気付いたり，写した模様を基に自分のイメージをもち，模様を形に切って組み合わせ，表したいことを表したりするなどが考えられる。

3）型紙を版にする（ステンシル）

　孔版の仕組みを活用した，版となる紙に穴を

開けて刷る方法である。簡単な形を切り抜き，穴をつくった紙を版にする方法と，切り取った形を版にする方法がある。一つの版を移動させて同じ形を繰り返し刷ったり色を変えて刷ったりしながら（図2），イメージをもち表したいことを見付けることが考えられる。

図2　型紙を版にして表した作品

4）紙版画

紙版画には，台紙を使わず単独の版をつくり，表したいことを表す方法と，台紙に紙を貼って版をつくり，表したいことを表す方法がある。活動量とかかる時間から，単独の版に表す方法が低学年に向いていると考えられるが，低学年でも簡単な形の紙を並べたりつないだりする方法であれば，台紙に貼って表す方法で（図3），無理なく活動できる。

図3　低学年の台紙に貼って表す版画
（簡単な形のいろいろな材料で表している）

台紙を使わない紙版画の特徴は，刷った形が紙にはっきりと見えること，版材に使う厚手の紙を貼り重ねることでできる段の境目に白い線が表れることである。インクの色をはっきり表したい場合はインクが染み込みにくいコーティングされた紙を，淡い色に表したい場合はややインクが染み込む画用紙を使う。

表したい形を簡単な形の組み合わせで捉え，

切り出した形を並べたりつないだりしながら，表したい形になるように表す。紙をちぎって柔らかな感じを表したり，目の粗い布やレース生地，片面段ボールなど凹凸のある材料や紐などを版材として活用したりする方法もある。

5）スチロール版画

スチレンボードを使う版画である。版自体が柔らかいので，割り箸や竹串など硬い用具で容易に彫ることができ，ペンやペットボトルなどのキャップ，洗濯バサミなど硬い材料を押し付けて凹ませても版ができる。フォークは同時に複数の線を彫れ，模様のようになる。表したいことを絵に表す活動もできるが，用具でできる形を並べたり組み合わせたりして，新しい模様をつくりながら表したいことを見付ける活動も行いたい。

（2）小学校中学年の版に表す活動

この時期の児童は，自分の表したいことに合わせ，見通しをもった活動ができるようになる。同時に新しい材料や用具では用途やよさを試しながら表したいことが見付かるようにすることも大事である。「版に表す」から「版画に表す」活動に移る時期である。

1）材料を台紙に貼って表す版画

単独の版に表す紙版画との違いは，表したいもの（図）と周りの様子（地）の組み合わせで，表したいことを発想・構想でき，画面全体に色がついた刷り上がりになることである。

基本的な版材は変わらないが，台紙にもいろいろな版材を組み合わせたり，引っかかったり，彫ったりするなどが考えられる。また，思

図4　中学年の単独の版で表す紙版画
（周りに描き足して思いを表している）

いが広がる中学年では，単独の版に表す紙版画の刷り残った部分に，パスや絵の具で描き足すことで表現が豊かになることもある（図4）。

2）木版画

彫刻刀で版木を彫って版をつくり，刷るという最も一般的な方法である。

木版画の魅力は，「写る」，「写す」だけではなく，「彫るときの音」，「彫りくずが動きながら現れること」，「木の匂いや抵抗感」など，彫刻刀で彫る行為と深い関係をもち，はじめての活動から感じることができる。児童が彫刻刀の種類ごとの彫り跡の特徴や感じを試し，その実感を伴って扱えるようにし，彫り跡から表したいことを見付けることが考えられる。表したいことを基に活動する場合でも，教室に彫り方を試す場をつくり，児童が自信と見通しをもって活動できるようにしたい。

はじめての木版画に取り組む中学年の児童には，刷るまでに時間が必要である。大まかに彫った段階で試し刷りし，見通しを確かめたり，考え直したりできる機会をもちたい。

（3）小学校高学年の版に表す活動

この時期の児童は，材料や用具の経験が豊かになり，表したいことに合わせて，用具や表現方法を選んだり組み合わせたりするようになる。中学年までの版に表す様々な経験を基に，表したいことを表すために，色を使う，いくつかの方法を組み合わせる，版画の複数性を生かすなど，自分らしい版の表現に関心をもって取り組めるようにしたい。

1）一版多色刷り版画

表したいことを表す線彫りを刻み，彫り残した部分に思いに合った水彩絵の具を載せて写し取り，多色に刷る方法である。黒や藍など暗い色の画用紙に，やや白を加えて不透明にした絵の具を使うことで特徴的な表現になる。彫りは輪郭線の線彫りのみであるため，高学年の技能では物足りないと考えられる。中学年での経験を生かした色やその組み合わせ，彫りの工夫などを期待したい。

版木についた絵の具を洗い流せば，色を変えて何度も刷ることができ，いろいろな色の構成を楽しむこともできる。

2）彫り進み版画

1枚の版木を使い，彫りと刷りを繰り返し，複数の色で表す方法である。表したい部分を彫って刷る工程を，使う色の数だけ重ねて作品が完成する。

表したいことを版木に下書きし，使う色の構成，刷る色，彫りの計画を立てる。彫り始める前に，彫りと刷りを重ねるたびに紙の同じ場所に刷れるための見当紙をつくる。白にする部分から彫り始め，使う最も明るい色で最初に刷る。次に，刷った色に表したい部分を彫り，2番目に明るい色で刷る。これらを繰り返して作品が完成する。指導計画によるが，色はインクを使わないで表す白を含めて3〜5色で計画することが適切と考えられる（図5）。

図5　彫り進み木版画の作品

彫りと刷りを繰り返して完成に進む工程は，はじめての児童にはわかりにくい。教師が材料や用具を取り扱い，彫りと刷りを行って見せる，教師用指導資料の掲示物やデジタル教材を活用する，小さな版木で簡単な形や模様で方法を経験する場を設定するなど，児童が実感を伴って理解できるようにする。

刷った後，新しい部分を彫る前に，版についたインクを洗い，版木の乾きを待つため，連続的な活動はできない。また，思いの色で表したい部分を彫り進めた後は刷り直しができないの

で，3〜5枚程度は刷っておくなど，彫り進み版ならではの注意点がある。

彫りと刷りの間の時間に，刷ってできた形やインクの重なりなどを捉え，新たなイメージをもつなど，活動の過程で思考力，判断力，表現力等と技能が繰り返し働き，高学年らしい資質・能力が育つことが期待できる。

3）高学年のスチロール版

スチロール版の柔らかな材質は，多様な版の扱い方を可能にする。例えば，版をカッターナイフで切ったり，切り抜いたりして複数の版にする。それぞれの版に別の色のインクを載せ，元の形に組み合わせたり，新たに構成し直したりして刷ることが考えられる。木版でも同様の表し方ができるが，スチロール版では，手がける時間がかからない。形や色の組み合わせや構成の工夫が加わることにより発想や構想が生きた表現が期待できる。

（4）中学生の版に表す活動

中学生は，版画の学習においても，小学校までの学習経験を基に，自らの主題に応じて表現方法を工夫することが期待できる。

凸版画だけではなく，凹版画も中学生には挑みがいがある方法だろう。もともとの凹版には，金属板を版材とし，硬い刀や針で直接彫り刻む方法と，酸の腐食により凹部を刻む方法がある。学校現場では金属板の代用として，塩化ビニール板に直接彫り刻むドライポイントが一般的である（図6）。

ドライポイントでは，塩化ビニール板を，ニードル（彫刻針）や切り出し刀で線状の凹部を彫って版をつくる。独立した線の力強さも，線の粗密による繊細さもある。ニードルでできる線の縁には，小さな「めくれ」ができて，独特の線ができる。切り出し刀ではめくれができず，鋭い線になる。サンドペーパーで版面を擦れば柔らかな風合いになる。

①版画紙に水を染み込ませておき，刷る直前に古新聞に挟むなどして余分な水分を吸い取る，②中性または油性のインクを版に詰め，余

図6　ドライポイントによる凹版

分なインクは拭き取る，③版画プレス機で圧力をかけて刷る，などの過程を経て刷り上がる。

彫る行為には木版画以上の抵抗があり，凹版の刷りの仕組みを理解する必要もある。表現の効果や可能性を考えた上で発想や構想することを踏まえると，ドライポイントは中学生の発達段階にふさわしい技法といえる。

3．版画の伝統と育てたい資質・能力

平成29（2017）年版小学校学習指導要領解説図画工作編第4章2（7）において「児童や学校の実態に応じて，児童が工夫して楽しめる程度の版に表す経験」ができるようにすることと示されている。

伝統的に版画に取り組んでいる地域は各地にある。版画の学習では，文化や歴史を支えてきた人々とのつながりを学ぶ側面がある一方で，子供がもつ「写る」現象や「写す」行為への関心や意欲を基に版に表す活動へ発展させるなど，解釈の広がりに応じ版材や方法が拡張してきた側面もある。

表したいことを工夫して表す児童生徒の資質・能力の育成を大切にしながら，版画の表現のよさを伝える伝統的な意味や価値の理解にもつながることを期待したい。　　　　（西尾正寛）

74 墨絵・水墨画

墨を画材として扱う題材と学習のポイントを教えてください

1．墨の特徴

　墨は，煤と膠を練り込み，香料を加えて製造される。数千年の年月に耐える保存性の高さをもつ優れた記録材料であり，それ自体も百年を超える寿命がある，世界でも珍しい筆記材の一つである。煤は，原料や採り方によって大きさが異なり，墨色の見え方に違いを感じさせている。膠は動物の真皮を煮て抽出したたんぱく質の一種で，煤を固めて水になじむようにする働きがある。例えば，淡墨の場合，後から書いた線が先に書いた線の下に潜り込んだり（図1），墨を落として水を注すと滲んだり（図2）する不思議な効果は，膠の作用によるものである。「墨に五彩あり」といわれるように，墨と水の量を加減したり，筆遣いを工夫したりすることで，濃淡，にじみ，ぼかし，かすれ，線の強弱など様々な表現が可能である。

図1　膠の作用①　　図2　膠の作用②

2．墨を画材として用いた学習

　墨は書写での扱いもあり，子供たちは文字を書くための道具としてなじみ深い。図画工作科・美術科の授業で，墨を画材として扱う場合，墨の性質や特徴を自ら探究して知ることや，墨が織りなす形や色の美しさを感じ取ることができるような学習展開が望ましい。小学校高学年の「絵に表す」活動を例にあげると，学習構想の際に育成すべき資質・能力の3つの柱を軸にしながら，〔共通事項〕のア（形や色など

に関する事項），イ（自分のイメージに関する事項）にも配慮し，具体的な学習展開を工夫する。

　指導の手立てとして，調墨や筆の動かし方をいろいろ試すことができる量の和紙を用意する。また，墨の形や色から自分のイメージをもてるように，十分に試す時間を確保する。思い付いたことや試してみたいことを自由に和紙に表し，墨の特徴を生かした表現方法を子供たち自ら見付けていく学習過程を大事にする（図3）。さらに，試す中で見出した墨の造形的な特徴や美しさを基に，自分のイメージをもち，表したいことを見付け，絵に表す活動へとつなげていく。形がつくりだす動きやリズム，墨色の調子の多彩さ，余白の美しさなど自分や友人の表現を鑑賞することで，表し方の違いや表現のよさを感じ取り，自分の思いに合わせて工夫して表すことができるようにする。筆先や柄の材料を工夫してつくったマイ筆を使って絵に表す活動も考えられるだろう（図4）。

図3　表現を試す様子　　図4　マイ筆で表す

3．わが国の伝統・文化を理解する

　画材としての墨の魅力を体感する学びの過程は，豊かな感性や創造性をはぐくむとともに，日本の伝統・文化を理解することにもつながる。社会科の室町文化の学習や，道徳科の価値項目「伝統と文化の尊重」などと，墨を用いた体験的な学習を関連付けて教科横断的な学習を行うことで，伝統・文化への実感を伴った理解が深まるであろう。最近では，書写の時間においても，授業時間の関係上，固形墨でなく墨汁を主として使うことが増えている。心を落ち着かせて硯で墨をすり，歴史と文化を今日に語り伝える墨の奥深い世界を，教師も子供とともにじっくりと体験したいものである。　（古家美和）

75 立体・彫刻

彫刻芸術とはどのようなものですか

1. 歴史的側面から

現代の彫刻芸術を歴史から紐解く（図1）。

彫刻芸術（sculpture）の起源は，先史時代の護符（写真1，2）や，巨大文明発祥地に見る記念碑など（写真3，4）とされる。

エジプト文明（写真5）やアッシリアの文化（写真3）は，やがてシルクロードを経由，ギリシアで大きく開花（写真6），のちにローマ，ロマネスク，ゴシック（写真7）という時代を経る。こうした中，彫刻芸術は建築壁面の装飾として存在し，時の流れの中で，のちのキリスト教文化を含む様々な文化と関わり変容しつつ，徐々に世界に広がっていった（写真8）。

そして，ルネサンス期。この時期にはドナテッロが人体彫刻の背面に建築の壁がない作品を生んだ（写真9）。しかし，依然，丸彫り，すなわちあらゆる角度からの鑑賞を前提とした彫刻芸術の概念の定着にまでは至らなかった。

その後，ダ・ヴィンチとミケランジェロ（写真10）の不仲に端を発すパラゴーネ論争という姉妹芸術比較論争が起こった。絵画と彫刻いずれが高貴なるや。こうした水掛け論は，のちのマニエリスム時代でも営々と継続され（写真11），絵画・彫刻芸術の本質論に変容した。

バロック期には超絶技巧を携えたベルニーニが華々しく登場し，数々の名作を残すも，一度無限定の三次元空間に出ようとした彫刻作品を再び建築の壁面に押し戻すこととなった（写真12）。以後，時代はしばらくの頽廃期に突入，ここでは新古典主義の考えの下，古代ギリシアの様式踏襲が重んじられた。

そのような折，19世紀中ごろにA・ロダンが出現し，古代を手本とせず，人体の観察に基づく精巧な肉付けの，量感と生命感溢れる彫刻（写真13）を数々制作，多くの話題を巻き起こした。また，晩年の作（写真14）では，彼が得意とした精巧な肉付けは作品表面から消失，一般的に粗付けといわれる大胆な土付けがむき出しで呈示され，大きなスキャンダルを引き起こした。しかしこの作品は，強い存在感を呈したばかりか，以後，ポストロダンや自由な気概の第二次世界大戦後のイタリア現代具象（写真15）はもちろん，抽象彫刻に至るまで，大きな影響を与えた。ロダンまでの長い歴史を経て，ようやく彫刻芸術の概念は確立され，建築芸術からの物理的独立と，当該領域の自律性や特質明確化に至り，彼は近代彫刻の父と目された。

一方，ロダンとは違った動きも出た。ピカソよる抽象彫刻の出現である。その流れをくみ，C・ブランクーシは，彫刻のフォルムの単純化を徹底，素材の美にまで注目させた（写真16）。またH・ムアは，いわば単純化された量塊を有機的に複合・連関させた。A・ジャコメッティは，余分を削ぎ落とすことでフォルムの追求を行い（写真17），A・カルダーはモビール，すなわち自らが回転し，その全容が多面的に把握される造形形態を数々制作した（写真18）。

さらに1910年ごろにはダダイズムが起こり，既成概念を壊し，新たな価値を模索する前衛芸術が出た。M・デュシャンは既製品の便器を出品，これを『泉』（写真19）と題し，話題を呼んだ。既存の領域にとらわれないボーダレスな現代美術は，場合により造形すらも拒否する傾向もあり，こうした作品はsculptureというよりも，むしろここから独立したオブジェと呼ばれる。また，この世界には展示空間や時に光，音なども作品の一部とするインスタレーション（写真20）や，人間・自然環境に働きかける環境芸術と呼ばれるものも存在し（写真21），現在も変化と拡大が続いている。

2. 彫刻・彫塑，オブジェ，置物

西洋から日本にsculptureの概念が伝わった

のは文明開化以後である。その内容は主に，人体をはじめとする自然形態の観察や研究に基づくアカデミック（古典的）な性格を有し，①表面よりも内実を感じさせる豊かな量感表現，②無限定の三次元空間を前提とした堅牢な塊（マッス）の構成，③生命感（動勢），④美しいプロポーション（比例均衡）が重視される。この機軸からみて sculpture の概念は，抽象彫刻を包含しつつも，狭義にはオブジェやインスタレーションといったアヴァンギャルド（前衛的）な価値や，工芸領域の置物等から区別される。

またsculptureの示す領域には，粘土等の可塑性の高い造形素材を主に集積させ造形を進める塑造（鋳造含む）と，造形素材を主に刻む・彫ることで造形を進める彫造（木彫，石彫）の区分の他，具象・抽象の傾向がある。Sculpture は一般的に彫刻と訳されるが，専門的・領域的には彫塑と呼ぶこともある。

そして粘土という造形素材は，木や石等と比較して可塑性が極めて高く，融通が利き，増量・減量・変容等の造形上の操作や試行錯誤が行いやすいことから，塑造は彫造の基礎として扱われることが多い。　　　　（前芝武史）

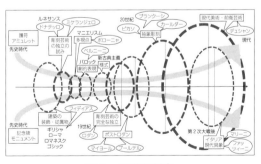

図1　西洋彫刻史

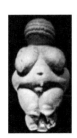

写真1　ヴィレンドルフのビーナス

写真2　遮光器土偶（日本）

写真3　有翼人面牡牛像（アッシリア）

写真4　スフィンクス（エジプト） 
写真5　古代エジプト彫刻（この様式がギリシアに伝わり，アルカイック期→クラシック期→ヘレニスティック期という時代を経た）

写真6　『三美神』（ギリシア・パルテノン神殿破風に存在したもの）

写真7　釈迦三尊像（アルカイックスマイル）

写真8　シャルトル大聖堂（大聖堂入り口の石柱）

写真9　『ダヴィデ像』（ドナテッロ）

写真10　『ピエタ』（ミケランジェロ）

写真11　『サビヌ女の略奪』（J・ボローニャ）

写真12　『テレーザの法悦』（ベルニーニ）

写真13　青銅時代（A・ロダン）

写真14　バルザック（A・ロダン）

写真15　『巫女』（P・ファッツィーニ）

写真16　『空間の鳥』（C・ブランクーシ）

写真18　モビール彫刻（A・カルダー，風の力で動く彫刻）

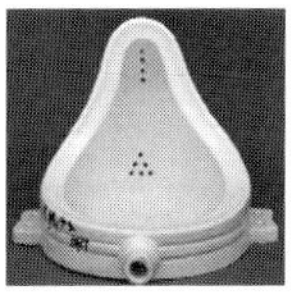

写真19　『泉』（M・デュシャン）

写真17　『歩く男』（ジャコメッティ）

写真20　エンバンクメント（R・ホワイトリード）

写真21　アンブレラ（クリストとジャンヌ・クロード）

76 粘土遊び

粘土遊びをするときの
ポイントは何ですか

平成29（2017）年告示の小学校学習指導要領解説図画工作編（以下，現行学習指導要領解説）において，「第3学年及び第4学年の目標と内容」の中に，「粘土による表現では，手や用具を使って粘土の形を変えることから表したいことを見付けたり，焼成することによって生まれる表面の面白さを生かしたりして作品をつくるなどが考えられる」と示されている。つまり，何かつくりたいものの主題を決めて，与えられた粘土を使ってつくりだすだけでなく，児童自身がまだつくりたいものが決まらない中で，粘土を触り，その触り心地や粘土がもつ可塑性を味わっているうちに，「ここから○○がつくれそうだ」，「ここから○○をつくってみよう」とつくりたいものを次々に思い付いていく，といったことはよく見られる。

この場合での「粘土を触ってみる」段階を，「粘土遊び」として指導者が場の設定をすることによって，児童が粘土の特性に気付き，そのよさを生かした表現の仕方を獲得していくことにつながっていく場合も多くあるものと思われる。

このような「粘土遊び」を主に低学年の図画工作科で「造形遊び」の一つとして行うことや，中学年以上では粘土を使う活動のはじめに行うことなどで，児童の「粘土遊び」の充実を図ることが考えられる。この場合，粘土の塊を前にした児童に提案する粘土遊びの具体には，例えば，次のようなものが考えられるだろう。

① 大きな塊をどんどん小さくちぎろう。
② ちぎった粘土を丸めて，団子をたくさんつくろう。
③ 今度は団子をへびの赤ちゃんのようにしてみよう。
④ へびの赤ちゃんを全部まとめて大きなへびにしてみよう。
⑤ 大きな塊に戻して，イガグリみたいにとげとげをたくさんつくってみよう。
⑥ 最後に指でたくさん穴をあけてみよう。

これら「ちぎる」，「丸める」，「のばす」，「つまみ出す」などといった活動を一連の流れで進めることもできるが，中学年以降でも上記のいくつかを粘土を使う活動のはじめに，時間を設定するなどして，楽しく遊び感覚で行うこともできるであろう。

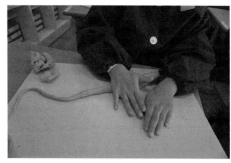

「ねんどあそび　〜へびさん　にょろにょろ」
（1年）

このような粘土を使った活動を設定する際に，指導者が考慮しなければならないことの一つは，どのような粘土を使うかである。可能な限り土粘土を使うことが望ましいが，土粘土の場合，昨今の学校現場の現状を考えると，乾燥・焼成などのために必要なスペースの確保や機材，技術，また費用などといった課題も多い。したがって，土以外の粘土，例えば油粘土や紙粘土，小麦粉粘土など，多様な粘土が多く教材として使われている。それぞれ種類によって長所と短所があり，活動内容により使い分ける必要がある。また，児童のアレルギーなどの健康面についても，場合によってはゴム手袋などを準備するなど，配慮することが必要となる。

（宮川紀宏）

77 小学校の立体
粘土

粘土を使った立体に表す活動の
ポイントは何ですか

　粘土の立体作品の一つに「塑像」がある。粘土だけ，もしくは芯材に粘土を付け足しながら造形を進め，そのまま焼成したり型取りすることで石膏や樹脂，ブロンズなどに置き換えられた作品である（クレー・モデリング）。それに対して，木や石などを削ってつくる立体作品は「彫刻」（カービング）といわれる。粘土を使った学習は，ここでの「塑像」にあたることが多い。

1．ポイント①「芯材をどうするか」

　芯材を使わず粘土だけで造形をする場合，例えばキリンや馬のような細い足で体全体を支えることは難しい。低学年や中学年であればつくることそのものが楽しいが，学年が上がるにつれ，芯材を使いたいという要望がある場合も多くなる。児童の実態に合わせ，児童がどのようなものをつくるか想定しながら，指導者が芯材の使用について判断することになる。

　芯材を使わない場合は，つくりたいものを部分的につくるのではなく，いわゆる「ひねりだし」で粘土の塊から一部を引っ張り出してつくることで，ある程度の強度を保つことができる。そのようにしても，例えば「象の鼻を上に持ち上げたい」，「友達の手を横にのばしたまま保ちたい」といった場合，粘土の重みによって垂れ下がってしまうことも考えられる。このような児童の困りが見られたら，割り箸や竹串，爪楊枝などを粘土に差し込むことで，児童の思いに寄り添った支援をすることができる。

　芯材を使うことを前提とする場合では，当然ながら必要な時間数や費用などが増える。また，芯材に使う材料と児童に与える粘土がうまく付くかどうか，乾燥後にひび割れが生じない

か等，事前に確かめておくことも大切である。

2．ポイント②「準備しておく用具など」

　油粘土は短時間で乾燥してしまうことはないが，土粘土や紙粘土などの場合は，活動途中においても，冷暖房や手の熱などによる乾燥が進むことが多い。そのために，事前に児童の手元にぬれ雑巾などを準備しておき，時折それで手を拭くなど声がけをすることで乾燥を防ぐことができる。さらに，次の活動まで時間があるときには，途中の作品や残っている粘土を入れるための密閉できる袋などを準備し，ぬれ雑巾などと一緒に入れておくことが必要となる。

　ぬれ雑巾はその大きさや厚さにもよるが，製作中は粘土板の下に敷いておくと，机の上が狭くならず活動に支障を与えない。これは机と粘土板に隙間をつくることにより，表現途中に粘土板を回転させ多角度から見やすくする支援にもつながる。活動途中に粘土板を回したり，のぞき込んだりして多方向から自分の作品を見ることを促すよう声がけをすることにより，自分の作品のよさを感じ取る機会も増えるものと考えられる。

3．ポイント③「活動の終わりに」

　児童が作品を完成させた際には，カメラやタブレット型端末などで作品を撮影させておくとよい。児童自身が自分の表現を振り返るときなど，活動の「過程」を蓄積しておくことも必要であろう。

「たのしく　おでかけ」油粘土児童作品例（1年）

（宮川紀宏）

78　小学校の立体　身近な材料

身近な材料を使った立体に表す活動のポイントは何ですか

1．材料集め

　立体表現に使いやすい身近な材料には，空き箱やロール製品の芯，ペットボトルやそのキャップといった人工的なものから，木の枝や実，花などといった自然のものまで多様である。このような作品の材料になりうる身近な材料は，日頃から教員同士や学級全体で場所を決め，保管する環境があることが望ましい。現実的には図工準備室などに中身がわかるようにしたコンテナボックスなどを設置しておくと，整理しながら収集しやすい。また，これらを使う学習を始める前には，便り等で家庭とも連携を図り，「材料集め」をすることもよいだろう。こうして集められた材料は，すべて児童が使えるようにするのではなく，児童の実態に合わせて，題材ごとに取捨選択しながら，児童に提示することも大切である。

2．「見立て遊び」がポイント

　児童の多くは日頃から，例えば，ふと見上げた空に浮かぶ雲を見て「ヒツジに見えるな」，河原の小石を拾い上げて「人の顔みたい」といった，いわゆる「見立て遊び」を経験している。身近な材料を使って，立体表現をするためには，この「見立て」が重要になってくるといえるであろう。

　菓子の空き箱を例に考えると，その形や色，大きさ，蓋の開き方などそれぞれである。児童は，材料がもつ造形的な要素を基に「これは○○に使えそうだな」，「これは○○に見えるね」など，見立てながら，自身のアイデアを思い付いたり，広げたりしていくことが多い。蓋も形状だけでなく，上下に開けるか左右に開けるか

によって「見立て」られるものが変わる児童もいるだろう。このことからも，多様な材料を準備するだけでなく，日頃から「見立て」を遊びの中に取り入れたり，この学習の導入で取り入れたりすることもよいだろう。その際に，思い付きにくい児童には友達や指導者と一緒に行うなど，適時寄り添うことも必要となる。

3．接着

　紙同士であれば，薄手のものなら一般的な「でんぷん糊」で接着することができる。しかし，ある程度の厚さの紙になるとボンドの方が望ましい。この場合は，一般的には木工用接着剤と呼ばれるものを使うことで，活動が中断しにくくなる。ボンドは，接着力が糊に比べ強いので，しばらく圧着した後，完全に乾いていなくても次の作業ができる。そのため，児童の活動が円滑に進み，思考の流れも止まりにくい，大切な支援である。児童が次々につくり進めるためのアイデアをせっかく思い付いているにもかかわらず，時間の大半を接着のために材料をもったり押さえたりしているのに使ってしまった，ということは避けたい。

　材料によって，例えば，紙であっても表面がつるつるした，コーティングしてあるようなものや，紙以外のガラスや陶器，金属の部品などといったものを接着するときには，いわゆる「化学接着剤」が必要となる。また，どんぐり同士やまつぼっくりのカサと小枝などのような，極めて狭い「点」で接着しなければならない場合は，「グルーガン」，「ホットボンド」といわれるものが有効である。「化学接着剤」には有機溶剤が含まれているものが多いため，児童が使うときには換気することが大切である。「グルーガン」の場合は，先端部分が高熱になるため，火傷することのないよう事前に使い方を十分に指導する必要がある。安全に確実に接着できるものを準備することは，身近な材料を使った立体表現には欠かせない重要な支援である。

（宮川紀宏）

79 小学校の絵や立体の評価

児童の絵や立体を評価するには，どのようにしたらよいでしょうか

1．作品ができるまでの過程

作品が完成するまでには時間がかかる。短時間でできるものもあれば，時間をかけて仕上がるものもある。特に時間をかけて仕上がる作品は，着想，そして表現の過程において試行錯誤を伴いながら完成へと近付いていく。中でも構想画や共同製作などは，さらに複雑な製作過程を辿る。

このように見ると，時間をかけた作品では，途中の過程を適切に評価しなければならない。そのためにも指導者は，子供たちが1時間の授業で何を見，何を考え，どのような表現を行ったのかを把握する必要がある。あわせて子供たち自身にも振り返りをさせながら，作品に取り組む姿勢を共有することが重要である。特に小学生は自分の思いをつぶやきながら作品をつくることがある。その思いに寄り添いながら，子供と作品のよき理解者であることが大切である。

2．よい作品とよい学びの違い

いわゆるコンクールで評価される作品と授業で製作される作品の評価の違いを明確にしたい。

コンクールで評価される作品は「描きたいものが表現できているか」が重要になる。題名を頼りに主題を捉え，表現の技能を踏まえて，表現力の豊かさを競うものである。したがって表現の過程は，作品から想起するしかない。

それに対して，授業で製作される作品は，過程を含め評価すべきである。最終的によい作品であることを目標にするが，子供たちが考え，悩むこと自体が学びであり，その学びを適切に評価したい。うまく表現できなかったとしても，その意欲や努力は「主体的に学習に取り組む態度」として評価する。そのように考えると，作品が完成するまでのすべての過程が評価対象となり，どのような力を発揮したかを指導者として的確に捉える必要がある。

3．絶対評価と指導と評価の一体化

平成29（2017）年改訂の学習指導要領から3観点（「知識・技能」，「思考・判断・表現」，「主体的に学習に取り組む態度」）による評価となった。これまでも各題材において評価規準が設けられ，絶対評価を行うように示されてきた。一方で，図画工作科における評価は，指導者の主観が問題視され，評価の難しさが指摘されてきた。評価の前提が客観性と妥当性とされている中で，多様であることを重視した表現活動の評価は規準が設けにくいため，とても難しい。「知識・技能」のように確実に身に付いているかを確認できる力と比べ，「思考・判断・表現」や「主体的に学習に取り組む態度」は一人一人の表れ方が異なり，発揮される力の豊かさや質が問われるからである。

このように考えると，客観性・妥当性の高い評価を行うためには，どのような製作過程で何を評価するかを事前に示す必要がある。それは，1時間のめあてを明確にするとともに，子供たちにどのような活動を期待するかを示すということでもある。その規準に照らして，質と量を測ることが評価である。そして，評価を通じて指導を見直し，改善する。これこそが指導と評価の一体化であり，客観性・妥当性の高い評価を行うということになる。子供たちの思いや願いを聞き，ともにつくり上げていく作品こそが絵や立体に表す学びの意味であり，意欲や表現力を高める指導になる。また，適切なタイミングで確実な知識や技能が身に付くよう指導者としてサポートすることが大切である。

（足立直之）

80 中学校の彫刻 塑造

塑造で主に使用される材料と
学習活動の特徴について
教えてください

塑造とは，可塑性のある粘土などの材料を使用して彫刻を制作する方法である。ここでは，中学校における塑造について概説する。

1．塑造の材料としての粘土

中学校の授業において従来から使用されている粘土の種類としては，土粘土や油粘土，紙粘土や樹脂粘土などが一般的である。

土粘土による作品は乾燥すると崩れやすく，油粘土は乾燥しない一方でいつまでも形が変わりやすいという特徴がある。このため，作品として保存するには，石膏等による型取りを経て他の材料に置き換える工程が必要となる。

紙粘土や樹脂粘土は，土粘土や油粘土とは異なり，自然乾燥で硬化して作品として保存しやすい。紙粘土はパルプや糊が原料のため白色のものが多く，水彩絵の具などでの着色も容易である。乾燥後も柔軟性がある樹脂粘土は，薄く成形しても割れにくい特徴がある。

2．塑造における主なモチーフ，テーマ

中学校において，比較的多く取り組まれている塑造の表現としては，下記のようなモチーフやテーマによるものがあげられる。

塑造のモチーフとテーマの例

モチーフ	テーマ
人体	スポーツの場面，動きのあるポーズ，○○をする私，等
動物	ユーモラスな表情，フォルムの面白さ，愛らしい姿，等
食材	リアルな造形，食べたくなるような質感，等
風景	不思議な場所，気になる場面，空想の世界，等

人体や動物をモチーフとして制作する場合は，ポーズやフォルムにもよるが，針金などの芯材が必要となる。作品の大きさに応じて針金の太さを選ぶとともに，麻紐などを巻き付けておくと，盛り付けた粘土が脱落しにくくなる。芯材を組み立てていく段階で，関節の位置など身体の構造を意識したり，全体のプロポーションを検討したりする必要があるが，粘土を付けた後も動かすことができる柔軟性をもって芯材を組むことが重要である。

粘土をつける前の芯材

野菜や果物などの食材等をモチーフとする場合は，粘土によって対象の質感に迫るための創意工夫，着色を含めたリアリティを生かした主題の追求などが，活動の目標となる傾向がある。また，風景などを扱った題材においては，複数のモチーフによる構成を工夫したり，遠近感を意識して構想を練ったりすることなどが学習の中心となる。

風景彫刻（示範作品）

3．空間の効果，動勢などを捉えた表現

塑造によって人体や動物などを表現する場合，前述のように芯材を使うことでポーズを自在に変えることが可能である。胴体の傾きや手足の方向を変えることによって彫刻に動きや緊張感をもたらしたり，意図的に隙間をつくることによって空間の奥行きを感じさせたりするなどの効果が生まれる。

生徒が彫刻制作の途中で方向や角度を変えて観察することを通して，空間の効果や動勢などを実感しながらポーズなどを改善することができるのは，塑造による表現の特徴であり，粘土の可塑性を最大限に生かした制作方法であるといえる。

（竹内晋平）

81 中学校の彫刻 彫造

彫造で主に使用される材料と
学習活動の特徴について
教えてください

　彫刻を制作する際に，すでに塊となっている材料を彫ったり削ったりして表現する方法を彫造という。中学校における彫造の材料や題材の特徴等について述べる。

1．彫造に使用される材料

　彫造の材料を歴史的に概観すると，木材を使用した木彫，石材を使用した石彫が一般的である。前者は，日本における仏像彫刻等に優れた作例が数多く見られ，後者は，西洋において古代ギリシアやローマ時代，ルネサンス期などに写実的で優れた大理石彫刻が制作された。近年の野外彫刻設置に際しても，石を材料とする多様な作品が制作されている。

　硬質の材料は耐久性が高く，磨くと光沢が出やすい一方で，加工が難しくなる。中学校において比較的よく用いられるのは，手軽に彫ったり削ったりすることができる軟質の材料である。石材の場合は，滑石や高麗石などが生徒にも扱いやすい。これらは彫刻刀，やすり等の身近な用具によって加工することができる。磨くと美しい質感で仕上げることができるため，「自分の手で石を彫ってつくる」という楽しさを味わうことができる。さらに軟質の材料としては蝋の塊や石けんなどがあり，短い時数で表現する場合やはじめて行う彫造等に適している。

彫造の材料（左から　木材，滑石，高麗石，石けん）

2．彫造による具象的な表現・抽象的な表現

　彫造による表現は，特定のモチーフを再現する具象的な表現と，再現ではない抽象的な表現とに大別される。

　具象的な表現を扱う場合は，技巧的な細部の加工についての指導に重点を置くのではなく，主題に応じて単純化や省略などによって大まかに形を捉える，材料となる塊の形を生かすことを考えるなどの工夫に基づいて表現できるよう指導したい。一方で，抽象的な表現を扱う際には，生み出した主題のイメージをどのような立体で表すのかについて，事前に検討する時間を設定しておくとよい。例えば，複数の方向からの見取り図をスケッチして形を検討したり，粘土等を使用してエスキースを製作したりするなどして，構想を具体化しておくと見通しをもって彫ることができる。

　いずれの表現においても，塑造とは異なり，塊から形を彫り出す不可逆的な加工となるため，彫りの効果をよく確かめながら製作するように指導する必要がある。

抽象的な表現（示範作品）

3．量感などを捉えた表現と鑑賞

　彫造の特性としては，彫る前の塊が存在するため，量感を意識しながら表現したり鑑賞したりすることができる点があげられる。生徒が自他の作品や彫刻家による作例を鑑賞する際には，塊が張り出した部分と彫ることによって凹ませた部分とを対比させるなどして，量感によってもたらされる強さや大らかさなどを捉えるようにすることが重要である。　　（竹内晋平）

82 中学校の絵や彫刻の評価

絵や彫刻などの評価について教えてください

1．指導と評価の一体化

　評価は，学習指導要領に示された資質・能力がどの程度身に付いたかを見定めるものである。そのため，まずは指導事項に基づいて指導が行われることが前提となり，その実現状況を見ることが評価になる。また，学習の最終結果を評価するだけでなく，学習途中にも評価を行い，状況に応じて指導を加えて，より多くの生徒が目標を実現するようにしていくことが大切である。絵や彫刻の授業は，発想や構想と技能，〔共通事項〕を組み合わせて指導を行うことになる。したがって，評価もこれらの指導事項を基に作成する評価規準に基づいて行うことになる。

2．評価の具体例

　例えば，第3学年で「空想画」を描く題材の評価について考えてみたい。指導計画は，はじめの2時間で画用紙に下絵を描き，その後6時間かけて水彩絵の具で着彩をすることとする。

（1）思考・判断・表現の評価（発想や構想）

　ここでの指導事項は，「対象や事象を深く見つめ感じ取ったことや考えたこと，夢，想像や感情などの心の世界などを基に主題を生み出し，単純化や省略，強調，材料の組合せなどを考え，創造的な構成を工夫し，心豊かに表現する構想を練ること」である。評価規準は，この指導事項の文末表現を「〜練っている」とすることで作成できる。

　具体的な評価方法としては，まず，下絵が完成する2時間目に発想や構想の評価を行う。ここでは，すべての生徒を一律に評価して回るのではなく，下絵が遅れている生徒を中心に見て

いき，助言を行うようにする。最終的に，2時間目の終わりになっても下絵が描けなかったり，完成度が低かったりした生徒を暫定的に「C」とし，それ以外の生徒は暫定的に「B」としておく。翌週の授業のはじめに「C」の生徒に対して指導を行い，一定の水準の下絵が完成すれば，前時の「C」を改め「B」にする。このような評価を行うことで，「C」の生徒が減少し，多くの生徒が「B」以上の評価となる。

　次に，作品の全体像がわかるようになる5〜6時間目に，再度評価を行う。ここでは，発想や構想について，質的な高まりや深まりが見られる「A」を中心に評価をし，それ以外は暫定的に「B」とする。作品完成後に，提出作品からも評価し，授業中に行った評価と同様の評価であれば，そのままでよいが，高い結果になった場合は，評価を訂正する。なお，絵や彫刻の場合，特に題材設定が重要である。「手をつくろう」などの再現性の高い題材では，主題を生み出し構想を練ることが十分行われず，評価も困難になる。発想や構想が膨らむような題材設定が重要である。

（2）知識・技能の評価

　「技能」の評価も，評価規準の作成や進め方は，「発想や構想」と同様である。着彩が始まってしばらくして「C」の生徒を中心に評価を行い，多くの生徒が「B」になるように指導する。完成が近付く後半は，「A」の生徒を見ていき，完成後に提出作品から確認をする。また，「知識」である〔共通事項〕は，技能を評価する際に，形や色彩の効果などが捉えられているかどうかを合わせて評価をすることも考えられる。

（3）主体的に学習に取り組む態度の評価

　この観点は，指導事項にないが，発想や構想，知識・技能などの資質・能力を獲得しようとしたり，発揮しようとしたりする意欲や態度を評価する。自己の学びをよりよく改善しようとする点と粘り強く学習に取り組む点から評価することが大切である。　　　　　　　（村上尚徳）

83 デザイン・構成とは

構成教育からデザイン教育への遷移を教えてください

1. 構成教育の始まり

「構成」とは、昭和初期に確立された近代的な造形概念の一つである。その起源は、第一次世界大戦後の1919年、ドイツのワイマールに設立されたデザイン学校バウハウスでヨハネス・イッテンが担当した予備課程にさかのぼる。

大正11（1922）年秋、美術評論家の仲田定之助と建築家の石本喜久治が日本人として初めてバウハウスを訪れ、帰国後に雑誌に紹介した。その後、建築家の水谷武彦（1898-1969）が昭和2（1927）年から2年間デッサウ移転後のバウハウスで日本人初の留学生として学んだ。予備課程でヨゼフ・アルバースによる素材や材料の活用、ラースロー・モホリ＝ナギによる動的な構成やフォトグラム及びフォトモンタージュ、ヴァシリー・カンディンスキーによる抽象的・分析的な描写、パウル・クレーの形態と色彩表現、そしてオスカー・シュレンマーによる人間中心の造形論といった基礎教育を受けた後、工房教育の専門課程でマルセル・ブロイヤーから家具デザインの指導を受けた。昭和5（1930）年に帰国後、水谷はドイツ語「Gestaltung」の直訳である「造形」や「デザイン」の意味を受け継ぎつつ、より包括的な造形用語として「構成」と訳した。復職した東京美術学校（東京藝術大学の前身）に「構成原理」の授業を開講し、様々な感覚を活用した基礎訓練によって実用的かつ審美的な造形教育につなげた。

2. 川喜田煉七郎と新建築工芸学院

水谷からバウハウスの教育内容を直接伝授された川喜田煉七郎（1902-1975）は、こうした新しい造形感覚の育成を「構成教育」と捉え、普通教育の基礎と位置付けた。彼は昭和6（1931）年に建築工芸アイシーオール誌を創刊、構成教育に関する特集を組み、全国各地に出向いて講習会を開催した。商業美術家の浜田増治（1892-1938）が銀座に創立した商業美術研究所で「構成基礎教育」を担当し、その後「新建築工芸研究講習所」を設立、昭和8（1933）年に「新建築工芸学院」へと改組した。

その教育内容は当初「バウハウス・システム」とも呼ばれ、単化練習、明暗練習、色彩練習、材料練習、機能練習といった技能習得を目的とし、抽象形態を取り入れた要素の学習が主であった。土浦亀城やバウハウスから帰国した山脇巌・道子夫妻らを講師に迎えて6年間継続する。受講者だった桑沢洋子（1910-1977）は、昭和29（1954）年に桑沢デザイン研究所を設立、のちに東京造形大学を設置し、構成教育をカリキュラムの中心に据えながら、戦後のデザイン教育を先導した。また亀倉雄策（1915-1997）は学院に学んだ後に名取洋之助率いる日本工房で英文雑誌NIPPONのディレクターを務め、写真と欧文活字による構成的な編集デザインの先駆けとなった。さらに現職の学校教員であった武井勝雄（1898-1979）や間所春（1899-1964）らも学院に学び、構成教育をより広い学びと人間形成につなげる普通教育へと転換した。

3. 『構成教育大系』と『構成教育による新図画』

川喜田と武井は、バウハウスでの実践事例をまとめた共著『構成教育大系』（1934）（図1）の中で、「構成教育とは丸や、四角や、三角をならべることではない。いわゆる構成派模様を描くことでもない。絵や彫刻や建築に面倒な理屈をつけることでもない。我々の日常の生活の極くありふれた、極く卑近な事を充分とり出してみて、それを新しい目で見なおして、それを鑑賞したり、作ったりする上でのコツを掴みとるところの教育、それが構成教育である」と述べている。写生中心主義ともいえる自由画教育など海外の芸術思潮が主流となっていた当時、

構成教育はその欠点を批判しつつ，さらに機能主義に立脚した生活造形を教材として取り込む新たな図画・工作教育運動という広い側面をもっていた。完成した作品だけを対象とせず，製作過程で子供が様々な経験を通してものの見方や考え方を学ぶ機会とする。そして「形や色のある物質，材料に触れて，これを色々に処理してゆく方法」を獲得すること，さらに「一つの発見から一つの発見へ，一つの生活経験をさらに新しい生活経験に進ませる」ことを重視し，日常生活への応用を構成教育の目的とした。「シュパヌンク」と呼ばれる造形要素間の緊張感から生じる抽象表現に注目し，児童生徒に潜在的に備わる構成的な能力を引き出し，最終的に生活造形に役立てようとした。

昭和11（1936）年，間所と武井は共著『構成教育による新図画』（図2）を刊行し，構成教育は師範学校や学校教育の現場に広く普及していった。

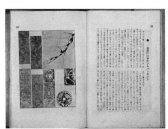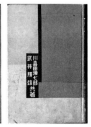

図1　川喜田煉七郎，武井勝雄『構成教育大系』
（1934）

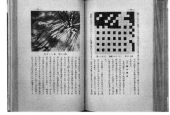

図2　武井勝雄，間所春『構成教育による新図画』
（1936）

4．戦後の基礎的なデザイン教育の展開

戦後の学制改革を経て昭和22（1947）年の学校教育法施行規則の公布により，図画科と工作科が統合して図画工作科となった。昭和24（1949）年の新制大学の発足時には，東京高等

師範学校の伝統を継ぐ東京教育大学の高橋正人（1912-2001）が教育学部芸術学科に構成専攻を設置，川喜田の理念を継承した。構成を形，色，材料，テクスチュア，光，運動などの造形要素（造形言語）と，リズムやコンポジションといった造形秩序（造形文法）からなる「構成原理」と位置付け，構成学として専門教育と基礎教育に分けた。専門教育としては美学や心理学，人間工学や情報伝達，印刷や写真などの技術的な領域に結び付けた。例えば，撮影した人物・風景写真をレイアウトに使うのではなく，現像の過程で生じる偶発的・実験的プロセスを創造的な造形物とみなすことを推奨した。基礎教育においても，子供が自らの活動の中で「発見」を経て内的に潜在する能力を引き出し，造形的創造力を発展させることを目指した。

デザイン評論家の勝見勝（1909-1983）は，バウハウスの理念を基礎に，視覚と触覚という感覚を追求する「構成」に注目し，ハーバート・リードやミューズ教育の造形概念を融合した。昭和28（1953）年には国際デザインコミッティー（のちの日本デザインコミッティー）を設立，翌年に開催された「グロピウスとバウハウス展」を契機に，東京藝術大学正木記念館において各大学・学校での構成教育による作品展示が行われた。さらに研究交流の場として，勝見と高橋はデザイン学の学術的研究を目的とした「日本デザイン学会」の設立（昭和28年）に参加し，さらにバウハウスの造形理論を継承しつつ教育を進める「造形教育センター」（昭和30（1955）年）を創立した。並行して「グッドデザイン」制度（昭和32（1957）年）の設立により産業界におけるデザインの品質維持基準が具体化した。昭和35（1960）年には世界中の著名デザイナーが東京に集結して「世界デザイン会議」が開催され，デザイン活動やデザイナー職の社会的地位が確立・普及していった。こうした社会背景を前提に，昭和33（1958）年の学習指導要領改訂では，中学校美術科の学年目標にはじめて「デザイン」の語が登場した。　　　　（山本政幸）

84 工作・工芸とは

工作・工芸とはどのような領域で，現代においてどのような意義をもつものでしょうか

1．美術と工作・工芸

第1章「14　工作教育の歴史」(p. 24) でも触れたが，学校教育における工作・工芸的内容は，明治期に「手工」として始まった。現在の教育課程においては，小学校図画工作科の「絵や立体，工作に表す活動」，中学校美術科の「デザインや工芸などに表現する活動」として位置付いている。

図画工作科の表現領域は，大きく「造形遊び」，「絵や立体，工作」の2つが示されているが，例えば，高学年における発想や構想に関する指導事項では，後者（特に工作）に関して「形や色，材料の特徴，構成の美しさなどの感じ，用途などを考えながら，どのように主題を表すかについて考えること」となっている。

同様に，中学校美術科第2・3学年の「デザインや工芸などに表現する活動」では，装飾等に加えて「使う目的や条件などを基に，使用する者の立場，社会との関わり，機知やユーモアなどから主題を生み出し，使いやすさや機能と美しさなどとの調和を総合的に考え，表現の構想を練ること」が主な指導事項とされる。

このようにみると，工作・工芸の領域の特性は，その造形の「実用性」にあるといえよう。美しさや自己表現といった，基本的な性格については，「美術」同様でありながら，それが実際の生活で「使用される」という特性が，絵や彫刻とは異なるという構造である。

2．工芸の枠組み

上記を踏まえ，ここでは，主に「工芸」について見ていくこととする。

「工芸」は一般的には，「実用性をもつ器物で，かつ優れた技術による造形物」と理解されている。「工芸＝用＋美」という考え方や，多くの辞書などで用いられている「美しさを兼ね備えた実用品，またはその技術」という説明もこの理解に基づく。また，手づくりであることや，自然素材を用いること等が，工業製品＝デザインとの違いとされる。

しかし，実際の「工芸」は不変的で安定した領域を指す概念ではない。何より，「美術」同様に「工芸」も明治初期の造語であり，内国勧業博覧会の出品区分等からは，当初「美術工芸」または「美術工業」と呼ばれた領域から概念形成が始まったことがわかる。意外かもしれないが，「工芸」という分野がまずあって，その中で特に美術的なものが「美術工芸」と呼ばれたのではなく，「工芸」は当初から美術に深く関係していたのである。

3．民　　藝

美術概念と深い関係にあった「工芸」だが，大正末からの民藝運動などにより，現代につながる一定の概念的輪郭を得た。民藝とは，柳宗悦（1889-1961）らによる造語で，「民衆的工藝」の略である。地方の日常雑器等に美を見出した柳は，高価な装飾品ではなく，「民衆的工藝」こそが「工芸」の本道と述べた。失われつつあった地方の器物に光が当てられ，保存収集されたことは柳の功績である。また，体系だった工芸論をはじめて構築したのも柳であり，民藝論が，その後の「工芸」のイメージ形成や，特に「クラフト」といわれるような器物の価値観に与えた影響は少なくない。過度な装飾の美ではなく，実用性に基づく美こそが「工芸」の本質という考え方である。

4．伝統と工芸

「伝統」は，民藝を含めて「工芸」を語る際によく使われる言葉であるが，近代工芸史的には2つの特徴的な意味付けがある。一つは「伝統工芸」，もう一つは「伝統的工芸品」である。

「伝統工芸」は，「日本伝統工芸展」（昭和29（1954）年〜）の作家・作品・技術を主に指す言

葉として定着してきた。この展覧会は，「文化財保護法の趣旨に沿って，歴史上・芸術上価値の高い工芸技術を保護育成するため」に開催されるもので，その頂点は重要無形文化財保持者（人間国宝）であり，重要無形文化財に指定される対象は「工芸技術」である。「伝統工芸」において最も重要なのは，優れた工芸技術ということなのである。

一方の「伝統的工芸品」は，昭和49（1974）年に制定された「伝統的工芸品産業の振興に関する法律」により指定されるもので，主として日常生活の用に供され，主要製造過程が手工業的であること，伝統的な技術や原材料により製造されること，一定の産地を形成していることなどが指定条件である。こちらは作家性よりも産業的側面が重視される。

両者に共通するのは，第二次世界大戦後の経済復興に伴って，日本の伝統文化に明確な価値付けを示した点である。したがって，両者ともゆるやかなイメージで形成された概念領域ではなく，一定の目的の下につくられた概念であることを知っておきたい。

5．工芸の素材とプロセス

ここまであげた例からは，実用性こそが「工芸」の基本のように見える。しかし，実用性は「工芸」を常に規定しうるものではない。1960年代，前衛陶芸の隆盛時に「オブジェ焼き」という言葉が用いられたが，それは用を排した陶芸作品を指すものであった。これは，実用性が必ずしも「工芸」の条件ではないことを示している。前衛工芸の動きは，海外の動向とも連動して，クレイ・ワーク，スタジオ・グラス，ファイバー・ワーク（ファイバー・アート）などの造形作品的な「工芸」につながり，実用的工芸とは別の流れをつくってきた。実用性に拘泥せず，しかし「工芸」の素材や技法に依った作家の造形思考に対し，当時の東京国立近代美術館工芸館の金子賢治は「工芸的造形の思考」と名付けた。

限られた素材と造形のプロセス＝秩序によっ

て裏付けられた造形の思考は，常に個人のイメージが優先する西洋的現代美術の流れとは明らかに異なるものである。ある意味日本的な自然観をここに見ることも可能であろう。ファイバー・アートや現代陶芸の世界で，1990年代を中心に日本人作家が評価されたこととも無関係ではない。

現代でも，陶芸や染織などの分野での，実用性をもたない「工芸」は，造形美術の一つの在り方として存在感を示している。

6．教育と工作・工芸

先に述べたように，学校教育の中での工作・工芸的な内容は，名称や解釈の揺れはあっても，一定の教育的意義が認められ，現在に至っている。明治期の概念形成過程で「工芸」を定義付けた「実用性」は，学習指導要領の内容＝指導事項につながり，機能性や使う者の気持ち，装飾などの目的・条件を充足した造形の発想や，それを実現する技能が求められてきた。また素材・技法を含む伝統の継承や，生活の意識化なども，「工芸」が担う重要な役割とされてきた。

これらのことから，実用性を基本に，生活を構成する諸要素を意識して豊かな生活を創造すること，また社会的な視点で生活を捉える態度の育成が，教育における工作・工芸的内容がもつ重要な目的の一つであることがわかる。

しかし，本稿で概観したように，「工芸」は決して固定的な領域ではない。現代においては，実用性のみで「工芸」を狭く解釈するのではなく，手仕事の意味，伝統の解釈，装飾と形態の関係，素材とプロセスの必然性，造形の思考など，多視点的に「工芸」を再考していくことが大切であろう。それらはさらに広く造形芸術や美術科教育における工作・工芸の在り方を考える鍵にもなるからである。　　　（佐藤賢司）

85 平面構成の原理

平面構成の原理と
学習のポイントは何ですか

1. 平面構成とは

平面構成とは，平面における表現の原理を発見，習得する方法として，初等教育から専門教育の広汎にわたり行われてきた学習方法である。本来，平面構成という表現形式があるわけではない。美的秩序などを実感できる作画学習のことであり，広くは色や形の自由な描画を指すこともある。

歴史をさかのぼれば，1930年代にもたらされたバウハウス型の教育手法にその源流を見ることができる。間所春や武井勝雄らの活動に啓発され，従来の臨画教育的傾向を補完する新たな手法として，学校教育においても展開されていく（図1, 2）。

図1 「まよいみち」6歳女子（『こどものための構成教育』1955年，間所春）

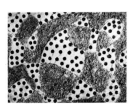

図2 「オガクズと鉗子をつかったもよう」10歳男子（『こどもの眼とデザイン』1963年，間所春）

戦後は，産業デザインの振興とあいまって，デザインの基礎スキル習得といった限定された印象が強まった。

元来は，色彩，形態，テクスチュア，配置，比率，リズム，動勢といった造形上の諸要素についての基本的な原理を，平面表現として体験，発見させることに主眼がある。それには，デザイン感覚育成のための学習，あるいは表現の一形式といった狭義の捉え方ではなく，平面表現全般に通じる美的秩序や視覚原理を，児童生徒の主体的活動の中で発見させるような手順が求められる。

2. 学習指導要領上の取り扱い

小学校図画工作科の学習指導要領では，昭和33（1958）年版の「デザイン」の領域において，第3学年の内容から「目的をもたない自由構成」，第5学年から「デザイン構成の方法」等が示された。昭和43（1968）年版では，教科目標の一つに「色や形の構成を考えて表現し鑑賞することにより，造形的な美の感覚の発達を図る」ことがあげられている。その後は，弾力的運用が尊重される傾向から，具体的に平面構成練習を規定する文言は見られない。

一方，中学校美術科の昭和33年版学習指導要領では，自然物や抽象形を用いた「形の構成練習」が，「色や形などの基礎練習」の中に示された。昭和43年版からは，デザインの内容に組み込まれ，このころから平面構成はデザインの基礎的学習であると受け止められる傾向が色濃くなった。昭和52（1977）年版では，「色，形などによる構成と伝達のためのデザインができるようにする」と示され，平成元（1989）年版では，「デザインの表現」に，様々な形や色を基に，配色などに工夫して構成させる指導，美的秩序を意図して構成させる指導が明示された。平成10（1998）年版では，デザインや工芸の表現活動の中に，造形要素の性質や効果を理解して美しく構成したり，簡潔にしたり総合化したりする，という表記を見ることができる。

平成20（2008）年版の学習指導要領からは，図工・美術ともに，表現及び鑑賞の各活動において共通に必要となる資質や能力が，〔共通事項〕という形で新たに示された。そこには様式や形式を超えた，イメージの発現や享受のための共通的造形要素と視覚的言語獲得の重要性が示唆されている。形や色などの性質を理解し，イメージを豊かにはぐくむことが，視覚表現全般にわたって大切であることが強調された。

この点で，平面構成の元来の目的と合致するが，平面構成という作業は無機的で単純なイメージが先行し，抽象的な表現練習という印象

がもたれてきた。そもそも平面における表現の原理をわかりやすく体験させようとするものなので，既成のイメージにとらわれすぎずに，柔軟なアイデアの下，目的に応じて材料や方法を工夫したい。

３．平面構成の原理

　平面構成の学習のポイントは，視覚環境に厳然と不変的に存在する諸原理を，わかりやすく体験・発見させることである。それらは，平面表現の舞台が，画用紙などの支持体から情報機器の画面へと拡張する現代にあっても，普遍的なものである。それらの指導上の要点は次のように整理することができる。

（１）形の見え方，表し方

　「形のまとまり」，「図と地」といった形態知覚の心理的法則や，「抽象形と具象形」の学習，「オーガニック形態」，「オートマティック形態」など，形の美しさ，面白さについての学習など。

（２）色の見え方，表し方

　「色相・明度・彩度」，「原色」，「暖色・寒色」，「混色」，「補色」，「対比」，「同化」，「トーン」などの色彩に関する法則や心理の学習，文化や歴史と色彩の関係についての学習など。

（３）テクスチュア（材質感）の見え方，表し方

　コラージュなどにより様々な素材を用いたタクタイル・テクスチュア（触覚的材質感）の学習。「フロタージュ」，「スタンピング」，「スパッタリング」，「エンボッシング」，「デカルコマニー」などの，特殊な彩色技法を使ったビジュアル・テクスチュア（視覚的材質感）の学習など。

（４）構成の美的要素

　画面を構成する際の特徴的な要素として，「ハーモニー（調和）」，「プロポーション（比率）」，「ムーブメント（動勢）」，「リズム（律動）」，「シンメトリー（対称）」，「シミラリティ（類似）」，「バランス（均衡）」などがある。

４．学習の方法

　画用紙やケント紙に，水彩絵の具やポスターカラーを使って着彩するという方法や，コラージュを併用した展開が一般的である。パソコンやタブレット型端末を使っての学習では，タクタイル・テクスチュアの展開はできないが，幾何学的な作画による構成練習にはとりわけ有効である。

　基本的な図形や，数理的法則を利用した幾何学的練習方法のほか，自然物を組み入れた練習方法などがある。幾何学的な構成では，未知なる意外性の発見が期待でき，野菜や果物などの身近な自然物を用いた構成では，形や色についての造形美の発見が期待できる（図３〜７）。

　いずれにせよ，単なる練習ではなく，気付かなかった美的秩序などを発見するねらいとともに，表現活動としての喜びも重要である。学習のテーマを明確にし，児童生徒が理解しやすく豊かに題を生み出せるような展開が求められる。特に自然物を用いた構成では，素材のもつ色・形・テクスチュアの観察を通して，それまで気付かなかった特徴を発見させるための時間を，導入段階で十分に確保したい。また，まとめの段階では，それぞれの作品における主題を基に，美的印象や表現効果について理解し合う時間が大切である。

（後藤雅宣）

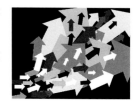

図３　Microsoft Word を使っての矢印による動勢の学習例

図４　帯状にスライスしたずらしによる構成例

図５　白と黒のシンメトリーの学習例

図６　自由曲線を使った粗と密の画面構成例

図７　身近な自然物を用いた構成例

86 錯視図形

錯視図形とは何か，また錯視と美術の関係を教えてください

1．錯視図形とは

ものの実像と人間の知覚とは，一般的に一致することがないが，その差異が大きな場合を錯覚と呼ぶ。錯視とは「視覚における錯覚」のことで，個人的要因とは無関係に，いつでも誰にでも同じように起きる目の錯覚である。視覚に依存する美術の世界では，様々な形で，こうした錯視の特性が表現に活用されてきた。

平面図形による錯視は，奇異な現象として心理学において古くから研究され，19世紀末から20世紀初頭までに200以上が発表された。これが錯視図形と呼ばれるものである。

「見え方の不思議」というような広い捉え方で，主な錯視図形を示す。

（1）幾何学的錯視図形

簡単な図形において，長さ・面積・方向・角度などの客観的事実と視覚的印象の間に，大きなズレが感じられる現象である。いわゆる錯視図形である（図1）。

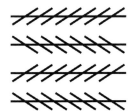

図1　幾何学的錯視「ツェルナー錯視」の例

（2）曖昧図形（多義的図形）

同一の図形で，2つ以上の見え方ができる図形を指す。図と地の反転，奥行き感の反転なども含む。「隠し絵」や「だまし絵」に巧妙に利用されている（図2）。

図2　多義的図形「ルビンの壺」の例

（3）矛盾図形（不可能図形・逆理図形）

平面上に立体的に描かれているが，現実の三次元空間には存在しえない構造をもつ（図3）。

図3　矛盾図形「ペンローズの三角形」の例

（4）主観的輪郭線による図形

平面上に描かれた形に影響されて，形のない所に形として現れる図形。ゲシュタルト心理学の群化の原理に密接な関わりがある（図4）。

図4　主観的輪郭線の例

（5）オプティカル図形

1960年代に注目されたオプティカル・アートに見られるような，錯視による特殊な光学的効果を施した図形。

図5　オプティカル図形の例

形ばかりでなく，色彩にも起因している場合が多い（図5）。

錯視図形に関わるキーワードとして，イリュージョン・アート，トロンプ・ルイユ，アナモルフォーシス，鞘絵などがある。

2．学習の方法

平面表現では，錯視の存在と視覚の性質を理解させることも重要である。心理学での錯視図形や，錯視を主体的に表現に取り込んだ作品（ダリ，エッシャー，福田繁雄，バザルリ，ライリー，北岡明佳など）を鑑賞したり，それを基に視覚について考えさせたりといった学習や，錯視をテーマとした作画による学習などが考えられる。また，メディアのビジュアルリテラシー（視覚言語）を実感するためにも，パソコンやタブレット型端末上での作業も有効である。

錯視による不可思議な印象は，児童生徒の興味・関心を喚起できる。

（後藤雅宣）

87 立体構成

立体構成とは何ですか

1．立体構成の成り立ち

　立体構成の教育上の目的は，造形感覚の育成と創造性の開発である。平面構成と大きく異なる点は，材料の特質を理解すること，組み立てる構造に配慮すること，そして可変する場合の機構を考案することであろう。身の回りにある様々な材料の地肌に直接手で触れ，見る角度や質感によって生み出される陰影やテクスチュアを眼で楽しみつつ，材料を曲げたり切ったりするときの強度を感じ取る経験は，多様な感覚を生かしながら制作する構成教育の重要なプロセスの一つといえる。材料の形や質感に関わる審美的な側面と，立体を成り立たせる構造や機構に関わる物理的な側面が両立した，造形における総合的な学習となる。

2．材　　料

　高山正喜久は，立体構成の材料を塊材，線材，板材の3種類に分けている。これらは平面構成における点，線，面のように連続的・循環的関係にあり，厳密には区分されない（図1）。「塊材を一定の方向に連続していけば線材となり，線材が並行に並べば板材となり，板材が厚手方向に重なれば塊材に戻る」という解釈である。それぞれの形状から受ける心理的特性として，塊材は重量感・充実感，線材は空間感や軽量・緊張感，板材は表面に広がりや充実感，側面に空間感や軽快感及び緊張感があるという。

（1）塊　材（塊状材料）

　線材や板材に比べて視覚的にも中身の詰まった密度を感じさせる塊材は，重量感や塊感を放つ（図2）。その中でも柔軟性をもつ素材として土粘土や紙粘土，セメント，石膏などがあ

り，自由な形をつくりながら量塊を構成するこ

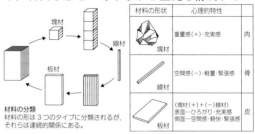

図1　高山正喜久による「材料の分類」（『立体構成の基礎』美術出版社，1982年より）

図2　塊材（石材）を用いた『こころのかたち』

とができる。一方，剛直性をもつ素材としては，木材や石材，金属，プラスチックなどがあり，材料を切断したり研磨したりして形状を整え，積み重ねたり並べたりして構造物となる。

（2）線　材（線状材料）

　細くて長い伸長感を放つ線材は，構成によっては方向性や連続性による動きを表すことができる。柔軟性をもつ材料としては，針金や糸や紐などがあり，自由に曲げたり結んだりするなど容易に加工できる。剛直性をもつ素材としては，金属パイプや木の棒切れなどがあり，素材間の間隔によって規則性をもたせたり，軽快さを強調したりできる。直線状のものでも湾曲したものでも，視覚的には緊張感と方向性，空間における広がりや隙間及び間隔のリズムが生じ，立体的な造形美につながる（図3）。

（3）板　材（平面材料）

　薄さを特徴とする板材は，真っ平らな平面板を縦横に組み合わせたり，滑らかに湾曲させたりして三次元の空間に設置する（図4）。見る角度によっては全く形状が異なって見えるのが特徴である。曲げたり折ったりする加工が容易な柔軟性をもつ素材としては，アルミや銅と

図3　K・スネルソン『ニードル・タワー』

図4　M・ビル『エンドレス・ツイスト』(Ad Meskens)

いった薄い金属板，セルロイドなどの薄い樹脂版，厚紙や布片などがあげられる。他方，剛直性をもつ素材としては，厚い金属板，木板，アクリルなどの厚い樹脂版があり，切断と結合を経て立体的に構成する。

3．構　　造

塊材による立体構成の構造においては，ブロックや積み木のように一つ一つの個体を積み上げていく方式（組積式(そせき)）が一般的である。重心や摩擦，力の伝達の方向など，重力との関係を考え，視覚的な動きやリズム感を考慮しつつ積み上げていく（図5）。また，穴をあけたり，彫ったり，削ったりすると，重厚感のある塊材に軽量感を与えることができる（図6）。

線材による立体構成については，質量の軽い直線状または曲線状の素材を連続的に配置したり，テンションで引っ張ったり，あるいは吊るしたりして，空中で軽快感を演出できる。骨材のように最小限の骨格を連続して立体に組み立てる「トラス構造」により，巨大なドームなど大規模な空間構成が可能となる（図7）。

板材による立体構成においては，薄くて広がりのある材料を組み合わせたり，折り曲げたり，湾曲させたりして構造物をつくることができる。折り目や膨らみをつけることにより薄い板面の強度を増すことができる「シェル構造」は，パッケージから建築まで幅広く使われている（図8）。また，板材の「切り出し」により平面を三次元的に起こすことができる（図9）。

4．機　　構

形状が変化することを前提とした可変構造においては，組み合わせ方や軸の位置及び稼働の軌跡などを設計することにより，素材が互いに関連して働くメカニズムをもった立体構成となる。バランスを保ちながら天井から吊って微風で動く「モビール」（図10）や，切り込みを入れて無数の組み合わせが可能な「ビルダー・カード」（図11），モーターなどの動力でパーツを動かして光の反射と陰影の動きを演出する彫刻やモニュメント（図12）は，材料と構造及び動きを考慮した機構を総合的にデザインした立体構成といえる。

（山本政幸）

図5　C・ブランクーシ『エンドレス・コラム』(Ana-Maria Buica)

図6　H・ムーア『ダブル・オヴァール』

図7　B・フラーによる『バイオ・スフィア』のためのトラス構造(Ajmir Kandola)

図8　J・ウォッツォンによる『オペラ・ハウス』のシェル構造

図9　A・ロトチェンコ『空間構成 No.12』

図10　A・カルダーによるモビール彫刻

図11　C・イームズ『ハウス・オブ・カード』(SebastianHelm)

図12　L・モホリ＝ナギ『ライト・スペース・モジュレーター』

88 色の原理

色彩の基本的な知識と主な表色系
について教えてください

１．色を感じる仕組み

　私たちが色を感じるには，光が必要になる。光は電磁波の一部であり，およそ380nm から780nm の波長が可視光線である。この波長の光の刺激が視神経系を通して脳に伝わることで，人は色を感じる。色を見ているときには，発光体からの光の色（光源色）を見ている場合と，光を反射・透過した物の色（物体色）を見ている場合がある。

　太陽の光は，様々な波長を含んでおり，色味のない白色光である。プリズムを通すと虹色のスペクトルが現れ，可視光線の波長を含んでいることがわかる。電球や炎などの光源色は，可視光線の中の特定の波長が強いため，太陽光とは違った色に見える。

　昼間の太陽の光で，赤い紙が赤く見えるのは，物体の表面が赤の波長の光を反射し，それ以外の光を吸収するからである。白い紙は，ほとんどの波長の光を反射するので白く見える。反対に，黒い紙はほとんどの波長の光を吸収するので黒く見える。

２．色彩の体系と三属性

　複雑な色の世界を定量的に体系化したものが表色系である。よく知られているものに，マンセル表色系や PCCS 表色系などがある。これらの表色系では体系化のために，色相，明度，彩度という色の３つの属性が用いられている。

　色相は，黄，緑，青，紫，赤といった色味のことである。黄色と黄緑は色味が近いが，黄色と青はかなり違う。色相はこのような色味や色合いのことである。明度は色の明るさ，彩度は色の鮮やかさのことである。同じ色相でも，明度や彩度の違いによって，異なった色になる。

　色相の近い色を環状に並べたものが色相環である。色相環上で180度の位置関係にある色は，一方が他方の補色となる。色相環の中心に垂直に軸を立て，垂直方向を明度とし，中心軸から色相に向かう水平方向を彩度として，三属性を立体的に組み立てたものが色立体である。

　中心軸は，色相をもたない黒と白とその中間色が明度の成分として示される。下が低い明度で，上が高い明度である。

　中心軸から水平方向に離れている色相は彩度が高く，中心軸に近付くほど白と黒の成分が多くなるので鮮やかさが失われ，彩度は低くなる。それぞれの色相の最も彩度の高い色を純色と呼ぶ。純色に白の成分を加えた色を明清色，黒の成分を加えた色を暗清色，灰色を加えた色を濁色と呼ぶ（図１）。

　中心軸の白・黒・灰色は色相をもたないため，無彩色と呼ばれる。色相をもつ色は有彩色と呼ばれる。

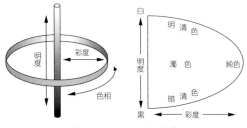

図１　マンセル色立体

３．加法混色と減法混色

　色光の三原色である赤，緑，青を混色すると，白になる。このように，混色によって明度が上がる色光による混色を加法混色という。

　反対に，絵の具などの色料は混色によって明度が下がる。これを減法混色という。色料の三原色である緑みの青，赤紫，黄を混色すると，明度の低い無彩色に近付いていく。補色の混色は，三原色の混色に近い結果になる。

４．マンセル表色系

　マンセル表色系は，アメリカの画家マンセルが考案し，アメリカ光学会が修正を加えた表色

系（修正マンセル表色系）であり，広く用いられている。

色相（Hue）は，主要な5色相（R，Y，G，B，P）に，これらの中間の5色相（YR，GY，BG，PB，RP）を加えた10色相である。各色相は1から10までの段階に分けられ，5がその色相の基準になる。例えば，5Rは赤の，5Yは黄の基準である（図2）。

明度（Value）は，黒から白までを0から10段階に分けている。

彩度（Chroma）は，無彩色の彩度を0とし，各色相の純色に向かって数値が高くなる。

マンセル表色系で有彩色を表すときは，色相，明度，彩度の順に記号・数値で表記する。「5R-4-14」は，色相は赤，明度は4，彩度は14ということになる。無彩色は，N記号の後に明度の値をおいて，「N-5.5」のように表記する。

5．PCCS

PCCSはPractical Color Co-ordinate Systemの略で，日本色彩研究所による表色系である。明度と彩度を「トーン」という概念で表し，色相とトーンによる表色系として使える点に大きな特徴がある。

色相は，心理四原色と呼ばれる赤，黄，緑，青を基本とし，これらの心理補色を色相環上の対向位置に置くと，8色相が決まる。各色相が等歩度に移行するように4色相を加えて12色相とし，さらにその中間色相を置いて24色相としている。24色相は，1から24の通し番号と色相名の略号で表記される（図2）。

明度は，マンセルの明度に合わせて，白を9.5，黒を1.5として，その間を0.5のステップで17段階に分けている。

彩度は，無彩色の0s以降，1s，2s……と続き，各色相の代表色が9sとなるように分割されている。

PCCSで有彩色を表すときは，色相，明度，彩度を「2：R-4.5-9s」のように表記する（2：Rは赤）。無彩色は，n記号の後に明度の

値をおいて，「n-5.5」のように表記する。

PCCSの特徴であるトーンは，明度と彩度を合わせた概念である。明度と彩度の組み合わせによって生じる調子の違いを12種類のトーンに分け，各色相から同じトーンの色をまとめて示している。12種のトーンの名称と記号は図3の通りである。色相だけではなく，明度と彩度がもたらす色の調子をイメージできるため，配色調和に役立てることができる。

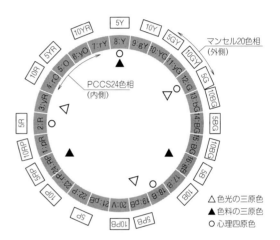

図2　PCCS色相環とマンセル色相

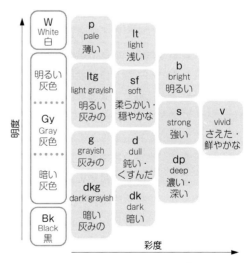

図3　PCCSのトーン区分

（佐々木宰）

89 対比と同化

色彩の対比と同化とは
どのようなものですか

　色彩は2色以上の色を配したとき，互いの色の影響によって，対比や同化の錯視を生じる。互いに反発する場合に対比効果を生じ，引き合う場合に同化効果を生じる。

　色彩の対比には時間的なずれによって残像を生じる継時対比と，並置して起こる同時対比がある。同時対比には，三属性の対比の色相，明度，彩度の各対比とそれらの複合対比があり，ほかに補色対比，縁辺対比，面積対比，動的対比などがある。

　色相対比は，図色と地色とが色相環上で相反する方向に近付いて見える現象である。例えば，緑と青の地色に，青緑を図として配すると，緑の方に置いた青緑はより青味がかり，逆に青の方に置いた青緑は緑味をおびるのである。

　明度対比は，明度の異なる色が並置されると，明るい色はより明るく，暗い色はより暗く感じられる現象である。地色に黒と白を配し，図色に灰色を置いた場合，白い地色に置いた灰色はより黒く，逆に黒い方はより白く見える。図色が地色に反発するのである（図1）。

　同一色相で彩度の高い地色と低い地色に中間の図色を置くと，高い地色の方ではより鈍く，低い地色の方ではより派手に見える効果を彩度対比という。

　このような三属性の対比には，2〜3の属性の合わさった複合対比がある。

　彩度が強調して見える対比には，彩度対比のほかに補色対比と呼ばれるものがあり，赤と青緑，黄と青紫のように補色同士を配すると類似色同士の配色よりも，眩惑効果により彩度が高く見える。補色対比の色の選択には，明度が類

似していて，高彩度で面積比は大きいほど効果が出やすい。

　図2のように3つ以上の色面を並置させると，色面の接する部分に対比を生じ稜線が見えてくる。これを縁辺対比といい，色相，明度，彩度を秩序ある段階で並べると起こる対比現象である。

　対比現象のほかに，色彩錯視として同化現象がある。これは対比とは逆で，2色以上の色が互いに引き合って，近付いて見える現象である。1つの地色に2色以上の図色を，点，線などの図形で囲むと，地色は図色に近付いて見える。同化には対比と同じように，三属性とその複合の同化があるが，図の形は単純なものよりも複雑な方が効果的である（図3）。

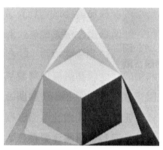

立法体の周囲の明るさが異なって見える。

図1　明度対比

稜線に沿って白，黒の線が見える。

図2　縁辺対比

地色の灰色が図色の明るい中心の部分は，周りに比べてより明るく見える。

図3　明度同化

（福田隆眞）

90 色彩の心理

色の感情効果について
教えてください

色は，時と場合により人の心に強く印象が残ることがある。例えば，あのとき，あの場所で見た夕日の色が忘れられない，あの展覧会で見た作品の青がとてもきれいだった，など誰にもそのような経験があるのではないだろうか。このように色彩は，造形要素の中でも情動的で感覚を刺激するものといわれる。その一方で，誰もが同じような感じ方をする傾向もある。色の感情効果は共通の部分をもちながら個人差があるということも理解しておく必要がある。

1．共通する色の感情
（1）暖色・寒色と中間色の特徴
赤から黄の色相は暖かく感じ，青から紫の色相は寒いと感じ，それぞれ暖色，寒色といわれる。固有色とも連動しており，暖色については火や太陽，寒色については氷や水を連想する。また，暖色の中でも彩度の高いものは興奮色，寒色の中でも彩度の高くないものは鎮静色ともいわれる。なお，暖色と寒色の間にある中性的な緑や赤紫は中間色と呼ばれる。

（2）明るい色と暗い色の特徴
明るい色とは白っぽく，パステル系の明度が高い色を，暗い色とは黒っぽく，ダーク系の明度が低い色を指す。この明るい色と暗い色から，「軽重」や「硬軟」といった感じを受けることがある。軽い感じといえばフワフワしたものをイメージし，重い感じからは重厚感のある硬いものをイメージする。

（3）その他の色の特徴
「膨張と収縮」や「進出と後退」は，暖色系と寒色系とも関係が深いとされる。また，「派手と地味」といった色相や彩度の違いから，印象の違いを感じることもある。これらの効果は，隣り合う色との比較により印象は左右される。

2．異なる色のイメージ
好きな色は人によって異なる。色彩のイメージが人それぞれであることと同じである。青を「さわやかで知的」と言う人もいれば，「冷たく悲しい」と言う人もいる。紫を「優雅」と言う人もいれば，「不安」と言う人もいる。地域や時代による共通の認識はあるものの，個人の経験や印象によって色彩のイメージは異なる。

3．日常に用いられる色の感情効果
（1）生活に応じた空間
部屋の壁紙やカーテン，床や家具などの色が生活に与える影響が大きいといわれる。例えば，集中力を必要とする空間とゆったりとくつろぐ空間で色を変えると効果的である。会社や施設等，色彩を工夫することによって用途に応じた生活空間をつくるケースが増えている。

 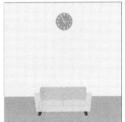

落ち着いた感じの部屋　　明るい感じの部屋

（2）統一感のある街並み
自然の中にある景観，近代的な街づくりなど町の印象は様々である。町の印象に合わせてコンビニやスーパーの看板の色を変えているところもある。

（3）ファッションと印象
ファッションは自己主張の一つともいわれる。派手な色がふさわしい場もあれば，ふさわしくない場もある。ネクタイの色で印象が変わることもビジネス業界では知られている。

（4）色彩と他の感覚
視覚は五感の一つで，相互作用についても指摘されている。例えば，食事。目で愉しむことも食事の味わい方とされる。　　　　（足立直之）

91 配色について

配色にはどのようなものがあるか具体的に教えてください

複数の色を意図に応じて組み合わせることを配色という。意図とは，組み合わせによって得られる感じ方に関してその効果を意識することである。配色はシュブルールやジャッド，イッテンらによって理論化されてきた。一方で，全体の色調のバランス，色面の比率や形等，条件によって配色の印象が異なるため，多様な配色の関係が示されてきた。ここでは日本色彩研究所（PCCS）の考え方を基に説明する。

1．類似と対照

（1）色相配色

隣り合う色相の組み合わせは，統一感を生む。類似色や同系色の配色ともいわれる。逆に，対照的な関係にある色相の組み合わせは，変化が大きく強い刺激を与える配色となる。これを補色の関係にあるという。

（2）トーン配色

色彩のトーンの組み合わせは，彩度を抑えることで，統一感を得やすくなる。「ペール」や「ライト」，「ブライト」などは明清色調，「ダークグレイッシュ」や「ダーク」，「ディープ」などは暗清色調という。それに対し，彩度が高い

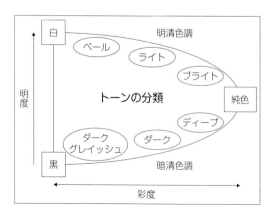

色（ビビッド）同士の組み合わせはインパクトが強く，変化のある配色となる。

2．配色の秩序

（1）ドミナント

ドミナントとは「支配する」という意味である。作品は部分的に素晴らしくても，全体としてまとまりのある色調というものが重要である。その全体として統一感を示す基準がドミナントであり，色の三属性から分類できる。

① 色相ドミナント：組み合わせとして不釣り合いの色相に，同じ色相の色Aを混ぜることにより，A色が支配した状態をつくる。

② 明度ドミナント：全体を明るい感じにそろえたり，暗い感じにそろえたりした状態のこと。前述のペールトーンやダークグレイッシュトーンがこれにあたる。

③ 彩度ドミナント：彩度を統一することによって，全体をまとめること。同じトーンの無彩色を混ぜることによって表現できる。

（2）グラデーション

階調ともいわれ，段階を追って変化させるもので，三属性を利用するなど様々な変化のさせ方がある。変化の度合いが少ないほど自然な感じで移りゆく色を表現できる。

（3）セパレーション

分離ともいわれ，接し合う色の間に他の色を挟むことで，2色の関係を弱めたり，強めたりさせるものである。無彩色を用いると，変化の調子が加減しやすくなる。

（4）リピテーション

反復ともいわれ，同じパターンの配色を繰り返すものである。規則的な配色は，統一感やリズムを感じさせる効果がある。

配色にはこうした法則があり，標識やロゴマーク，チラシ，洋服のコーディネートなど，私たちの生活に生かされている。配色の心地よさは自然や風景とも関係が深く，民族衣装や伝統色などに反映されることもある。技術の進歩によりデジタルな色光表現，新たな材質等配色の世界も広がってきている。 （足立直之）

92 小・中学校の工作 デザイン・工芸の教材

適応表現の指導のポイントは 何ですか

1．目的や条件を踏まえた表現活動

目的や条件，用途や機能をもつ適応表現は，小学校図画工作科では「工作に表す活動」，中学校美術科では「デザインや工芸などに表現する活動」として設定されている。これらの活動は，自分の内的なイメージを表す絵画や彫刻などの心象表現とは異なるため，学習内容や指導目標の立て方も違ったものになる。

小学校では両者はある程度一体的に扱われることもあるが，中学校では明確に区別されている。

2．小学校における工作

小学校における工作の題材を目的別に大きく分けると，①伝えるものをつくる，②飾るものをつくる，③使うものをつくる，となる。

伝えるものをつくる工作では，メッセージカードやポスターなど，内容を効果的に伝える形や色の学習内容を含んでいる。飾るものをつくる工作は，色紙を切って様々な形にしたり，吊るしたりする題材のように，素材の加工を通していろいろな形や色をつくり，空間上に飾る学習を含んでいる。使うものをつくる工作は，ペン立てやカップ，本立てなど，実用機能を果たす作品づくりのために計画性や見通し，材料や道具に関する学習内容を含んでいる。

これらのほかに，「機構工作」と呼ばれる題材が伝統的に扱われている。クランク構造を取り入れた動くおもちゃなどの題材が代表である。これは使うものをつくる工作であるが，「仕組みのあるものを作る」工作ともいえる。

このように，それぞれの工作題材で求められている目的や条件，用途や機能を明確にしてお

くことで，指導の内容やポイントを把握することができる。

3．中学校におけるデザインや工芸

中学校では，デザインや工芸が適応表現であることが強く意識され，伝える，使うなどの目的や機能に応じた表現が求められるようになる。学習指導要領では，①構成や装飾の目的や条件，②伝える目的や条件，③使う目的や条件などを基にした表現として示されており，これらは小学校の工作題材の分類と同じであることがわかる。

小学校との大きな違いは，こうした3つの内容が指導事項に示されており，生徒は目的や条件を基に主題を生み出し，表現の構想を練っていくことが求められている点である。また，中学校では，鑑賞領域においても「目的や機能との調和のとれた美しさ」などとして，デザインや工芸の特徴を踏まえた鑑賞が意識されている。

教科書を見ると，模様の学習，文字のデザイン，ピクトグラム，ポスター，パッケージデザイン，映像メディア表現，木材工芸，紙工芸，陶芸などの題材が設定されている。このほかに，町並みや自然との調和に関わる環境デザイン，地域の祭りや伝統的な文化の造形，ユニバーサルデザインなど社会的な課題を解決するデザインなども題材として取り上げられている。

中学校では授業時間数が限られているので，表現と鑑賞の両方で扱えるデザインや工芸の題材も多い。

4．生活や社会との関わり

工作，デザインや工芸は，生活や社会と深く関わる造形活動である。伝える，飾る，使うといった目的は，造形的な見方や考え方を通して問題解決を図りながら，生活や社会を豊かにしていくものである。題材には目的を達成するまでの計画性，素材や道具などの技術的な学習が含まれているが，作品の完成や技術の習得だけでなく，生活や社会との関わりの視点を大切にしたい。

（佐々木宰）

93 小学校の工作
伝えるもの・飾るもの・使うもの

「伝えるもの・飾るもの・使うもの」の指導のポイントは何ですか

　「伝えるもの」については，例えば「未来の自分へ」といったもののように自分へのメッセージ性をもったものも考えられるが，その多くは自分以外の誰かに伝えることを前提としている。それに対し「飾るもの」，「使うもの」は，「自分の部屋に飾りたい」，「自分で使ってみたい」といった，多くは自分自身に向けられたものになると考えられる。

1．「伝えるもの」とは

　小学校図画工作科での「伝えるもの」の題材においては，誰に伝えるのかが児童の意欲に大きく関わるといえるだろう。その題材がもつ特性を生かしながら活動計画を立てることが必要である。

　例えば，紙面の一部が立体的にとび出す仕組みをつくる「とび出すメッセージカードをおくろう」という題材を計画する場合を想定する。この題材では，不特定多数というよりは，「いつもお世話になっている○○さん」，「今度の発表会に来てほしい○○さん」といった定まった相手を想定する児童が多くなるだろう。学習のはじめの段階で，誰にどのような内容を伝えるか，児童が考える時間を十分に設定することが必要となる。これによって，児童の活動への意欲の高まりや，想定した相手の好みを考えて，形や色などの工夫を促すことにつながることが予想される。

　なお，誰かに向けたメッセージ性の強い題材では，児童の家庭環境などに十分配慮し，安易に「お母さんへ」，「お父さんへ」といった提案は避けるべきであることはいうまでもない。

2．「飾るもの」とは

　「飾るもの」では，色紙をはさみで切ってそれをつなげるなどして飾りをつくる「いろがみへんしん」や，針金の枠に和紙などを貼ってつくる「ランプシェードをつくろう」といった題材が考えられる。このような題材では，「誰につくるか」だけでなく，「どこに飾るか」ということを，学習のはじめに意見交流しながら児童が考える場を設定する必要がある。

3．「使うもの」とは

　「使うもの」については，粘土で器などをつくり焼成する活動がある。これは，乾燥させるための場所の確保や焼成のための機材，または費用など学校現場において実施が難しいことも多いが，可能であればぜひ児童に経験させたい学習の一つである。

　ほかには，空き箱を準備し，包装紙や色紙，カラフルなテープや木の実などで装飾してつくる「すてきなはこをつくろう」が考えられる。この場合も「飾るもの」としての要素も含まれるといえる。ベニア板などを切って箱をつくったり，看板や飾りをつくったりするような題材であれば，これも「使う」と同時に，「飾る」，「伝える」といった要素も含まれてくる。

「すてきなはこをつくろう」1年

　こうした題材の場合，指導者が導入時に「○○飾りをつくろう」，「○○メッセージボードをつくろう」というように，一つに絞って提案をすると，多様な作品が生まれにくくなってしまう。一方で，あえて一つに絞る，ということも考えられるが，その点については学年や児童の実態に合わせて，指導者が見定めていくことになる。

（宮川紀宏）

94 小学校の工作
紙

紙を使った工作の指導の
ポイントは何ですか

1. 材料になる紙

　紙で何かをつくることは，幼稚園や保育園，また普段の遊びの中ですでに経験している児童も多いことだろう。例えば，新聞紙を丸めて装飾した「剣」でごっこ遊びをしたり，色紙を切って七夕飾りをつくったり，時には空き段ボールを使って中に入ることができる「おうち」やおもちゃ箱をつくったりしたことがある児童も多いと思われる。

　児童が工作に使う紙には，新聞紙や色紙，段ボールだけでなく，画用紙や色画用紙，ケント紙，色薄紙（お花紙）といった学校現場で手に入りやすい身近なものや，ほかにも教材店などで購入しやすい和紙，版画用紙，白ボール紙，黄ボール紙，片面波段ボール，方眼が入った工作用紙といったものもある。さらには，片面ずつ違う色がついた色厚紙，片面がアルミ加工されたミラーシート，それらがテープ状になっているものなど様々な特徴ある材料が販売されている。また，百円ショップやホームセンターなどで購入できる紙コップや紙皿，トレーシングペーパー（透過性がある）なども含めると，さらに多くの材料が考えられる。

2. 指導のポイント① 「導入での見本」

　まずはじめに，指導者が児童に与えようとする紙の特徴を理解した上で，どのような題材にすべきかを決定する。あるいは先に題材をある程度決めた後で，主材料を決めるのもよい。いずれにせよ，児童が「こんな紙でこんな作品をつくってみたい」と感じることができるかどうかが重要となる。児童が「つくってみたい」と強く感じるような導入の工夫がポイントとな

る。その一つとして，指導者が授業の導入でいわば「見本」となる作品を提示することがある。これは児童の意欲をかき立てるには有効である一方で，児童の多くが見本と同じものを目指してしまう，ということが起きる可能性も高くなる。児童が「見本」を見て，自分たちがこれからつくろうとする作品の完成した様子がわかり，かつ，つくりすぎていない簡素なものが望ましい。「見本」を見て意欲的に児童が自分のアイデアを盛り込み，その児童ならではの作品に向かえるような「見本」を提示することも必要である。

3. 指導のポイント② 「はじめの材料」

　紙だけでなく，ほかの材料や用具についても補助的に様々なものを使いたいと，児童が要望することもよくある。そのため，指導者はあらかじめ児童が望みそうな材料を予想し，可能な範囲でそろえておくことが必要となる。しかし，児童にとって目新しい材料や用具は，自分がつくりたいものをつくるためではなく，その材料を使いたい，手に入れたいといった気持ちで使うこととなり，意識がそれてしまうおそれもある。そのような場合ははじめから準備したすべての材料を与えるのではなく，必要な児童に適時与えるなどといった留意が必要である。

4. 指導のポイント③ 「折りと接着」

　児童が何度も試行錯誤しながら同じ箇所を折っては試しを繰り返す姿は，図画工作科で大切にしたい，「つくり，つくりかえ，つくる」大切な姿である。一方，紙の性質上その部分が柔らかくなってしまい，児童の思い通りに立たなくなってしまったり，紙が垂れ下がってしまったりすることもある。このようなことも事前に予測し，材料となる紙は十分に準備しておくことも大切である。また，紙の厚さ，重さ，種類などにもよるが，接着にはいわゆる「でんぷん糊」だけでなく，ボンドも準備しておくことも必要である（p. 124「78　小学校の立体　身近な材料」参照）。

（宮川紀宏）

95　小学校の工作
木

木を使った工作の題材と
指導のポイントは何ですか

１．木を使った工作と材料

　小学校学習指導要領では，木は，土や粘土などの材料とともに低学年から扱われている。中学年になると「木切れ」，「板材」などとして，釘，小刀，のこぎり，金づちなどの道具とともに示されている。道具を使って，見通しをもちながらつくっていく工作の材料として木を扱うのは，中学年以降となるだろう。高学年では，１枚の板から木取りをして計画的につくる教科書題材もみられる。

　木を使った工作では，材料としての木と道具が重要になる。樹種はもとより，枝なのか，板材なのか，角材なのかによって，必要となる道具や工程も変わってくる。

　小学校では，比較的柔らかくて加工がしやすく，安価な板材が使いやすいであろう。広葉樹であればカツラ・ホオ・シナ，針葉樹であればスギ・マツなどが適している。地域によって流通している樹種が異なるので，これら以外にも安価でよい板材はある。また，地域の木材関係の企業や団体などから，端材を分けてもらえる場合もある。教材カタログなどを通して板材を購入した場合は，納品された板材に大きな反りや節がないか確認する。

２．道具と指導

　木材に関する道具は，前述の釘，小刀，のこぎり，金づちのほか，高学年で糸のこぎりが示されている。このほか，彫刻刀，錐（きり），万力やクランプ，木工用接着剤，紙やすり，塗装用の刷毛やニスなどが教科書等で紹介されている。

　特に切削道具は，使い方を誤るとけがをするので，正しい使い方を指導する必要がある。小刀や彫刻刀，のこぎりなどは，それ自体の扱い方と同時に，万力やクランプで材料を固定したり，治具（加工用補助具）を使って安全に加工する方法も指導したい。また，糸のこぎり（電動糸のこ盤）を使うときには，刃の取り付け方や材料の動かし方などを確実に指導する。

　工作は一つ一つの工程をしっかりと確認しながら，児童の発想や工夫を引き出す場面と，材料や道具の正しい扱い方を身に付けさせる場面を意識して指導することが大切である。

３．題材例：糸のこでつくる海の世界

　電動糸のこ盤は，木材をなめらかな曲線で切ることができる道具だが，線に沿って正確に切ることは簡単ではない。この題材では，自由に木材を動かして切る活動と，線通りに切る活動の両方を含めて，技能の定着を図っている。

　小さな板材を自由に動かして様々な波形を切り，海の中の様子を表していく。ここでは，糸のこに慣れることが目的である。次に，つくりたい魚の形を板に描き，その線に沿って切る。切り出した魚に錐で穴をあけて，竹ひごを刺し，木材の台座や，発泡ウレタンに直接刺して固定すると，ゆらゆらと魚が揺れる海の世界を表現できる。木の素材のよさを味わわせるとともに，道具に慣れながらものをつくりあげる体験をさせたい。

糸のこでつくる海の世界

（佐々木宰）

96 小学校の工作 動くもの

動く仕組みのある工作の指導のポイントは何ですか

動くものをつくる工作は，作品ができあがった後，それを使って自分で遊んだり，友達と一緒に遊んだり，また，そこから発展的につくりかえたりする楽しみがある。多くの児童にとっては「使う」喜びが感じられる魅力的な学習の一つといえる。動くものをつくる工作では，動かす仕組みが必要となる。そのため，自分がつくりたいものを考えて活動を始めるのではなく，はじめに動きを見てそこからつくりたいものを見付けるという流れになることが多い。

例えば，伏せた紙コップの中にビー玉をいくつか入れると，傾斜のあるベニヤ板をするすると滑っていくようになる。そのベニヤ板を滑っていく動きから，乗り物や動物などといった児童が思い付いたものになるよう，紙コップに飾りを付けたり，色を塗ったりする自分らしい造形活動に発展していく。この例ではビー玉がもつ「転がる」性質と「重さ」によって紙コップを内側から押すことが，動かす仕組みである。この場合での仕組みは，児童がつくるにあたっては，複雑なものではなく，仕組みをつくる段階で「失敗」し，最終的にできあがる作品が「動かない」ということは少ないであろう。

しかし，動く仕組みが複雑になったり，仕組みに使う材料や用具が児童にとっては慣れていないものであったりすると，仕組みがうまく機能しない。すると，「動かない」作品となり，児童にとって成就感が感じられにくい学習となる。したがって，動くものをつくる工作の学習では，他の題材にはない「仕組みが機能していること」がポイントとなる。

そこで，高学年で実践されることの多い，回転運動を上下運動に変換するためのクランクの仕組みを使った工作で考えてみたい。

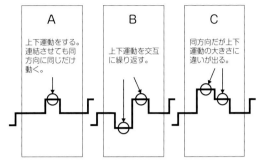

牛乳パックに差したクランクの例

このクランクでは，Aが最も単純で，B→Cと複雑になる。針金は，アルミ線のような柔らかいものだとすぐに曲がってしまう。そこで，ここでは鉄の硬い針金を使い，さらに曲がっているところはできるだけ直角に近い角度で曲げることが必要になる。ペンチを使い，硬い針金を一つずつ直角に曲げていく。高学年とはいえ，ペンチを使うことに慣れている児童は多くないことも予想される。

また，牛乳パックに差し込む際に，あけた穴の位置が大きくずれると針金が斜めになり，これもまたなめらかに動かなくなってしまうことになる。その場合は，例えば紙パックに合わせてつくるときの実物大の針金図を準備するとよい。児童は針金を曲げるごとに図にあて，長さや角度を確認しながらつくることができる。

こうして，ようやくできあがった仕組みを，児童は喜々として何度も動かし，その上下の動きから「水から飛び跳ねる魚」，「ハードル走をする人」といった自分らしいつくりたいものを思い付くことになる。このときの児童が「手ごわい」仕組みをつくるための持続する強い意欲や，つくりたいものを思い付くための支援については，指導者の声かけや導入時の提案によって大きく変化するのは，他の題材でも同様である。シンプルにつくった「見本」を学習の前から教室に置いておき，休み時間などに自由にふれられるようにしておくなども支援の一つといえる。

(宮川紀宏)

97 小学校の工作の評価

工作の評価のポイントは何ですか

1．一体化した指導と評価

　学習指導要領の教科の目標や各学年の目標は，育成すべき資質・能力の三本柱である「知識及び技能」，「思考力，判断力，表現力等」，「学びに向かう力，人間性等」で構成されている。この目標を，実施する題材の内容に合わせてより具体的に示したものが，題材の目標となる。児童が題材の目標を達成しているかを判断するために，評価規準を「知識・技能」，「思考・判断・表現」，「主体的に学習に取り組む態度」それぞれの観点の趣旨に即して設定する。指導者は，児童が目標を達成させる活動ができるように指導を行い，その結果を評価規準に照らして評価を行うのである。

　このように，目標，指導，評価は一連のもの，一体的なものである。そこで，指導者は題材に取り組む前，題材の目標を立てる段階において，児童が目標を達成できるようにどのように指導するのか，また児童の学習状況をどのように評価するのかを一体的に構想し，準備しておかなければならない。こうした構想を立てないまま授業を行い，その後評価をしようとしても，育成すべき資質・能力に即した適切な評価を行うことは難しい。

2．工作の評価

　工作は，絵や立体と比べると，使う素材の種類が多様である。児童が表したいことを実現する上で，素材や表現したい内容等に適した接着や接合が不可欠である。接着や接合の扱いについては，「知識・技能」の観点の「技能」に相当する。指導者は，接着や接合の方法等で活動が停滞止してしまわないように，どのように指導と評価を行うのか，しっかりと計画を立てなければならない。

　平成29年告示の学習指導要領における，低学年の「技能」を例として，実際の評価について考えてみたい。「技能」は，「身近で扱いやすい材料や用具に十分に慣れるとともに，手や体全体の感覚などを働かせ，表したいことを基に表し方を工夫して表すこと」となっており，指導及び評価のポイントは，「材料や用具に慣れること」及び「表したいことを基に表し方を工夫すること」である。

3．評価の実際（技能の評価を例に）

　例えば，「はこをひらくと…」という工作の題材では，箱が開くという仕組みを基に，箱が開くと「こんなものが出てきたら面白いな」と発想・構想をふくらませながら，箱の中のものを多様な素材を用いて表現する（写真）。

本題材で慣れてほしい材料や用具は，主材料である箱と接着・接合材としての両面テープや木工用ボンドである。そこで，「技能」の評価規準を，「箱や両面テープ，木工用ボンドに十分に慣れるとともに，手や体全体の感覚などを働かせ，表したいことを基に表し方を工夫して表すこと」と設定した。指導にあたっては，たくさんの種類の箱を準備し，箱の開く仕組みに着目させるために，いろいろな開き方を試す時間をとる。また，開いたときに現れてほしいものをつくる際には，材料や用途に合わせて両面テープや木工用ボンドを使い分けることを示範し，個々の児童の活動に応じて言葉かけをしたり，手を貸したりする。さらに，児童の素材の活用の工夫や接着・接合の工夫を取り上げ賞賛し，他の児童への紹介などを行う。

　こうした指導を十分に行った上で，評価規準に照らして「十分に慣れているか」，「表し方を工夫して表しているか」を，活動の様子から捉えて評価を行うのである。　　　（宮川紀宏）

98 中学校のデザイン・工芸

デザイン・工芸などの目的や内容，指導のポイントについて教えてください

1．中学校のデザイン・工芸の位置付け

　中学校におけるデザイン・工芸は，「デザインをすること」，「工芸をつくること」が目的ではなく，造形的な視点を豊かにしながら「発想や構想の能力」と「技能」を育成することがねらいとなる。平成29（2017）年版学習指導要領では，A表現（1）イ「目的や機能などを考えた発想や構想」と（2）ア「発想や構想をしたことなどを基に表す技能」，及び〔共通事項〕がデザインや工芸を行う際の指導事項になる。また，イ「目的や機能などを考えた発想や構想」には，「構成や装飾」，「伝達」，「用途や機能」の3つの内容が示されており，指導にあたっては「発想や構想」と「鑑賞」の関連を図り，「思考力，判断力，表現力等」を育成することが求められている。

2．「構成や装飾」を考えた表現

　例えば，和菓子を粘土で制作する場合，まず鑑賞で，和菓子は，味や素材のイメージ，日本の四季や自然物などの形や色彩などがデザインに生かされていることなどに気付かせ，それらを踏まえて自分がつくりたい和菓子のデザインを発想や構想させるようにする。その際，〔共通事項〕を踏まえて，例えば春をテーマにする場合，春を想起させる物の形，色彩などを考えさせたり，春からイメージする「さわやかさ」，「暖かさ」などから形や色彩などを意識させたりすることが大切である。

3．「伝達」を考えた表現

　例えば，菓子のパッケージデザインをする場合，まず鑑賞で，パッケージは，楽しさや高級感などの菓子全体のイメージなども含めてデザインされていることに気付かせ，自分が設定した菓子のイメージを，形や色彩などの効果を生かして発想や構想をするように指導する。ターゲットや製品のイメージを基に，何をテーマにしてどのような内容で伝えるかという目的や条件を基に構想することが重要である。その際，〔共通事項〕を踏まえて，例えば楽しいイメージ，あるいは高級感等を伝えるためにはどのような形や色彩がよいのかなど，より多くの人が共通に感じる形や色彩の感じ方などを意識させることが大切である。

4．「用途や機能」などを考えた表現

　例えば，粘土で植木鉢を制作する場合，玄関などの客の出入りがある場所，居間などの普段家族が過ごす場所，自分の部屋などの他者があまり出入りしない場所など，どこに置くかを考慮し，その場所の雰囲気や立ち入る人などのことを考えてデザインする必要がある。植える植物も，その種類により植木鉢の形体が異なってくる。また，ジオラマのように鉢の中に飾るものも含めて構想を練ることも考えられる。導入時に鑑賞を行い，デザインをする際の視点に気付かせ，自分がつくりたいイメージを，意図をもって制作ができるように指導することが大切である。その際，〔共通事項〕を踏まえ，例えば温かいイメージや落ち着いた感じ，あるいは楽しいイメージ等を表現するためにはどのような形がよいのかなど，見る人の立場に立って感じ方などを意識させることが必要である。

5．学びとして重視するもの

　デザイン・工芸の学習では，例えば「お菓子のパッケージデザインは形や色，図柄などにより，お菓子の味やイメージを豊かに伝えている」という「発想や構想」と「鑑賞」の双方に重なる考えを深めることが大切である。このように，「思考・判断・表現」として双方に重なる考えを深めることにより，中学校美術科の教科目標に示されている「生活や社会の中の美術や美術文化と豊かに関わる資質・能力」を育成することになる。

（村上尚徳）

99 モダンテクニック

モダンテクニックを小・中学校の授業で生かすには，どうすればよいでしょうか

絵の具を直接紙の上に垂らしたり，物体の凹凸を紙に写し取ったりするなど，偶然の効果や素材の効果を得る技法をモダンテクニックと呼んでいる。描写から離れて，偶然生まれた多様な色や形を楽しんだり，材料の感触を楽しんだりすることができる。誰にでもできる技法なので巧拙が現れにくく，幼児教育から小学校，中学校まで，幅広く扱われている。

ものの再現的描写とは異なる絵画表現は，多くの作家によって追求された。偶然性による技法は，シュルレアリストのM・エルンストらが意識下の心象風景を表そうとしたことでも知られている。P・ピカソが紙を貼り合わせて始めたパピエ・コレは，多様な素材を寄せ集めるコラージュへ発展した。絵の具を垂らして制作したJ・ポロックのアクション・ペインティングは，戦後のアメリカの抽象表現主義をリードした。岡部昌生は，現代の日本，世界各地の事物をフロッタージュで擦り取っている。また，こうした技法は，素材や技法研究という点から，ベーシックデザインの内容としても扱われてきた。

モダンテクニックを授業で扱う場合には，児童生徒の発達段階や学習状況を踏まえ，技法体験をどのように生かすか，という視点が必要になる。再現的描写に苦手意識をもつ小学校高学年児童や中学生には，偶然性や素材の特徴を生かした造形体験は有効である。W・ジョンストンは，思春期の子どもたちとって，意外な形や色からの想像や感覚を通しての構成は，彼らの創作欲求や知的好奇心を刺激するとしている。

モダンテクニックを授業で生かすポイントをまとめると，以下のようになる。

① 苦手意識をもつ子どもに，造形活動の意外性や楽しさ，驚きを体験させる
② 素材と表現方法の多様性を体験させる
③ 偶然の色や形を何かに見立てることでイメージを喚起させる
④ できた色や形を再構成して，新たなイメージを創出する
⑤ 抽象的な表現に対する感覚的な理解を促す
⑥ 美術史と関連付けた表現様式の理解を促す

代表的なモダンテクニックには，次のようなものがある。

1）デカルコマニー（合わせ絵）

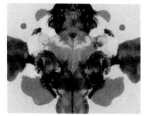

2）マーブリング（墨流し）

3）ドリッピング（垂らし絵）

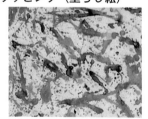

4）フロッタージュ（こすり出し）

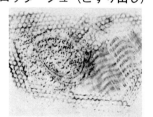

（佐々木宰）

100 視覚伝達デザイン ポスター

ポスターデザインの方法を
教えてください

1．ポスターの語源

　広告メディアとしてのポスターは，産業革命後の19世紀に，木製の広告活字が量産されたイギリスや，大型多色印刷を可能にしたリトグラフ（石版印刷）が発達したフランスで急速に発展した。「Bill-posting」，「Bill-poster」など，「ビラ貼り」職人の仕事や呼称がその語源とされる。大量印刷によって複製したポスターを街中に貼り，情報内容をより多くの人々へ伝える効率のよい手段であった。わが国でも図画工作科・美術科の題材として長らく扱われてきた。

2．ポスターの題材

　ポスターが告知する内容は様々である。よく見かけるのは，人々の消費や参加を促す商品やイベントの宣伝広告であろう。一方，学校教育で推奨されてきたのは，環境保護，国際平和，交通安全，防災対策，介護福祉といった啓発的メッセージを含むテーマで，社会的問題意識の喚起という観点からも重視されてきた。ポスター制作の過程で，図と文字を組み合わせてメッセージを視覚的に構成する力の習得だけでなく，アイデアソースを収集する際に様々な社会事象に触れる機会が造形表現に伴う調査活動につながる。他方，校内美化や健康推進，人権擁護，感染予防といった啓発内容や，生徒会役員選挙，文化祭，運動会，部活動といった行事告知など，学校内の身近なテーマも，具体的な告知効果を実感する上で重要である。

3．ポスター制作のプロセス

　ポスターは基本的に図と文字という2つの要素で成り立っている。イラストレーションによる図の作成と，様々なフォントを選択するテキスト入力を経て，これら要素をレイアウトするまでのすべての作業が一台で可能なタブレット端末は，ポスター制作に最適といえる。

　まず，テーマのイメージを探るために，できるだけ多くの「サムネイル」（小型のアイデアスケッチ）を描く（図1）。思い付いたアイデアを小さく描き留め，取捨選択したり組み合わせたりしながら「カンプ」（詳細な完成予想図）を描き上げる（図2）。次にカンプに基づき，メインとなる図のイラストレーションや写真を仕上げる。スタイラスペンによる描画は色鉛筆から絵の具まで様々な画材を模したタッチが可能。また内蔵カメラで撮影後（図3），人物であれば自動切り抜き機能を使って別の背景と合成することも容易。イメージを膨らませるテキストである「コピー」を挿入する際，内容に調和するフォント選択をし，図と文字のレイアウトには「グリッド」（マス目上の補助線）を用いると，画面の中の配置が整理しやすい（図4）。配色が訴求力を高める鍵となるが，色数は多すぎない方が意図したイメージが伝わりやすくなる。例えば，画面の中に配置した文字や図形や線にイラストレーションや写真の中の色の一部を抽出して指定すると，全体の統一感が増し，印象が強調されるだろう。　　　　（山本政幸）

図1　サムネイル　図2　カンプ　図3　撮影風景

図4　グリッド　　図5　完成作品

101 ユニバーサルデザイン

ユニバーサルデザインとは
何ですか

1．ユニバーサルデザインとは

　「ユニバーサルデザイン」とは，身体能力や年齢，性別，国籍にかかわらず，できる限り多くの人がわかりやすく使いやすいデザインの考え方である。「ユニバーサル」とは「万能な」という意味であり，「デザイン」と組み合わせて広く行き届いた配慮を製品や建築，環境の中に反映させ，普遍的な形状や仕組みを示す。頭文字「UD」と表記されることもある。

2．ユニバーサルデザインの7原則

　この考え方を提唱したのは，自らも車椅子を利用する障害者であった建築家・プロダクトデザイナーのロナルド・メイス（1941-1998）で，次の7つの原則を提唱した。

① 公平であること：体格や身体能力にかかわらず，すべての人が公平に使えること。差別感や不公平感をもたない選択肢があること。

② 柔軟性をもつこと：持ち方や握り方，操作方法など，使う上での自由度が高いこと。様々な利用者の操作に寛容であること。

③ シンプルかつ直感的であること：外観や構造及び使用方法の複雑さを排除すること。使い方が簡単でわかりやすいこと。

④ 認知しやすいこと：認知能力にかかわらず必要な情報がすぐに伝わること。視覚や聴覚が使えなくても使用方法が理解できること。

⑤ 誤操作を許容できること：うっかりミスが事故や危険につながらないこと。失敗してもすぐに復帰でき，安全性を確保できること。

⑥ 身体的な負担を軽減すること：身体や感覚器官に過度な負荷をかけないこと。不自然な姿勢や無意味な繰り返しを避けること。

⑦ 使いやすい大きさや広さがあること：利用者の体格や姿勢や使用状況にかかわらず，十分なサイズと空間が確保されていること。

　この7つの原則を軸とし，「ユーザビリティ（使いやすさ）」と「アクセシビリティ（近付きやすいこと）」を目標としつつ，さらに耐久性と経済性，品質と審美性，環境への配慮が評価の基準として設定されている。

3．バリアフリーとの違い

　バリアフリーとは，高齢者や障害者が社会生活をしていく上で障壁（バリア）となるものを除去し，利用しやすくすることである。設計段階では障害が考慮されず，必要に応じて取り除くものである。通行を妨げる物理的障壁，運転免許等の制限による制度的障壁，文化情報面での障壁，差別的な心理的障壁などがある。例えば，段差で車椅子が通れない玄関にスロープを取り付けるのがバリアフリーだとすると，はじめから段差のないフラットな床の玄関にするのがユニバーサルデザインである。

4．UD観察による気付き

　1985年に提唱されたユニバーサルデザインは，流通する様々な日用品や環境の中ですでに実現している。例えば，障害のある人への配慮を喚起するシンボルマークやサイン，蓋が開けやすく小さな文字が読みやすいパッケージなどがある。ユニバーサルデザインが身の回りでどれほど浸透しているかを発見し確認することは，様々な使い手に応じた使い方があることに気付き，そのために設計された配慮や工夫を実感することにつながるだろう。

　また具体的な日用品を取り上げながら高齢者や幼児，障害者にとっての使いにくさを体験することも，使い手の側に立った理解が深まる。読みにくい小さな印刷文字，モノクロなど単色コピーで見分けにくくなった配色，持ちにくかったり開けにくかったりするパッケージなど，様々な状況を想定してシミュレーションを行うことも効果的である。幅広いユーザーの声を聞くことが理想である。　　　　　（山本政幸）

102 問題解決学習

問題解決学習としてのデザイン教育について教えてください

デザインの領域には，情報の伝達のための視覚伝達デザインと物理的な「もの」に関わる製品のデザインとがある。また，近年は情報処理を伴う Web デザインや環境を考えたエコ・デザインなども出現している。

小・中学校のデザインの学習には，伝達のためのデザイン，飾りや遊びのためのデザイン，使用のためのデザイン，工作・工芸のための計画などがあげられる。

デザインの制作にあたっては問題解決の方法が一般的であり，デザイン教育には問題解決学習が伴う。問題解決は造形的な問題と社会的な問題の両面を対象として行われる。それは単に色や形による表現の問題だけではなく，現実的な問題の設定，解決，評価という一連のプロセスからなっている。

こうした学習は1970年代にイギリスにおいてデザイン学習の中核となり，世界に広まった。ピーター・グリーンは著書『デザイン教育』において，問題解決のプロセスとして3つの基本段階を示している。

① まず問題点を確認し，観察・分析し，広く経験し，要求を認識する。資料や情報を集め，比較検討する。

② 解決策の提案－既知の解決策を検討し，合理的に論理をせまったり，より自由に試行錯誤したりして創造性を高める。

③ 考えついた解決策のテストと評価を行う。

また，シンガポールの中等教育段階のデザイン学習では，図のようにデザインプロセスを，①問題の明確化，②アイデアの探査，③アイデアの発展，④計画 ⑤制作，⑥評価，として一連の過程を経て問題解決学習を行っている。

①では，問題を認識し，明確にするために何をデザインするかを簡略に述べ，リストを作成する。②では，既存のアイデアを調査し，新しいアイデアを創出する。そして発展の可能性のあるアイデアを選定する。③では，選定したアイデアを発展させ，可能性を探るために材料，形状，制作技法，仕上げなどを検討する。④は，制作のための具体的計画を立てる。⑤で制作し，⑥では，①で明らかにされた問題が解決されたかどうか検証する。また，改善策を考える。問題解決学習は各段階での相互の関連性をもっており，常に問題を意識しながら解決策を導くプロセスを経ていく学習となる。

具体的な教材として，視覚伝達デザインにおいても，生産デザインや工芸においても，このプロセスを活用することができる。

（福田隆眞）

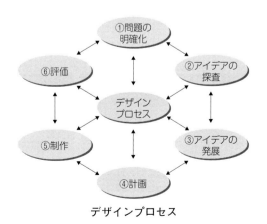

デザインプロセス

シンガポール中等教育1学年デザイン学習（技術科）教科書より。問題解決のためのアイデア練習

103　中学校の工芸　木の工芸

木を使った工芸の指導時に重視すべき学習のポイントについて教えてください

1．木を使った工芸の指導のポイント

　国土の３分の２が森林であるわが国では，有史以前より木の性質を巧みに使い，生活用具，住居，和紙など，身近なものに活用してきた。自然素材である木は生命そのものなので，大切な思いをもって自然との共生や循環型社会を意識付けながら創造活動に臨ませたい。

（1）木を使った工芸の特性と安全指導

　木は毎年成長し，年輪ができる。材料にしたときに木目が現れ，木の繊維の方向により強度が変わる。そのため，生徒が自身の構想に基づいた木取り計画時に，繊維方向と木目の美しさについて理解を促す指導が必要である。また木の工芸は，彫刻刀や鑿，鉋，鋸，鑢，ボール盤などの刃物の安全な指導も必須である。工具を持たない手を工具の前に出さないことや，工作物を木万力やクランプ，彫刻台などに確実に固定することが，安全で正確な制作に必要となる。生徒により，手と工作物と工具の的確な関係性は異なる。加工時の高さや角度，姿勢について，生徒自らが気付ける指導が必要である。また技能の工夫については，生徒同士の学び合い（協働的な学び）も重視したい。刃物は管理し，よく切れる状態に研いでおく。技術・家庭科での既習事項についても把握し，指導に生かしたい。

（2）素材と生活から主題を生み出すこと

　木は生徒にとって親しみのあるものといえるが，最初から的確な素材・材料を選定し，自身がつくりたいものの完成イメージを描くことは難しい。工芸の指導は，素材や技法の実感体験が少ない生徒も主題を生み出し，表現と鑑賞の創造活動に主体的に取り組めるように導くことが必要で，指導の要である。このように，発想や構想の段階の主題を生み出すための指導が最も難しい。従来，決まった形の材料を生徒に与え，生徒の選択と主題生成の幅を狭めすぎた題材も行われていた。主題を生徒が生み出すことに重きを置く題材では，生徒が木の素材・材料に触れる体験を十分に行い，その特性を生かし，自分の生活の中からつくりたいものをイメージしていく。そして主題である「自分は何を表したいのか，何をどのような思いでつくろうとしているのか」を明確にし，実際に手や身体を動かし，試行錯誤の中から技能を発揮し，実感的な学びを通して自己実現を図っていくことが大切である。

2．木を使った工芸の指導事例（2年生・8時間）

題材名「MADE FROM WOOD」

① 材料に触れさせながら木の特徴やよさについて共有する
・木取りを検討：形と素材の関係性を考える
・美しさと用途の両立を目指して表現する

② 自らの暮らしの中で使うことから生徒が主題を生み出した木工作品

資料提供：更科結希氏　　　　　　　　　　（尾澤勇）

104 中学校の工芸 焼き物

陶芸の魅力を実感できる題材と
学習のポイントを教えてください

陶芸作品は，化学変化（焼成）を用いて生み出された最初の人工物だとされる。私たちの祖先は，粘土等が焼成により変化する様に心を動かされ，それを生かした造形作品を生み出してきた。先人たちをも魅了した現象や面白みを十分に味わえる題材を紹介したい。

1．焼成による変化を味わう題材

土粘土を用いてピザの生地等に見立てた土台をつくる。焼成中の破損を避けるため，厚さは1cm程度とし，両面をよく叩き，粘土中の気泡を取り除く。次に，まだ粘土が柔らかいうちに，土台上に校内等で収集した植物や貝殻などで飾り付けを行う。周辺環境や季節により素材の収集が難しい場合は，食用の豆類やマカロニなどで代用できる。飾り付けの際は，葉や実の形態などをしっかりと土に押し付ける。さらに竹串による線刻や陶印によるスタンピングなど

の装飾を組み合わせることで，より造形的に見どころが多い作品になる。この段階の作品を撮影しておくとよい。

作品をよく乾燥させ，陶芸窯で1,230～1,250℃で本焼きする。植物の葉や実等は燃え去り，土に葉や実の跡のみが残ると思われるかもしれないが，ガラス状に光るものが見られる。これは，植物や貝殻の中の石灰質等が粘土

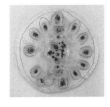

のアルカリやシリカと反応してガラス化したものであり，陶芸作品燃料時に薪の灰が作品上に降り注ぐことで生じる自然釉（ゆう）と同じ原理

で表れる。この題材は，理科との横断的学習への可能性も有す。さらに，焼成前の作品がつくり手のコントロール下にある造形である一方，焼成後の作品は「火まかせ」と呼ばれる，つくり手の力が及びきれない領域のもので，その難しさと魅力を同時に体感することができる題材である。

2．焼成活動を伴わない題材

校内に陶芸窯がなくても実施できる題材を紹介する。用いるのは，破損した陶器や陶片である。それらを，接着材等を用いてコラージュ状に構成し，立体や平面作品にする。

陶片は，元の器の形のイメージが薄れ，焼き物の質感や色といった物質としての美しさが際立つ。その断面からは焼成による熱の伝わり方や組成などがうかがえ，焼成による土粘土の変化の魅力にふれることができる。また，破損した陶器からは，「見立て」により豊かにイメージを広げられる。

器の欠けた部分に違う器の破片などで埋めてつなぐ，「呼び継ぎ」という古からの器の修復技法がある。修復の枠を超え，次第にその組み合わせの妙に面白さが見出されるようになり，そのアート性が近年注目を浴びている。この題材には，その魅力に通じるものがある。

3．学習のポイント

陶芸の学習では，単なる器づくりや造形活動にとどまらず，その本質的な魅力や成立の過程を理解し味わうことが重要であり，いちばんの学習のポイントとなる。焼成により生じる素材の変化や，つくり手がコントロールしきれない工程の中で生じる偶然性を，肯定的に受け入れてきたわが国の陶芸文化について把握することにより，伝統文化を尊重する心情を養い，陶芸の造形表現としての可能性の気付きを促し，次の新しい挑戦にいどむことが期待できる。

（淺海真弓）

105　中学校の工芸　金属の工芸

金属を使った工芸の指導時に重視すべき学習のポイントについて教えてください

1．金属を使った工芸指導のポイント

　文明は，金属との関わりによって進化を遂げた。現在，金属のない生活は考えられない。しかし，授業では，冷たい，硬い，加工しづらいという先入観や，専門的な工具・設備が必要であるという誤解がある。金属は，一般に強靱な性質をもち，「塑性と弾性」，「展延性」，「加工硬化と熱処理」，「融解性」などのダイナミックな性質の変化や多様な質感がある。その性質を理解すれば，加工や表現の工夫ができる。このような抵抗感のある工芸素材・材料であるからこそ，中学生に挑戦させたい。

（1）金属を使った工芸の特性と安全指導

　金属工芸は大別すると，3つの技法がある。
- 鍛金（金鎚などで叩き鍛えて形づくる）
- 鋳金（融かして型に流して形づくる）
- 彫金（鏨で刻んだり，糸鋸で透かし彫りしたり，象嵌するなどして，加飾する）

1）加工硬化と焼き鈍し〔銅，真鍮（黄銅），銀，アルミニウム，鉄など〕

　板金を鍛える鍛金や鏨で刻む彫金の作成時には，加工すると金属の結晶組織が歪み，硬くなる。それ以上力を加えると破断する。もう一度熱を加えて焼き鈍す（焼鈍温度：純金属では一般に融点の半分）と，再び軟化してさらなる加工ができるようになる。錫は常温で再結晶化することから，焼き鈍しは不要である。

2）鋳込み〔錫・ホワイトメタルなど〕

　金属を融かす鋳金では，融解後，鋳型に流し固め，型から外して仕上げる。200〜300℃の融点の錫やホワイトメタル（錫主体の合金）はステンレス鍋で融解でき，耐熱シリコーンや厚ボール紙などでも鋳型が作成できる。

3）安全指導

　ガスバーナーやガスコンロなどの使用時，焼き鈍し後の酸化皮膜を除去するための酸洗い時，金切鋏や鑢での切削時などでは，安全指導が大切である。例えば，熱せられたものはプライヤーなどで確実にグリップすることや尖った切り屑は小箒で片付けるなど，生徒自身に安全意識をもたせる指導が必要である。

（2）素材と生活から主題を生み出すこと

　表現と鑑賞を往還する学びとして，金属の特質や機能について身近な生活の中の活用例研究（鍋・カトラリー，金管楽器，硬貨，アクセサリーほか）を行うなどして理解を促す。それを受けて生活や社会に必要な主題（自ら表したいこと）について思いを巡らせることから始めたい。金属材料は，生徒にとってなじみが少ない。基本的な制作方法・手順や使用する材料，技法について事前に十分に触れながら実感的に理解する段階が必要である。その上で次第に主題の明確化を促す。多少危険も感じる，抵抗感のある材料や工程だからこそ，ワクワクさせつつ，緊張感をもたせ，生徒自らが主題を追求するため，段取りと道具の使用方法の工夫を促すなどして主体的に取り組ませたい。

2．金属を使った工芸の指導事例

① 木臼や当て金を使って鍛金の器制作
② 錫の器作品

③ 作品に適した当て道具を探し活用する生徒
④ 錫の鋳込み（ボール紙型）
資料提供：花里裕子氏　　　　　　　（尾澤勇）

106 中学校のデザイン・工芸の評価

デザイン・工芸などの評価
について教えてください

1．指導と評価の一体化

　デザイン・工芸の評価は，学習指導要領に示された指導事項に基づいて行われた学習の実現状況を見ることなど，基本的な考え方は絵・彫刻と同様である。一方，絵・彫刻は自己表現であるのに対して，デザイン・工芸は目的や機能を踏まえた表現である。目的や機能には，構成や装飾，伝達，用途の３つがあり，それらを基に，他者にとってもわかりやすいか，使いやすいかなどの視点も重要になる。そのため，評価においても，それらの点を踏まえて行う。

2．評価の具体例

　例えば，３年生で菓子のパッケージデザインを行う場合の評価について考えてみたい。指導計画は，コンピュータを使ってデザインを8時間で行い，その後2時間でプリントアウトしてパッケージの形に組み立てることとする。

（1）思考・判断・表現の評価（発想や構想）

　ここでの指導事項は，「伝える目的や条件などを基に，伝える相手や内容，社会との関わりなどから主題を生み出し，伝達の効果と美しさなどとの調和を総合的に考え，表現の構想を練ること」である。評価規準は，題材の内容に合わせて文を修正し，文末表現を「〜練っている」とすることで作成できる。具体的には，「菓子のコンセプトを基に，買い手の気持ちや菓子の内容などから主題を生み出し，伝達の効果と美しさなどとの調和を総合的に考え，デザインの構想を練っている」とする。

　指導と評価の流れとしては，はじめに互いに持ち寄った市販の菓子のパッケージをいくつか見て，「子供向け」，「高級感」などの各自が感じた視点で分類をする。次に，デザインするパッケージについて，どのような人たちにどのようなイメージを伝えたいのかを考えて，コンピュータを使ってデザインをする。評価は，デザインの概要が見えてくる4時間目から，デザインが浮かばない生徒を中心に見ていき，デザインの構想がまとまらなかった生徒を「C」とし，それ以外の生徒は「B」としておく。翌週の授業のはじめに「C」の生徒に対して指導を行い，一定の水準のデザインが完成すれば，「C」を改め，「B」にする。9〜10時間目は，作品の完成のイメージが見えてくるので，質的な高まりや深まりが見られる「A」を中心に評価をし，それ以外は暫定的に「B」とする。作品完成後は，授業中に行った評価と異なる場合は，訂正を行うようにする。デザインの評価では，デザインの意図等が他者に伝わっているかなどを，生徒の相互鑑賞の場面から読み取るなど，客観的な視点も重視することが大切である。

（2）知識・技能の評価

　「技能」の評価についても評価規準の作成や進め方は同様で，デザインが始まってしばらくして，「C」の生徒を中心に評価を行い，多くの生徒が「B」になるように指導する。完成が近付く後半は，「A」の生徒を見ていき，最後に完成作品から確認をする。ここでの技能は，コンピュータを使ってデザインをする技能になる。画像の取り込み，大きさや色の変換，配置やレイアウトの調整など，意図に応じて複合的に操作する技能になる。また，「知識」である〔共通事項〕は，技能を評価する際に，形や色彩の効果などが捉えられているかどうかを合わせて評価することも考えられる。

（3）主体的に学習に取り組む態度の評価

　この観点も，絵・彫刻と同様に，他の資質・能力を獲得しようとしたり発揮しようとしたりする意欲や態度を，自己の学びをよりよく改善しようとする点と粘り強く学習に取り組む点から評価することが大切である。　　　　（村上尚徳）

107 映像メディアと
ビジュアル・リテラシー

映像メディアと
ビジュアル・リテラシーについて
教えてください

1．映像メディアの変遷

　現代社会は，知識基盤社会と呼ばれるが，その急激な変化に伴ってIoT，AIが急速に発達し，データ駆動型社会を招来している。同時に，一般市民を取り巻くメディア環境も大きく変容し，仮想空間上に無数の画像や映像が浮遊し，日常生活に浸透して多様なメディアの転回，すなわちパラダイムシフトにより映画やテレビ等の旧来メディアを凌駕しつつある。

　映像メディアの発展は，19世紀後半に顕著となった。写真の出現や映画の発明はその視覚的優位性を社会的に確立していくが，それ以前から人間の映像へのあくなき憧憬が，影絵，マリオネット，ジオラマやパノラマなどに技術的革新を注入してその発展を加速化した。

　写真に関しては，1839年のフランスのL・ダゲールによる銀板写真の登場によって，日常を記録するという意味以上に，芸術家の視覚表現を補完するツールとなったり，写真自体が芸術写真に昇華されたりした。写真や挿絵は，複製を可能とする印刷技術の発達ともあいまって，新聞・雑誌を文字テクストだけのものから，より魅力的な情報伝達媒体に変えた。

　映画については，1677年のドイツのA・キルヒャーによる幻灯機を淵源としながら，1878年にはフランスのE・レイノーによってアニメーションの原型となるプラキシノスコープが誕生し，1889年にはT・エジソンが個人用の映像装置であるキネトスコープを発表，そして1895年にはフランスのリュミエール兄弟により映写機の原型となるシネマトグラフが発明された。この技術的革新が，1928年にはミッキーマ

ウスの短編アニメーションの公開へとつながり，大衆娯楽装置としての映画が，アメリカを中心として巨大産業化していった。

　この映画と並行して，1928年にアメリカ・ニューヨーク州でテレビの試験放送が開始された。以降，娯楽が映画館からお茶の間へ移行した。その後，カラー化，ハイビジョン化に変容したことは周知の通りである。この間，ビデオの登場による視聴の時間的制約からの解放，テレビゲームの出現，マルチメディア化，通信ネットワークの発達による番組・記録媒体のオンライン化など，映像文化が大きく変容した。

　しかし，旧来の静止画像も含む映像メディアがフェードアウトしたわけではない。それこそ洞窟絵画からインスタグラムまでが共存し，それらを重層的・共時的に享受できるのが現代の映像文化の特徴となっている。

　このような映像世界の変容は，芸術世界にも影響し，特に1950年代以降，様々な技術的発明や発達を利用して芸術表現につなげようとするテクノロジー・アートの動きが出てきた。また，1970年代以降にはビデオ・アートやメディア・アートという新たな潮流を生み出した。その後，コンピュータ・グラフィックスの展開による映像表現の多様化，AI技術によるインタラクティブ・アートも広がりを見せるようになっている。

　こうした状況下では必然的に，画像や映像という視覚的テクストがもたらす社会的・心理的な影響に関する考察が求められると同時に，教育の文脈でそれらをクリティカルに受容，解釈・咀嚼し，それを共通言語としながらも自らの表現として発信できる資質・能力の育成が要求されるようになる。そこで登場するのが，ビジュアル・リテラシーである。

2．ビジュアル・リテラシー概念の導入の経緯

　リテラシーという用語自体は，言語に関わる読み書き能力（識字能力）のことであるが，ビジュアル・リテラシー（以下，VL）は，映像文

化の多様化に伴い，視覚的テクストを分析・解釈する能力についての検討が広がっていく。1968年には国際VL学会（IVLA）も設立されたが，設立時ディブスは，「諸感覚を共時的に働かせる視覚的コンピテンス」と定義しているように，見ることと諸感覚が統合的に働くことを前提とした能力観を提示している。

　奥泉の研究によれば（2018），わが国の図像や映像に関する教育の歴史的経緯として，1930年代前後は，「映画教育」や「映像教育」が，映画に絵画，写真等を含めた「コミュニケーション媒体を利用した教育の総称」として使用されたこと，また1950年代には，教育工学の発達の影響により，視聴覚教育がリテラシーの理論的解明ではなく，「教育手段」として議論されたことを指摘している。VLという用語が紹介されるのは，1970年代後半になってからで，1982年のメディア教育に関するUNESCOの「グルンバルト宣言」は，映像メディアの批判的な意識啓発を強調し，メディアのもたらすコミュニケーションを批判的に理解することを提言している。わが国では，VLはその前後，「映像リテラシー」と訳されて討議されたが，映像視聴能力，映像制作能力，映像活用能力を抱合した形で理解された。その後1990年代ごろからメディア・リテラシーの文脈で論じられるようになり，21世紀になって言語領域における研究，特に視覚的なテクストを構成要素に分析してメタ的に吟味する実践等が増加している。

3．美術科教育におけるビジュアル・リテラシー

　こうしたVLの流れの中で，関連する用語に視覚リテラシーやメディア・リテラシー，情報リテラシーなどがある。

　視覚リテラシーは，Visual Literacyの訳語になるが，主に造形表現領域においてビジュアル・リテラシーではなく，視覚リテラシーと表記され，造形表現において視覚的メッセージを構造化された視覚的な文法によって理解し，発信する能力を意味するものとされた。それを支える言語や文法として，視覚言語，映像文法，造形文法などの用語も使用されてきた。ケペッシュは『視覚言語』で，絵画・写真・広告デザインにおける視覚的イメージの構造と機能を分析し，視覚的法則化の機能を打ち立てようとした。彼の考えは，バウハウスとともに主にデザイン教育に影響を与え，造形要素（造形言語）やリズム，プロポーション，コントラストなどの造形秩序（造形文法）の形成につながった。

　メディア・リテラシーは，VL，視覚リテラシーを抱合する情報メディア総体に関する能力論である。多様な情報メディアの内容，表現方法，社会的機能，効果などを批判的に理解すると同時に，発信する能力を意味する点は共通するが，VL，視覚リテラシーは，あくまでも視覚情報を主な対象とした能力に関わるものである。

　21世紀は視覚情報やデジタル情報が溢れ，インターネット上のinstagramにしろYouTubeにしろ，画像や動画で構成され，文字情報でさえ視覚的な形で表現されている。このような状況においては，リテラシーとして括られるいずれの用語にしろ，様々な視覚的産物を批判的に読み解くと同時にAIによる画像生成も話題となる中でも，表現に関わる能力の獲得がこれまで以上に求められている。

　美術科教育の文脈では，VLは，顕在的に扱われることはなく，表現や鑑賞の理論・実践の中でその趣旨が反映されてきた。美術科の学習指導要領では，対象や事象を捉える造形的な視点について理解し，発想や構想に関する資質・能力，創造的に表す技能，見方や感じ方を深める鑑賞に関わる資質・能力などを育成することが求められているが，VLに求められる創造力，批判的思考力やコミュニケーション力などともおおむね重複する。いうまでもないが，美術科教育は，感性や想像力を糧に創造性をはぐくむ唯一の領域であり，育成すべき資質・能力に基づくねらいを十全に達成することがVLの育成にもつながるはずである。　　　（福本謹一）

108 プログラミング教育と図工

図画工作科・美術科でつけたい力のために効果的な ICT の活用を教えてください

図画工作科・美術科と ICT（情報通信技術）は親和性が高く，ICT を取り入れやすい教科の一つである。ICT を使いこなして自己表現できる能力をはぐくむことは，DX（デジタルトランスフォーメーション）の只中にある子供たちにとって，未来を生き抜くための必須の能力である。図工・美術の多くの先生が先陣を切って魅力的な題材を実践していることは素晴らしいことである。その一方で，注意しなければいけないこともある。ICT を活用する利点と注意点を確認する。

1．ICT 活用の利点

（1）表　現

1）何度もやり直しが可能

画像編集ソフトを活用すると，何度でもやり直しができる。配置や色彩を換えたり，形を自由に変えたりすることが可能になり，何度も試すことが容易になる。グラフィック・ソフトではレイヤーという透明の複数のシート機能を活用し，作品のパーツをレイヤーごとに分けて描画することで，重ね順を変更したり，表示するレイヤーを選択したりするといった操作が簡単になり，筆で塗るのが苦手な子供も能動的に楽

しく「つくり，つくりかえ，つくりだす」ことができるようになる。また，デジタルで表現した作品は複製でき，印刷して布にアイロンで密着させたり，ピクトグラムやマークを印刷して学校内に掲示したり，日常生活に活用するといった発展も容易である。

作品をプリントシートに印刷しエコバッグに

学校のマークを表現し，印刷して掲示する

2）表現（学び）の過程の記録が容易

製作の過程を写真撮影してスライドに貼ってポートフォリオとして記録することで，子供自身が3年間（6年間）の成長の過程を俯瞰することができる。また，教師は子供の学びの過程を効果的に見取ることができ，学習調整能力や粘り強く学びに向かう態度の評価につなげることができる。

3）表現の活動に必要な検索が容易

表現活動を深めるための情報の検索が容易にできる。例えば，動物や人物の立体制作の際，筋肉や骨の構造を検索したり，様々な角度から見た画像や体の部分を大きく拡大した画像を参考にしたりし，より本物に迫る制作ができる。

4）新しいコンテンツの活用が容易

教育用アニメーション製作ソフトや，プログ

筋肉や骨格を調べることで，
よりモデルに迫る表現になる。

ラミングソフトの進化は目覚ましく，負担感なく授業に取り入れられるようになり，制作したアニメーションやプロジェクションマッピングを学校行事に活用し，図画工作科・美術科の存在感を示すこともできる。

（2）鑑賞―感じたことを気軽にシェア

　鑑賞の学習においては，実物と直接向かい合うことが理想であるが，それができない場合，複製や印刷物などとともに，ICT 機器を活用して効果的に鑑賞の学習を進めることもできる。また，意見交換にも有効であり，共有の画面上につぶやきを書いた小さな付箋を貼ることで，発言の苦手な生徒も意見の交流ができるようになる。アイスブレーキングに使ったり，意見を深める場面では顔を見合わせて話したりするなど，使い分けることが大切である。

　また，子供が感じ取ったことや考えたことを

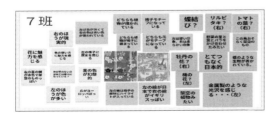

まとめたり，調べたりしたことをプレゼンテーションにして，互いに発表することも広がりのある活動として有効である。

2．ICT 活用の留意点

1）自分で考える前にすぐ調べてしまう

　「自分自身を見つめ内省したり深く考えたりせず，すぐ PC を開きたがる」という声をよく聞く。タイムパフォーマンスを考え，効率よく見栄えのいい作品をつくるために ICT に答えを求めていては，「自分だけの考え」は見つからない。それは，誰かの心に刺さったり，世の中を動かしたりする表現の力になるであろうか。自分の考えをもってから PC を開くように指導する必要がある。

2）見栄えのいい作品制作やソフトの習得が目的になってしまう

　新しい機能を使うワクワク感は大切にしつつ，題材で身に付けさせたい力を把握しておくことが大事である。

3）手を動かし紙や素材と格闘する体験が不足してしまう

　題を入力すると，AI がゴッホ風，モネ風の油絵まで描けるようになった現代，ICT は私たちがやりたいことをやるためのツールであるが，実体験とのバランスが大切である。

4）部品の寄せ集め活動になってしまう

　多くの素材（部品）が用意されており，レイアウトするだけで見栄えのいい作品ができてしまうが，選び取る力をつける，試行錯誤する，自分を見つめ自分の考えをもつなど「育てたい力」を明確にすることが大切である。魂が震えるような表現は，自分自身を見つめ主題を創出するところから始まる。　　　　（長尾菊絵）

109 教育機器
教育情報 ICT タブレット

図画工作科・美術科で
タブレット型端末を効果的に活用する
方法を教えてください

近年実施された国際比較調査により，日本の学校教育における ICT（情報通信技術）活用が十分ではないという側面が表面化した。このような経緯を踏まえ，すべての児童生徒がデジタルデバイスを使用できる環境の整備が進み，学習の充実を図るための取り組みが全国規模で推進されている。ここでは，図画工作科・美術科学習でのタブレット型端末（以下，タブレット）の効果的な活用方法とそのポイントについて示す。

1．映像メディア表現のツールとして

タブレットにはデジタルカメラの機能が搭載されているものが多く，また画像や動画の編集を行うアプリケーションに対応していることから，映像メディア表現のツールとしての使用が可能である。タブレットの画面上で直接，描画を行うことができるほか，撮影した写真を加工した表現を行うことも可能である。また，児童生徒が撮影した動画を編集して映像作品を制作する過程においても，専門的な知識を必要としない。粘土などでつくったキャラクターを少しずつ移動させながら，撮影した写真を基にして，ストップモーション・アニメーションを制作することも可能である。

図画工作科・美術科でタブレットを活用する際には，児童生徒が探求心をもってアプリケーションにふれる中で，新たな使用方法を思い付いて工夫して表現したり，各機能を生かしながら先の工程についての見通しをもって制作に取り組んだりすることができるように指導することが大切である。

2．情報を収集するツールとして

表現・鑑賞の活動において児童生徒が思考を深める際に，根拠となる情報を収集することは大切な学習過程である。

例えば，風景を描く題材における発想や構想の段階でタブレットを使用して，描く場所に関する情報を集める，自身が表したいイメージと関連する風景画を集めるなどの活用方法が考えられる。留意点としては，収集した情報を表面的に自身の表現に取り入れるという使い方にならないようにすることがあげられる。特に収集した情報の中に画像が含まれる場合は，それらの表現を安易に模倣するのではなく，自分なりに解釈した上で，表したい主題を生み出したり構想を深めたりするための資料として活用するように指導することが重要である。

また鑑賞においては，タブレットを使用して作品画像を閲覧するだけでなく，該当する美術作品などの歴史的な背景について調べ，使用されている画材や技法に関する情報を集めるなどの使用場面が考えられる。収集した情報と結び付けながら作品のよさや美しさを捉えることで，鑑賞の視点をより豊かなものにすることができる。

3．考えを共有するツールとして

児童生徒が学習の中で考えたことを交流する従来の方法としては発表や話し合いなどが主流であったが，タブレット及びネットワークを介することで，互いが記述した意見などを瞬時に教室全体で共有できるようになった。

このような機能の活用例としては，表現の途中段階においてアイデアスケッチやワークシートへの記述を共有し，他者の発想にふれることができるようにすることなどが考えられる。また，作品を相互鑑賞する前に各自が表したかった主題や表現上の工夫について記述したものを共有しておくと，作者の心情や意図について深く考える鑑賞とすることができる。いずれの活用例においても，記述をネットワーク上で共有することに終始するのではなく，直接的な対話の場面をあわせて設けることなどが重要である。

（竹内晋平）

110 写真表現の生かし方

図画工作や美術などにおける写真の活用について教えてください

1．フィルムカメラからデジタルカメラへ

　学校教育に写真が活用され始めたころは，まだ，フィルムカメラが中心であった。フィルムカメラは，撮影枚数に制限があり，撮影後には現像，焼き付けが必要なため，撮影したものを写真として見ることができるようになるには，時間が必要であった。

　技術の進歩により，それまでプロユースだったデジタルカメラが個人でも使えるようになり，徐々に学校現場にもデジタルカメラによる表現の活動などが増え始めてきた。現在では，スマートフォン，タブレット PC 等の普及により，さらに写真の表現が身近なものとなっている。令和 2（2020）年度には，文部科学省による「GIGA スクール構想」の推進により，特に義務教育段階では，1 人 1 台端末が実現し，タブレット PC 等によるカメラ機能を使った表現がよりいっそう当たり前のものになっている。デジタルカメラは，撮影したものをその場で確認でき，データの保存媒体の容量にもよるが，フィルムカメラとは比べものにならない枚数の写真を撮影することができる。

2．写真を通して育成するもの

　図画工作や美術の授業では，単に写真を撮影して作品をつくることが目的ではなく，「知識及び技能」の育成では，形や色，光などの造形の要素の働きや，イメージで捉えることを理解させること，創造的に表す技能を身に付けることが求められる。また，「思考力，判断力，表現力等」の育成では，発想や構想，鑑賞に関する資質・能力をはぐくむことが目的である。それに加えて，主体的に学習に取り組む態度や，感性や情操など「学びに向かう力，人間性等」を培うことも重要となる。このように，授業において写真のよさを考えるには，写真という手段を通して，目的である，どのような資質・能力を育成するのかを考えることが大切である。

（1）造形的な視点を豊かにする観点から

　私たちの身の回りや生活には，形や色などの造形の要素が溢れ，それらが複雑に組み合わさることでイメージをつくりだしている。写真を撮影しながら，こういったことに気付かせ，造形的な視点を理解させる活用が考えられる。例えば，「形や色で秋を見付けてみよう」というテーマを与え，校内を撮影し，それを互いに発表し，多様な視点をもたせるようにする。

（2）創造的に表す技能を身に付ける観点から

　主題に応じてカメラの様々な機能を使って表すことができるのであれば，創意工夫したり，創造的に表したりする技能も身に付けることができる。ただ，オートモードのカメラなどで単にシャッターを押すだけでは，創意工夫とは言いがたいので，使用できるカメラに応じて活用を考えることが大切である。

（3）発想や構想を育成する観点から

　主題を基に，ファインダーを通して構図などを創意工夫させ，構想する力を育成する。デジタルカメラでは，吟味して撮影するというよりは，数多く撮影した写真の中から後で自分がよいと思うものを選ぶ撮影の仕方も少なくない。したがって，しっかり考えさせて撮影ができるように，例えば，撮影枚数を「5 枚まで」などと制限したり，三脚を用意して構図を考えさせたりするなどの指導の工夫も大切である。

（4）鑑賞の力を育成する観点から

　（1）で示したような，共通のテーマを与えてそれぞれの場所で，形や色，材質，光などに着目させて撮影した後，それぞれが撮影した写真を交流することで，全体のイメージが明確になったり，自分では気付かなかった見方や感じ方を広げたり，深めたりすることにつながる。

（東良雅人）

111 美術鑑賞教育の目的・内容

鑑賞学習の目的や内容について
教えてください

1．鑑賞の意味

　鑑賞教育では一般的に「鑑賞」という文字が使用されるが，鑑賞に類似した言葉に「観賞」や「観照」がある。観賞は，英語でいえばadmiration であり，mira がラテン語の mirari から来ているように奇跡 miracle と同源であり，「驚愕する，褒め称える」という意味になる。観照は，美学的には，直感的に対象の美を感じることに通じるが，英語では contemplation であり，templ がラテン語の templum，すなわち寺院のように世俗を離れた神聖な場所で主観を交えず冷静に熟考して意味を明らかにすることを意味する。

　一方，日本語の鑑賞という言葉は，本来「鑑（かがみ）」，つまり手本に照らして価値を吟味することであり，何らかの価値基準に照らしあわせて判断するという意味合いが強い。これに対して英語の appreciation は，語源的には貨幣を支払うという意味であり，価値あるものに鑑賞者が値踏みをすることを示している。つまり，鑑賞者が鑑定をするのであり，鑑賞者個々の価値判断を重視することを示唆している。

2．鑑賞が重視されてきた背景

　美術科教育では，かつては表現学習が重視され，鑑賞学習が実践化されにくい状況があったが，鑑賞学習への理解も進んできた。その背景について触れておきたい。

（1）鑑賞メディアの変化

　美術に関連するデジタルメディアの動向を見ても，鑑賞を全体的な印象や，形態や色の造形的要素だけに還元することなく，読み取りの方法論に対する示唆を与えるものも多い。言語活動が重視される一方で，芸術作品の解釈や評価を言葉のみで概説するのではなく，WEB 上の情報をはじめ，多様な視覚資料を提示しながら，実証的な方法によって解釈を与えることで，読者に絵解きの快楽を共有させるものになっている。子供向けの芸術作品鑑賞関連書籍も充実してきていて，その特徴は，子供に身近なテーマに沿った作品を提示したり，仕掛け絵本のように操作を必要とする部分を取り入れたりして，興味・関心を高めるようにしたことである。

（2）美術史学の変容

　こうした鑑賞メディアの多様化の裏には，一部美術史学の変容もある。1970年代以降のニュー・アート・ヒストリーによって伝統的美術史がイコノロジー（図像解釈学）などにとらわれていたことを批判し，美術史を「社会史」とみなして社会的意味についての検討をするようになった。特徴としては，従来からの様式の分析，図像の解読にとどまらず，美術商やコレクターとの関連，画家の日常のあらゆる事実の収集と記述などを行い，芸術（家）と社会的文脈との相互作用に視点を向けることにより，作品をより広い文脈から捉えるものに変化させたことである。

（3）美術館教育の発展

　欧米の美術館教育に触発されて，日本でも美術館教育が1990年代以降急速に発展し，各地の美術館でワークシート，セルフガイド，ワークショップなどが準備され，来館者と所蔵作品を接近させる教育普及活動が活発化してきた。平成10（1998）年の学習指導要領では，鑑賞がすべての学年で独立して指導できるようになり，地域の美術館・博物館の利用が促された。それ以降，学校と美術館の連携が活性化され，美術館の側でもアウトリーチ・プログラムなども実施されるようになった。

（4）アメリカの美術教育の影響

　アメリカの美術教育は，1970年代前後まで創造主義一辺倒であった。この反省から，E・

フェルドマンやE・アイスナーらによる教育的美術批評を契機として，1990年代前後にはアカデミックな側面を前面に出したDBAE（Discipline-Based Art Education，学問に依拠した美術教育，p. 38参照）では，創造表現のみならず，美術史，美術批評，美学などの領域からのアプローチを含めることで美術の知的な側面を強調し，教科としての位置付けの強化をねらった。その後，ビジュアル・カルチャーによる対象の見直し，教育における21世紀型スキルの検討，教育スタンダード策定による学力重視政策の動きもあって，美術教育では表現と鑑賞に関わる資質・能力の明確化などもされてきた。こうした動きも日本の「よさを感じ取る」だけの印象が強かった旧来の鑑賞教育に，知覚的側面への関心を高めることに寄与したと考えられる。

3．鑑賞教育の対象

このような鑑賞教育を取り巻く状況の変化により，学習指導要領でも平成10年以降鑑賞指導の充実が目指され，すべての学年で独立した指導や美術館の活用なども示唆され，学習方法も変化してきた。

鑑賞といえば，名画に代表される芸術作品を対象として思い浮かべることが一般的であるが，鑑賞教育では鑑賞の対象をこうした芸術作品に限定することを求めてはいない。図画工作の学習指導要領でも，低学年では「身の回りの作品などを鑑賞する活動を通して」とあるように，子供の身近な環境すべてがその対象となる。子供が登下校の路上でふと気付くものなどから，生活用具，音環境やWEB上の動画までもがその鑑賞の対象となる。これらを意識させるためには，日頃から気付いたことや発想したことを記録するための学習ツールとして「ダ・ヴィンチ・ノート」（例）などを作成する必要がある。また，芸術作品といっても本物に触れる機会は限られており，美術館のアートカードやWEB上のメディアの形をとることが多い。しかし，それらは複製であっても，美術館の本物の作品鑑賞の代理体験を引き起こしたり，興味関心を高めたりする貴重な情報源である。

4．鑑賞の方法

鑑賞学習の方法に関しては，多様な方法論が提示されてきたが，1990年代ごろから美術館の教育普及活動に由来するVTS（対話型鑑賞法）と呼ばれる方法が注目された。学校現場における鑑賞教育の課題には，美術作品に関する知識の欠如，言語能力の優位性，評価の困難さ，美術館教育との差異化などがあるが，対話型鑑賞は，教師に対象作品の背景知識がなくても，子供同士が相互に交流することで一方的な知識主導型の教授を回避して，子供独自の見方を構成することにつながるため，歓迎される部分もある。一方で，作品鑑賞の深まりが期待できず，「はいまわり」の学習にとどまる場合もある。こうした点からも，資質・能力の明確化によって相互交流による主体的・創造的な鑑賞力の育成や知的側面の投入も含めた具体的方略をもつ学習方法の改善などが求められる。

子供の作品の展示に関しても，従来は教室の壁に貼ったり，棚に陳列したりするだけであったが，自己表現の一種と考えるならば，展示場所や方法を子供たちがこだわりをもって考えることも重要である。

5．鑑賞学習の目指すところ

現行（平成29（2017）年版）の学習指導要領では，鑑賞に関する資質・能力は，「思考力，判断力，表現力等」に位置付けられ，表現学習を通して育成する発想や構想に関する資質・能力と合わせて育成するものとされている。鑑賞において造形的なよさや美しさを感じ取ったり，表現の意図と工夫などについて考えたりするなどの見方や感じ方を育成することは，「思考力，判断力，表現力等」という汎用的な資質・能力の育成に関わる学習活動であることに留意しておきたい。

（福本謹一）

112 鑑賞の観点

鑑賞教育のいろいろな観点について教えてください

　鑑賞学習の目的は，美術作品や身の回りの造形などからよさや美しさ，表現の意図と工夫，美術の働きや美術文化について考えるなどして，見方や感じ方を深めることである。鑑賞の対象も，歴史的に価値の認められた美術作品から，現代美術や身の回りのデザインされた製品や工芸品，建築，都市など様々に想定できる。

　鑑賞の方法では，友人や教師と話し合ったり，自分の価値意識をもって批評し合ったりすることが考えられる。それらによって美意識を高め，幅広く味わうことを促すことができる。以下では，鑑賞活動の手立てとしての観点を説明する。

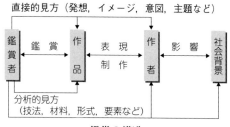

鑑賞の構造

1．美術史的観点

　従来の鑑賞教育で最もよく行われていた観点で，絵画，彫刻，工芸，建築などの各領域にわたって系統的に配列しやすい方法である。時代配列で各々の分野の相互の関係を把握することができる。知識の教授に偏る傾向があるが，児童生徒の興味により，主体的な学習も可能である。特に，中学，高校では作品の周辺的な知識を得ることで，美術への興味を高めることができる。

2．技術，技法の観点

　表現に関連する鑑賞学習で最も具体的な観点である。技術，技法の理解と習得によって表現への工夫がなされる。例えば，絵画では幻想的な表現を題材とするもの，デザインのモダンテクニックなどがあり，現代美術の鑑賞にも通じる。また，彫刻，工作・工芸では基礎的な技術が要求されるので，個々の教材についてまとめの時間などに鑑賞を進めることが必要である。

3．造形要素の観点

　点，線，面，色彩などの造形要素や，リズム，プロポーション，ハーモニーといった視覚言語からの鑑賞はデザインや構成の学習だけでなく，造形原理としてすべての領域に共通するものである。現代美術においては，一つの要素だけで表現されているものもあり，色や形そのものの美しさを感じ取らせることが必要である。

4．主題や発想の観点

　作者の制作意図や表現主題，発想を理解するには，分析的，知的方法によることもあるが，直感的に把握することが必要である。絵画や彫刻では表現主題はその作品の根幹をなすものであり，知識による理解もその手立てとなるが，数多くの作品に触れることによって直感的理解を助長できる。デザインや工作・工芸などの機能的な表現を目的とする場合においても，作者の発想や美的判断は直感的方法によることが多く，色彩や形態の感覚訓練のためにも，主題や制作意図の観点での鑑賞の機会が必要である。

5．用途や機能の観点

　主にデザインされた作品についての鑑賞で，使用目的，人間工学などの機能からの観点を設定して，工作や工芸品などの鑑賞を行う。

　以上，鑑賞の観点を便宜的に設定したが，鑑賞教育は個々の観点からの理解や周辺的な知識の習得が先行するのではなく，鑑賞者が主体的に見る態度を養うことが第一義である。

（福田隆眞）

113 対話による鑑賞の実践

対話による鑑賞をすることの
よさは何ですか

1. 対話による鑑賞とは

　美術館で作品を鑑賞する様子を思い浮かべると，おそらく，黙って作品と対峙し，一人で作品を感じる様子を想像するのではないだろうか。自分の心の中で作品のよさや面白さ，不思議に思うことを自問自答したり，キャプションに書かれていることをヒントに作品を感じたり…というのが，多くの人がイメージする鑑賞の様子であろう。しかし，ここで述べる対話による鑑賞とは，そのようなイメージとは全く異なる鑑賞の仕方である。

　対話による鑑賞とは，1980年代半ばにアメリカのニューヨーク近代美術館（MoMA）で開発されたアートの鑑賞法である。対話による鑑賞で一般的なのは，司会役1名と作品を鑑賞する人たちが一つの作品を鑑賞する方法である。司会役は「ファシリテーター」と呼ばれ，参加者から作品を見て感じた自由な感想や発言を引き出していく。司会の役割は，参加者同士で作品についての対話の促進をすることで，参加者が互いの感想を聞き，自分の考えに取り入れる手助けをしていくことになる。

2. 対話による鑑賞の教育的効果

　学校現場で行われる対話による鑑賞として，小学校5年生が美術館の学芸員とともに行った，絵の鑑賞を紹介する

　猪熊弦一郎の『鳥・猫・子供・魚』という絵では，司会が「何が描かれていますか？」と児童に問うと，「人が居る」，「女の人かな」，「鳥もいるよ」，「魚もいる」，「あれは猫じゃない？」と児童は口々に見えたものを発言した。司会はさらに問いを続け，「魚は何匹？」，「鳥

は何羽いる？」など，児童が発言したことをもとに聞いていく。すると，「2匹」，「いや3匹だよ，だって…」と意見が違い，さらに絵を注意深く見るようになる。

　河井清一の『休み日』という絵では，司会が「何時くらいだと思う？」と問うと，「朝じゃないかな，目が明るいし，差し込んできている」，「昼間じゃない？　差し込む光がやわらかいよ」など，描いている技法にも目が向き始めた。ほかにも，司会が「季節はいつだと思う？」と問うと，「夏！　ひまわりが咲いているよ」，「テーブルの果物も夏のものじゃないかな」，「緑が鮮やかだから，新緑の季節だと思う」と，友達の発言を手がかりにどんどん意見が出てきた。描かれている人物についても，どういう関係なのか，どのような気持ちでいるのか，「描かれているものを言ってみよう」という発言しやすい問いから始めることによって，「描かれているのは家族だと思う」，「この人がお姉さん，妹，お兄ちゃん，お母さんは一番下の子に食べさせてあげている」，「お兄ちゃんはちょっとつまらなそう」，「早く外で遊びたいのかも」などの発言があった。司会が「どうしてそう思うの？」と聞くと「だって，一人だけ麦わら帽子をかぶっているから」，「それに遠くを見ているような表情に見える」と描かれたことを根拠に児童は話し始めた。それを聞いた周りの子も「なるほど」，「ほんとだ！」と絵の印象がぐっと深まっていった。

　対話による鑑賞のよさの一つに，自分だけでは気付かなかった作品の魅力を見付けられることがある。他者の意見を受け入れ，自分の考えを受け入れてもらえる体験をすることができ，幼児から大人まで行うことができる。作品をはじめに見た印象と対話を行った後の作品の印象では，大きく違ってくる。絵は作者を知っていなければ楽しめないのではないか，という固定概念を覆し，作品そのものを楽しむことができる。

（岡田三千代）

114 小学校の鑑賞 低学年

低学年における鑑賞の題材と学習のポイントは何ですか

1．低学年の鑑賞学習のポイント

　この年齢の児童は，小さなものを集めたり，並べたり，積み重ねたり，何かに見立てたりしながら，全身で遊ぶことが好きである。例えば，ごっこ遊びの中でどんぐりが，お金にも宝石にも食べ物にも人形の代わりにもなり，その世界に浸りきって遊んでいる。どんぐりが3つあれば，想像力をふくらませて3人家族の話ができあがり，どんぐりの手触りやつや，微妙な色や形の違いを無意識に感じながら，どんぐり人形の役割や性格を決めるのである。

　平成29（2017）年版小学校学習指導要領では，第1学年及び第2学年の内容「B鑑賞」（1）アに，以下のように示されている。

> 身の回りの作品などを鑑賞する活動を通して，自分たちの作品や身近な材料などの造形的な面白さや楽しさ，表したいこと，表し方などについて，感じ取ったり考えたりし，自分の見方や感じ方を広げること。

　作品の「よさや美しさ」を判断するのが鑑賞学習であると考えがちであるが，「よさや美しさ」という言葉は高学年以降の学習内容ではじめて出てくる。その前段階の学習内容として低学年では，「面白さ」，「楽しさ」と示されている。つまり，低学年では，児童が「面白い，楽しい」と思える体験的な鑑賞，感覚的な気付きができる鑑賞の学習が重要なのである。無意識に過ぎ去っていく多くの気付きをどれだけ意識化させ，どれだけ友達と共有させられるかが教師に求められる。

　鑑賞の対象となるのは，自分たちの作品だけではなく，身近にあるすべてのものが考えられ

る。自然や様々なもの，材料などである。無理に芸術作品を扱う必要はないが，作品の中から見付けたものについて話し合うことも考えられる。

　様々な対象を扱うためには，多面的な鑑賞活動を設定していくことが必要である。例えば，造形遊びの中で鑑賞学習の場面を設けることで，視覚だけではない感覚的行為を伴った鑑賞を仕組むことができる。

2．低学年の鑑賞の題材例

　小学校2年生の写し取る（フロッタージュ）行為を基にした「鑑賞遊び」の題材例を示す。作品の鑑賞ではなく，手で触って感じたテクスチュアの違いも鑑賞することができる。

2年「さわって，こすって，うつして」

学習の流れ	児童の様子
1．硬貨の写し絵を見て，どのようにつくられたか考える。【動機付け】	・コピー機で写したのかな ・本物そっくりに描いたのかな ・スタンプみたいに押したのかな
2．様々な紙と様々な描画材をもって，校内でいろいろなものをこすりだしていく。【探る試す】	・へこんだところも，飛び出たところも絵になるね ・色は写らないなあ ・ふわふわしたものも写せるかな ・写すと違うものに見えるよ
3．テクスチュアの違いや，紙や描画材の写しやすさについて話し合う。【気付きの意識化と共有化】	・分厚い紙ははっきり写らないね ・パスやペンではやりにくいよ ・鉛筆や色鉛筆がきれいに写るね ・鉛筆の持ち方でも変わるよ ・デコボコすぎたら写らないよ
4．写し方を工夫しながら，たくさんのものを写す。【発展】	・色を重ねるときれいだね ・ずらして写すと面白いよ ・細い葉っぱ4枚でトンボの羽ができたよ
5．何を写したかクイズをする。【気付きの共有化】	・まるで猫の顔に見えるね ・えー，わからなかったよ，後で触りに行ってこよう
6．みんなが写したものを似たものでわけて，特徴にあった名前をつける。【弁別学習・違いの意識化】	・トゲトゲした感じグループ ・かわいい色グループ ・同じ紙グループ ・大きなものの一部を写したものグループ

　写し取る行為の中で個々に鑑賞したことを，学級や小集団でクイズにしたり，グルーピング作業をしたりすることで，見ることを基にした話し合いが促進される。そうして鑑賞が意識化され，共有化される。

（佐野真知子）

115 小学校の鑑賞 中学年

中学年における鑑賞の題材と学習のポイントは何ですか

鑑賞とは，作品などを見たり，友人と話し合ったりするなど様々な活動や行為を通して，児童が「思考力，判断力，表現力等」を伸ばし，自分の見方や感じ方を広げる学習活動である。以下に，その活動の要点を示していく。

1．児童の発達段階を捉えること

この時期の児童は，自分と対象とを一体的に捉え，触ったり，見たり，体全体で感じる傾向を残しつつ，対象や事象と自分の印象とを分けて捉える姿が見られる。また，友達との差異に気付き，それを自分の表現に取り入れることが意図的にできるようになる。このような発達段階を踏まえて題材を考えたり，指導計画を立てたりして，授業を展開することが大事になる。例えば，授業の中で友人の意見を紹介するなど，児童同士をつなげるような言葉がけをすることで，造形的なよさや面白さについて考える，友人と共感し合う，イメージを見つめ直すなど，自分の見方や感じ方を広げることができる。

2．学習指導要領を踏まえた鑑賞活動を行うこと

学習指導要領第3学年及び4学年「B鑑賞」（1）アには，次のように示されている。

> 身近にある作品などを鑑賞する活動を通して，自分たちの作品や身近な美術作品，製作の過程などの造形的なよさや面白さ，表したいこと，いろいろな表し方などについて，感じ取ったり考えたりし，自分の見方や感じ方を広げること。

このように，鑑賞の対象をしっかりとつかみ，鑑賞活動を通して児童が感じ取ったり，考えたりする内容を理解して指導計画を立てることが重要になる。例えば，児童に提示する題材

と関連がある作品や日用品や伝統的な工芸品を鑑賞して，見方や感じ方を広げてから表現活動に入るなどの指導計画を工夫することで，鑑賞と発想や構想の関連が図られ，学習指導要領が求める「思考力，判断力，表現力等」の育成を行うことができる。

3．表現と鑑賞の往還を促すこと

見ることとつくることは表裏一体である。友達の様子を見に行くことができるようにしておくことで，発想や構想のヒントになることもある。また，友達の表現を参考にして，技能を高めることもできる。例えば，児童が互いを意識できるような距離感をつくったり，動線を予想して材料や用具を配置することで，自然と鑑賞する活動を促すことができる。また，絵や立体，工作の完成した作品の展示の仕方を工夫して，児童が能動的に鑑賞活動へ向かうようにすることで，次の表現活動への期待感や意欲につながり，表現と鑑賞が往還することができる。

自然と表現を鑑賞する様子

4．言語活動の充実を促すこと

感じ取ったことや思ったこと，考えたことなどを話したり聞いたり，文で書いたりすることが重要である。例えば，教師が児童と対話をしながら鑑賞活動を促して，「どうしてそう思ったの」，「どこからそう感じたの」などと問い返し，児童の中の感じたことや考えたことを表出させることで，言語活動の充実を図ることができる。また，アートカードを活用して鑑賞する活動を独立させて集中して行うこともできる。

以上のように要点を押さえ，鑑賞の活動を充実させることで，児童の資質・能力をいっそう高めることができる。

（川真田心）

116 小学校の鑑賞 高学年

高学年における鑑賞の題材と 学習のポイントは何ですか

1. 鑑賞の題材と学習のポイント

　知的好奇心・社会性が高まる高学年になると，子供は作品をよく見て考えるようになる。そこで，「主体的・対話的で深い学び」の視点に立って小学校高学年での鑑賞授業をデザインする際，以下の4つのポイントが重要となる。

（1）よく見るために「みる」

　「よく見るために『みる（≒観る）』」とは，「何となく見る」から「主体的にみる」に変化することである。授業で個々の気付きを共有することで，自分が気付かなかった視点を知る。例えば，ピカソの『ゲルニカ』に描かれた6人の顔だけを図版で見せる。子供は「1人だけ黒目がない」と気付く。こうした気付きを共有することで，「自分が見落とした視点」に気付き，改めて作品をよく「みる」ようになる。

（2）よく考えるために「みる」

　「よく考えるために『みる』」とは，表現された色や形の意味を追求することで，作品の美しさや面白さ，作者の意図やメッセージについて考えを深めることである。子供は，既習の知識から作品を考えることはできるが，知り得ない知識を基にみることはできない。そのため，様々な問いや情報を，他の子供や教師から投げかけられれば，「なぜだろう」，「そういうことか」と考えを巡らせ，作品をよくみて考えるよ

うになる。例えば，『ゲルニカ』で「黒目がないのはなぜか」と投げかけると，「死んでいるのでは」と意見が出る。さらに，教師が制作された年を「情報」として提示することで，子供自身が「戦争」というテーマと結び付けてみることができるようになる。

（3）よく味わうために「みる」

　「よく味わうために『みる』」とは，作品の造形的な美しさに気付き，美的体験として「いいなあ」，「すてきだな」と味わうことである。子供は，自身の生活経験や鑑賞体験を基に作品をみる。みる経験が未熟な子供は，作品のよさを味わうことが難しい。子供の作品の校内展示，作品の画像写真を検索できる環境，美術館での作品鑑賞など，数多くの鑑賞経験が必要である。また，日常的に自然美にも目を向けさせ，自然の造形美を味わうことも鑑賞体験を豊かに広げるために重要な視点である。

（4）よくつくるために「みる」

　社会性が育つ高学年になると，「よりよく描きたい，つくりたい」と考えるようになる。しかし，表現の経験値が減少している中，表現技法について「こうすればこうなる」という手順や仕組みを知る必要がある。実際の作品をじっくりみる，制作の様子を間近で観察する，制作過程を写真や動画でみるなどして，描き方やつくり方をよく理解し，トライ・アンド・エラーを繰り返すことで，自分の表現したいイメージに近付けることができる。「よくつくるために『みる』」のであり，さらに「よくつくることでより豊かに作品をみる」のである。

2. 鑑賞の授業をデザインするために

　鑑賞の授業をデザインする際，以上の4つのポイントを基に，「なぜその作品を見せるのか」，「子供にどのような資質や能力を付けさせたいのか」という検討を十分にする必要がある。そのためには，教師自身が作品をみて考え，深く理解し，味わわなければ，「よくみて考え，味わう鑑賞体験」へ子供を導くことは難しいであろう。

（小崎真）

117 中学校の鑑賞

鑑賞学習の目的や内容について教えてください

1. 鑑賞の重要性

現行（平成29（2017）年版）学習指導要領の中学校美術科の教科目標には，「造形的な見方・考え方を働かせ，生活や社会の中の美術や美術文化と豊かに関わる資質・能力」を育成することが示されている。ここでの「豊かに関わる」とは，将来，美術を生かした職業に就くような深い関わり方だけでなく，美術館へ出かけて鑑賞すること，デザインにこだわってものを選ぶこと，生活の中の自然物や人工物からよさや美しさなどを感じ取ることなど，様々な関わり方がある。そのような資質・能力を育成するためには，美術作品だけでなく，身の回りの造形や美術に対して見方や感じ方を深めていくような鑑賞の学習が重要である。

2. 美術作品の鑑賞

絵や彫刻，デザインや工芸などの美術作品を鑑賞する学習では，造形的なよさや美しさ，作者の意図や表現の工夫などを感じ取って考えることが大切である。その際，例えば人物画を鑑賞する場合，表情や構図，色彩などの造形的視点に着目させ，それらの効果を生かして人柄や心情などをどのように工夫して表現しているかを，考えさせることが大切である。平成29年版の学習指導要領では，美術作品の鑑賞の内容を，絵や彫刻などの鑑賞と，デザインや工芸などの鑑賞に分けて示し，表現の指導事項との関連を明確にしている。これは表現と組み合わせて，鑑賞で学んだ「造形的な見方・考え方」を働かせて発想や構想することで学びが深まることをねらいとしている。

3. 生活や社会の中の美術，美術文化の鑑賞

私たちは，自然物，人工物も含めて，様々な造形に囲まれて生活をしており，それらからいろいろな感情やイメージ，情報などを受け取っている。このような造形や美術の働きは，意識しなければ気付かないことも多い。授業の中で，様々な視点に気付かせ，豊かに感じ取る体験を積み重ね，その楽しさや喜びを味わわせていくことで，生活の中の造形から何かを感じ取ろうとする姿勢や感じ取る力が育成されることになる。

また，美術文化は，一つの作品を鑑賞して理解することは難しい。ある国や時代の複数の作品を鑑賞し，共通に見られる美意識や創造的な精神等を感じ取ることにより理解できるものである。したがって，気付かせたい美意識や価値観が理解できる発達の段階を考慮して指導する必要がある。例えば，古い仏像から「古くて綺麗ではないが，美しさを感じる」といった美意識は，中学校後半の学年になってわかるものである。このように美術は，生徒の心や知的発達と関連しており，その年代にならないとわからないことやできない学習がある。美術文化の学習においても，生徒の発達の段階等を考慮して，取り扱う内容を検討することが大切である。

4. 鑑賞の指導の留意点

鑑賞の学習はいうまでもなく，定まった価値を一方的に学ぶものではない。作品などに対して自分としての意味や価値をつくりだす創造活動である。授業の中で他者と対話することなどで，自分一人では気付かなかった見方や感じ方に気付き，学習が深まるものである。鑑賞を深めるためには，先入観にとらわれずに作品などをしっかりと見ることを大切にし，それとともに歴史的な背景や他者の考え等も知り，自分になかった視点や考えをもつことも大事である。それらも知った上で，自分の目と心でしっかりと捉えて，自分の中に作品に対する新しい価値をつくりだしていくことが重要である。

（村上尚徳）

118 日本美術の鑑賞

日本美術の鑑賞のポイントを教えてください

1．日本美術の特徴

辻惟雄は『日本美術の見方』(1992) の中で，日本美術の特徴として，①自然観，②装飾性，③非装飾性，④遊戯性，⑤非遊戯性の5点を指摘している。

①自然観とは，四季を表現するということのみならず，日本文化が常に自然とともにあるということを表している。例えば，日本と西洋の庭は造りが異なる。日本の庭園は自然になじむように造られていたり，枯山水のように自然に見立てたりする。西洋の庭園は幾何学的に整えられ，自然とは切り離される。②装飾性と③非装飾性，④遊戯性と⑤非遊戯性は，表裏の関係にある。②の装飾性とは，琳派のような工芸品や絵画作品に共通して見られるものであり，華やかさを追求したものである。それに対して③の非装飾性は，「わび・さび」に見られるような省略化・簡素化されたものを表す。④の遊戯性とは『鳥獣戯画』や浮世絵の判じ絵（謎解き絵）のような作品で，表現テーマや内容にその特徴を見ることができる。⑤の非遊戯性とは，日本人の真面目さを表しており，繊細さや巧妙さなどが特徴である。

2．鑑賞のポイント

（1）教材を選ぶ

限られた図画工作科・美術科の時間で，日本美術の鑑賞にどれだけの時間を要し，どのような教材を選ぶかは重要である。区分として時代，表現分野，作家など様々であるが，発達段階や他教科との学習との関連性等，より効果的なタイミングで指導したい。例えば，地域学習での伝統工芸，修学旅行での仏教美術や建築物，社会科の歴史分野との関連で学ぶ文化的作品等，効果的な学習を考えたい。

（2）教材の価値を捉える

日本美術のよさや価値は，なかなか理解されにくい。西洋美術に対する価値観が，日本美術の価値観よりも重視されているからである。事実，鑑賞の機会でもある美術館の企画内容は，昨今では浮世絵や仏像，水墨画などを取り上げることが増えてきたものの，戦後以降，日本美術の企画は稀であった。そういう意味でも指導者自身が日本美術にふれ，よさや価値を実感しておくことが重要となる。

（3）子供が価値を実感できるよう工夫する

教科書で取り上げられている作品には鑑賞する視点や作品の価値に関わる資料や情報が掲載されている。価値を説明し，伝達するだけでは，日本美術の本質的な特徴を味わわせることはできない。日本美術の本質的特徴とは，前述の①～⑤である。問いを工夫し，見方・考え方が働くように子供たちを導き，日本美術のよさや価値を実感させたい。

3．鑑賞の実際

ここでは「水墨画を味わう」ことを紹介する。水墨画は，子供たちにとっては「地味で，寂しいもの」という印象が強い。それは日本美術の「非装飾性」と結び付く。事実，水墨画に見られる余白は，「時間的・空間的な広がり」といった意味合いをもつ。子供たちに下図の雪舟の作品を鑑賞させ，余白に対する意見を求めたときに「春の霞を感じる」，「季節の移り変わりを感じる」，「風景の奥行きを表している」，「場面をつなぐためにある」，「見る人を休ませるためにある」といった感想が出た。どの意見も正しい。省略されている部分を想像してみることは，水墨画の楽しみ方の一つである。

雪舟作 『四季山水図巻（春の部分）』(毛利博物館蔵)

（足立直之）

119 西洋美術の鑑賞

西洋美術の鑑賞のポイントを教えてください

1. 作品の中の象徴や寓意

　西洋美術の鑑賞に際しては，先入観にとらわれずに一人一人の関心の赴くままに作品を見つめる場が用意されるべきだが，授業では制約がある。だからといって，鑑賞指導が必要でないということにはならない。作品が誕生したプロセスや歴史的背景には無知なまま，「好き」，「嫌い」の次元にとどまる在り方は，安易な消極的指導法にほかならない。

　西洋美術の鑑賞指導の方法は様々だが，例えば，象徴や寓意が絵の中に隠されていることを発見する学習は，中世からルネサンスにかけてのキリスト教美術の作品や17世紀のオランダ静物画などの鑑賞にとって重要な意味をもつ。例えば，静物として描かれた果実は逸楽や栄華の象徴であり，その果実が腐りかけていた場合や葉が虫に喰われていた場合には，人の一生というものの虚しさ・儚さを暗示していることを知ったならば，見る者のイマジネーションは格段に深まるはずである。

2. ロマン主義・印象派・表現主義・シュルレアリスム・現代美術の作品鑑賞

　上記と対照的なのが，18世紀末から19世紀初頭にかけて西ヨーロッパ諸国に起きたロマン主義美術であり，代表的なアーティストとして，ドラクロワやターナーがいる。彼らは壮大な歴史的な場面も描いたが，前者は親しい人々の肖像画を描き，後者はのびのびした海辺の空間を表す水彩画も描いた。

　1870年代半ばから始まる印象派に属する画家たち，すなわち，マネ，モネ，ドガ，ルノワールらは，宗教絵画と決別し，市井の人々の暮らしや心安らぐ木漏れ日や水面など屋外の風景を描いた。

　さらに，ヴラマンクやデュフィー，キルヒナーらが切り拓いた表現主義は，ポスト印象派に属するゴッホの影響も受け，色彩による内面の心情吐露や激しい筆遣いによる感情表現を追求した。

　ロマン主義から印象派や表現主義者まで，この時代の画家や彫刻家は，宗教的象徴を表現する絵画の伝統を否定し始めた。また，依頼者の意向に従わずに，自身の想像力が赴くまま創造活動を展開した。同時に，それは社会や自己を深く認識する過程でもあった。

　20世紀になると，作家たちの活動はいっそうアグレッシブになる。既製のオブジェ（物体）を美術館に展示することによって，美術という一種の制度それ自体を嘲弄したデュシャンは，その代表格である。無意識の世界を追究したダリ，マグリット，エルンストら，シュルレアリストたちの常識世界を覆す表現も重要である。また，アメリカの抽象表現主義の代表的な作家であるポロックは，キャンバスに自己の行為の痕跡を残すことに腐心した。このように，現代美術の黎明期に位置する作家たちの表現は，単なる自己満足や挑発ではなく，社会や自己に対する冷徹な批判精神の表れである。

　現代美術の鑑賞は，伝統的な美術作品の鑑賞と同じく，同一の主題に基づく複数の作品を比較させる比較鑑賞法や，伝記などの資料に基づく調べ学習も可能である。しかし，多義性に富んだ現代美術の作品にアプローチする有効な方法として，既出の項目で学んだ対話型鑑賞法があることを忘れてはならない。

　西洋美術の鑑賞学習全般について教師に求められる題材研究とは何であろうか。端的にいって，そこには2つの側面がある。1つ目は，作品の背景にある各時代の芸術観，そして画家や彫刻家が追究した主題の把握である。2つ目は，学習者に自由な連想や空想を羽ばたかせる機会を提供することである。　　　　（山木朝彦）

120 アジアの美術の鑑賞

鑑賞活動に生かせるアジアの美術について教えてください

1．アジアの美術文化

　美術という概念は西洋由来のものである。アジアに美術が入ってくるのは近代で，もともとあった土着の民族的な造形文化も取り込んで，美術文化が形づくられていった。

　平成29年版中学校美術科の学習指導要領には，「我が国を含むアジアの文化遺産」について取り上げることが示されている。これまであまり注目されてこなかったアジアの美術だが，グローバル化が進む中で，日本とアジアの他の国や地域の文化との関わりを考えたり，アジア美術としての共通性や相違を考えたりする鑑賞の在り方も必要になってくる。

2．民族文化

　アジアには多様な民族が存在し，独自の生活様式や宗教などを通して，多様な造形文化が生み出されている。民族と生活，宗教という観点を通して，衣裳や装身具，建築や調度品，寺院や宗教美術などを鑑賞の対象とすることは有効である。

　例えば，「ジャワ更紗」と呼ばれるインドネシアのバティックは，東南アジアに広がる染織文化の一例として注目できる（図1）。また，アジア各地の仏像を見ると，仏教に対する受け止め方が仏像の姿形に現れていて興味深い。

図1　インドネシアのバティック
出典）Pepin Van Roojen, Batik Design, The Pepin Press（Amsterdam, Kuala Lumpur），p.51, 1993.

3．近代美術と伝統美術

　近代に西洋美術を受け入れたアジアでは，それぞれの国や地域の事情を反映した表現が生み出された。土地の風景，民族的なモチーフ，生活や風俗などを，油彩や水彩で描き，「アジアの美術」を追求した画家たちの取り組みは，鑑賞の対象として意味がある（図2）。

図2　リウ・カン『川辺の生活』（1975）
出典）Low See Wee (eds.), Siapa Nama Kamu? Art in Singapore since the 19th Century, National Gallery Singapore, p.188, 2015.

　また，水墨画のように，各地に広がりながら，西洋美術に触発されて新たな画題や様式へ発展していった伝統美術も多い（図3）。

図3　チェン・チョンシー『湯あみの後』（1952）
出典）同上，p.239.

4．多文化社会と現代の美術

　アジアの主要都市では国際的な美術展が開かれ，活況を見せている。シンガポール，ジャカルタ，バンコクなどは東南アジアの現代美術の拠点都市となっている。

　現代美術の表現方法は多様であるが，作家が地域の空間や人々との関わりの中で表現活動を行うことも多い。また，多民族・多文化社会が多いアジアでは，作家自身のアイデンティティを問う表現もよく見られる。

　アジアの美術を概観すると，民族文化，伝統美術，近代美術，現代美術のつながりが見えてくる。個別の作品の鑑賞もいいが，時間や空間，文化圏の広がりを意識しながら鑑賞することも有効である。例えば，シルクロードを通して伝えられたアジア美術は少なくない。国を超えた文化圏という視点で美術文化の伝播や交流を考えることは，これからの時代の美術科教育に必要である。

（佐々木宰）

121 美術館との連携

美術館・博物館と連携する際に
考えるべきことは何ですか

昨今では，教科の授業，校外学習，班別活動，キャリア教育等の一環として，学校による美術館・博物館利用が増加している。一方で，美術館・博物館を訪問することが目的化し，「連携」と呼べる活動に至っていない事例が多いことも否めない。自明であるが，「連携」とは一方通行では成し得ず，学校と美術館・博物館双方の知見を分かち合い，互いの現状も含め相談し合いながら，活動を協力して実施することである。ここでは，美術館・博物館との連携に際し，検討すべき点，必要とされる視点などを見ていく。

1．美術館・博物館との連携

「子供たちを本物の作品と出会わせたいから」，「子供たちを義務教育課程の間に美術館・博物館に一度は連れて行きたいから」など，訪問する理由はいくつも聞こえてくる。しかし，教育課程において美術館・博物館との連携を考える上では，教科の授業であるか校外学習であるかなど，利用形態にかかわらず，美術館・博物館連携以外の活動と同様に，対象とするのはどのような子供たちなのか，また，美術館・博物館の活動を通してその子供たちにもたらしたい学びは何か，身に付けさせたい力は何か，通常の学習活動とどのように関連付けるのか等を教師が明らかにして，ねらいを設定することが，まず何よりも重要である。

2．ねらいの設定の重要性

活動のねらいが定まっていなければ，美術館・博物館が活動内容決定に際し，教師の相談にのることは容易ではない。美術館・博物館主催のプログラムの企画時にも，対象，目標，

もっといえば将来的な目的を捉えて，プログラム内容を考案することが必須である。多くの美術館・博物館では，学校から団体利用の問い合わせもしくは連携活動の依頼を受けた後，活動内容を決定するために下見も含めた打ち合わせを設定する。その際，どのような来館形態であれ，活動のねらいを聴き取ることで，そのねらいを学校と美術館・博物館の共通の目標として掲げることができるのか，ねらいに応えるためには美術館・博物館は何ができるのか等を検討し，活動内容の決定，提案に至る。

そこで，例えば，「小学5年生50名を連れて，美術館に行きたい」と美術館に問い合わせがあったとする。美術館が「今回の活動の目標は？」と聞いたときに，「本物の作品を見てもらいたい」と「国語科の授業と関連させて，作品を観察することから言葉を探し，それぞれの子供たちが今もっている言葉を使って，作品について思ったこと感じたことを書く活動をしたい」とでは，どちらが美術館と話し合いながら，活動内容を深めていくことができるだろうか。前者では，美術館によっては，オリエンテーション，ギャラリートーク，鑑賞サポートツールなどを提案することもあるかもしれないが，コンテンツの提供にすぎない。一方，後者は，活動のねらいに基づき，ねらいが子供たちの実態に見合ったものなのか，実際に手立てとしてはどのようなものが考えられるか等を，両者で話し合い，活動内容がねらいにより合致するように練り上げていくことができる。

学校が子供たちを美術館・博物館へ引率するには，教育課程上の位置付けが必要であり，それによってねらいも異なってくる。子供たちのことを知っている教師が，教室から場所を変え，美術作品が並ぶ美術館・博物館だからこそ，子供たちと何がしたいのか，子供たちに何が起こることを期待しているのかを，美術館・博物館職員に語ることが欠かせないのである。教師は，学校と美術館・博物館が一緒に話し合える土台として，活動のねらいを設定しておく

ことが連携のスタート地点において重要である
ということを忘れてはならない。

3．子供たちの実態と手立ての関連性

　ねらいの次に，活動内容を検討する上で，教師の側はもちろん，美術館・博物館側も，子供たちの実態を把握する必要がある。筆者の勤務館では，子供たちの発達段階，興味・関心，図画工作科・美術科を中心とした習得事項，今後の取り組みも含めた創作の進行と内容，鑑賞経験の度合い，子供たちが自分自身で抱える課題点，教師が子供たちに対して感じる課題点，子供たちの特性，学級での様子など，あらゆる角度から詳細に聴き取り，子供たちの実態把握に努めている。学校，担当教師の考えや置かれている状況を知る機会ともなる。美術館・博物館にとって必要のない情報のように思えることもあるかもしれないが，美術館・博物館が子供たちを取り巻く状況を把握することで，子供たちにとってよりいっそう有効的な鑑賞学習の機会が創出される。また，一過性に終わらせず，継続的な連携関係を築き上げるなら，避けられないステップである。

　次に，対象展覧会，対象作品を選定後，ねらいと子供たちの実態を見据え，ねらいにアプローチできる手立てを検討する。手立てとして，対話による鑑賞，作品情報の紹介，会場での教師や美術館・博物館職員との交流，子供たち同士の交流，個人鑑賞，教師作成ワークシート活用，美術館・博物館作成鑑賞サポートツール活用，ICT機器活用，全体での振り返り，美術館によっては創作工房を活用した創作活動などがあげられるが，ねらいに即した可能性のある手立てとその必然性を協議する。

　美術館で連携活動の依頼を受ける際，ギャラリーでのトークを希望されることが必ずといっていいほど多い。しかし，ねらい，子供たちの発達段階，鑑賞作品に応じて，ギャラリートーク自体を取り入れる必然性の有無を考え，取り入れるとしても，作品情報提供の有無，情報提供時の情報量とタイミング，トークの担い手

（美術館・博物館職員か教師か，あるいは両者協働か），順番，時間などの全体の活動におけるギャラリートークの位置付けも検討事項である。

　例えば，上述の国語科の授業と関連させた活動例では，作品に対峙した際，子供たち自らの言葉をできるだけ引き出せるようにしておくためには，見方や感じ方を広げたり深めたりする手立てを活動の前半部分にもってくることが肝心である。ここで，教師だからこそ可能なことは，学級での子供たちの様子を思い浮かべ，彼らにいちばんふさわしい手立てを美術館・博物館職員と選択していくことである。子供たちを知らない美術館・博物館職員は，手立ての選択肢をいくつも用意することはできても，活動のねらいに応じて，対象者に対してどの手立てとその順序が効果的であるかはわからない。毎年，同じ学校の同学年が同じねらいで連携活動を実施したとしても，対象となる子供たちは違い，開催されている展覧会，見られる作品は異なる。つまり，その都度手立てとその構成は一から検討されなければならない。

4．美術館・博物館を訪問できない場合

　最後に，物理的な事情で，美術館・博物館に来館できない場合について触れる。美術館・博物館は，学校同様に，人的物理的資源の宝庫である。その活用もねらい次第である。学校内の活動であっても，教師が美術館・博物館との連携を必要と考えるとき，そのねらいを共有できれば，十分に協力は得られ，具体的な活動内容は美術館・博物館によって多岐に渡るだろう。

　連携の実施場所や規模にかかわらず，対象者に応じたねらいを定め，その詳細を検討するにあたって必要であれば何度でもねらいに立ち戻ること。それこそが学校と美術館・博物館が連携するために重要なことである。　　（藤吉祐子）

122 現代美術の鑑賞法

現代美術の鑑賞学習のポイント について教えてください

　一般的に難解に思われがちな現代美術のイメージとは違い，近年の現代美術の作品は，知識や思考のみならず体験や参加を重視することで親しみやすいものが増えている。ここでは，現代美術でも特に体験を重視した作品と展示形式について基礎知識を踏まえて紹介する。

1．体験や参加を重視する展示形式

　空間における「設置」,「展示」という意味であるインスタレーションは，空間全体を使い，体験や参加を重視する展示形式である。中国や韓国では「装置芸術」,「設置芸術」などと訳される。絵画，彫刻から派生した初期の作品のルーツとして，ダダイズムの影響を受けたクルト・シュビッタースのメルツバウ（メルツ建築）がある（図1）。これは自宅を改造した巨大構造物で，彼の生活空間に拡張・増殖する作品であった。

図1　クルト・シュビッタースのメルツバウ（絵画とも彫刻ともいえない表現である）

　インスタレーションは，絵画・彫刻・映像・写真などの表現形式に並び，1970年代以降，現代美術の表現として一般化した。ビデオ映像を用いたビデオ・インスタレーションや，音響などを用いて空間を構成したサウンド・インスタレーションなどもある。

2．横になって鑑賞する作品

　ノーヴァヤ・リューストラは日本のアートユニットで，古着をつなぎ合わせて空間に吊り下げる作品を制作している（図2）。「釜山ビエンナーレ2004」において，同様の作品を展示した。巨大な吹き抜けになった展示室の中に吊り下げた素材は，各地で集めた古着を地元市民参加のワークショップで縫い合わせたもので，遊牧民族がつくる天蓋のような空間を創出した。異なる地域，

図2　ノーヴァヤ・リューストラのインスタレーション風景

国家間における人と人をつなぐネットワークシステムや生態系をイメージしており，観客は空間内のカーペットを敷いたステージに横になって作品を鑑賞することができる。照明によって古着がステンドグラスのように輝いて見える。

3．嗅覚・触覚を使って鑑賞する作品

　ブラジルのエルネスト・ネトは，コンセプチュアルな作品への興味から次第に伸縮性の高い生地を使った体感性の高い作品をつくっている（図3）。また，作品に触ったり，寝転んだりできることも特徴である。内部に仕込まれた香辛料のにおいもあいまって，美術作品では通常顧みられない嗅覚・触覚も動員し，身体全体で作品を体験することができる。

図3　エルネスト・ネトの作品（彼の作品は様々な五感に働きかけてくる作品が多い）

4．現代美術の鑑賞学習のポイント

　紹介した作品はどれも空間全体を使い，場所の意味背景を重視して一時的に設置したもので，鑑賞者の参加が不可欠である。このような作品の鑑賞では，写真やビデオでも一定の知識的な鑑賞が可能であるが，実際に作品が展示されている現場で鑑賞，体験すべきなのはいうまでもない。現代美術を鑑賞するには，その場所，そのときに立ち会う必要があり，学習環境の中でその機会を増やしていくことが大切である。そのためには，地域や美術館との連携，ワークショップへの参加などが望まれる。その場に出向くことができれば，視覚のみならず，様々な知覚・身体のすべてを使って体験できる開かれた作品が増えてきている。　　（中野良寿）

123　鑑賞の評価

鑑賞の評価について教えてください

1．指導と評価の一体化

　評価についての基本的な考え方は，学習指導要領に示された指導事項に基づいて行われた学習の実現状況を見ることである。鑑賞は，思考力，判断力，表現力等に位置付けられており，作品などに対する知識を学ぶ学習ではなく，自分なりの意味や価値をつくりだす学習である。評価においても，その点を踏まえて行うことが大切である。

2．評価の具体例

　例えば，中学3年生で「浮世絵版画」の鑑賞を行う場合の評価について考えてみたい。指導計画は1時間で，日本の美術や伝統と文化に対する見方や感じ方を深める内容になる。

（1）思考・判断・表現の評価（鑑賞の能力）

　ここでの指導事項は，「日本の美術作品や受け継がれてきた表現の特質などから，伝統や文化のよさや美しさを感じ取り愛情を深めるとともに，諸外国の美術や文化との相違点や共通点に気付き，美術を通した国際理解や美術文化の継承と創造について考えるなどして，見方や感じ方を深めること」である。評価規準は，題材の内容に合わせて文を修正し，文末表現を「～ている」とすることで作成できる。具体的には，「浮世絵版画の特質などから，日本の伝統や文化のよさや美しさを感じ取り愛情を深め，美術文化の継承と創造について考えるなどして，見方や感じ方を深めている」となる。

　学習の流れは，はじめに浮世絵版画と写実的な西洋絵画を比較鑑賞し，それぞれの表現の違い，よさや美しさなどに関心をもたせる。次に，葛飾北斎の『神奈川沖波裏』を鑑賞し，大胆な構図，色彩の美しさ，表現の工夫などを感じ取らせる。さらに，浮世絵版画が生まれた時代背景，版画という表現方法により安価に庶民の中に広まったことなどを学ばせる。まとめとして，他の浮世絵版画を数点鑑賞し，よさや美しさ，表現の独自性などについて理解を深める。

　具体的な評価方法としては，生徒の発言やワークシートの記述から評価を行うことになるが，発言は言葉でのやりとりの中で教師が平等かつ正確に評価を行うことは困難であるため，ワークシートでの評価が中心となる。この学習では，後半になるほど浮世絵版画や作品への理解が深まるので，ワークシートの後半に，見方や感じ方を見取るための記入欄を設定するなどして，ワークシートの評価が多項目にわたるなど煩雑にならないよう工夫することも大切である。また，発言については，特に優れた内容があった場合に加点するようにする。

（2）知識・技能の評価

　独立した鑑賞では「技能」は指導しないので，「知識」である〔共通事項〕の評価になる。ワークシートの記述から，構図や色彩などの造形要素や作品全体のイメージなどに着目して記載されているかなどを評価する。その際，短時間の題材などでは，質的な高まりや深まりが見られる「A」の状況を評価しにくいことも考えられる。その場合，造形的な視点をもって鑑賞しているか，つまり「B」を実現しているかどうかに重点を置いて評価し，「A」の状況は評価しないことも考えられる。

（3）主体的に学習に取り組む態度の評価

　この観点は，鑑賞の能力を高めようとしたり発揮しようとしたりする意欲や態度を評価することになる。鑑賞の学習では，表現の学習ほど，意欲や態度が表に現れにくい。そのため，発言の挙手の回数などに頼ろうとする実態もあるが，ワークシートの記述なども含めて幅広く評価を行う。その際，自己の学びを改善しようとする点と，粘り強く学習に取り組む点から評価することが大切である。　　　　（村上尚徳）

◎幼稚園教育要領，学習指導要領リンク集

文部科学省ホームページ
https://www.mext.go.jp/

幼 稚 園
・幼稚園教育要領
https://www.mext.go.jp/content/
1384661_3_2.pdf

・幼稚園教育要領解説
https://www.mext.go.jp/content/
1384661_3_3.pdf

小 学 校
・小学校学習指導要領
https://www.mext.go.jp/content/
20230120-mxt_kyoiku02-100002604_
01.pdf

・小学校学習指導要領解説（総則編）
https://www.mext.go.jp/content/
20230308-mxt_kyoiku02-100002607_
001.pdf

・小学校学習指導要領解説（図画工作編）
https://www.mext.go.jp/component/
a_menu/education/micro_detail/
__icsFiles/afieldfile/2019/03/18/1387017_008.pdf

中 学 校
・中学校学習指導要領
https://www.mext.go.jp/content/
20230120-mxt_kyoiku02-100002604_
02.pdf

・中学校学習指導要領解説（総則編）
https://www.mext.go.jp/component/
a_menu/education/micro_detail/
__icsFiles/afieldfile/2019/03/18/1387018_001.pdf

・中学校学習指導要領解説（美術編）
https://www.mext.go.jp/component/
a_menu/education/micro_detail/
__icsFiles/afieldfile/2019/03/18/1387018_007.pdf

高 等 学 校
・高等学校学習指導要領
https://www.mext.go.jp/content/
20230120-mxt_kyoiku02-100002604_
03.pdf

・高等学校学習指導要領解説（総則編）
https://www.mext.go.jp/content/
20211102-mxt_kyoiku02-100002620_
1.pdf

・高等学校学習指導要領解説（芸術編）
https://www.mext.go.jp/content/
1407073_08_2.pdf

・付録：教科の目標，各科目の目標及び
内容の系統表（高等学校芸術科）
https://www.mext.go.jp/content/
1407196_25_1.pdf

特別支援学校
・特別支援学校幼稚部教育要領,
小学部・中学部学習指導要領
https://www.mext.go.jp/content/
20200407-mxt_tokubetu01-100002983_1.pdf

・特別支援学校教育要領・学習指導要領
解説　総則編（幼稚部・小学部・中学部）
https://www.mext.go.jp/content/
20200407-mxt_tokubetu01-100002983_02.pdf

・特別支援学校学習指導要領解説
各教科等編（小学部・中学部）
https://www.mext.go.jp/content/
20220715-mxt_tokubetu01-100002983_1.pdf

※下記URLからWeb上の本リンク集に
アクセスできます。
https://www.kenpakusha.co.jp/
data/docs1/102314-01.pdf

◎「指導と評価の一体化」のための学習評価に関する参考資料リンク集

国立教育政策研究所ホームページ

https://www.nier.go.jp/

・教育課程研究センター
指導資料・事例集
https://www.nier.go.jp/kaihatsu/
shidousiryou.html

・「指導と評価の一体化」のための
学習評価に関する参考資料

小学校編（図画工作）
https://www.nier.go.jp/kaihatsu/pdf/
hyouka/r020326_pri_zugak.pdf

中学校編（美術）
https://www.nier.go.jp/kaihatsu/pdf/
hyouka/r020326_mid_bijyut.pdf

高等学校編（芸術〔美術〕）
https://www.nier.go.jp/kaihatsu/pdf/
hyouka/r030820_hig_bijutsu.pdf

・「学習評価の在り方ハンドブック」

小・中学校編
https://www.nier.go.jp/kaihatsu/pdf/
gakushuhyouka_R010613-01.pdf

高等学校編
https://www.nier.go.jp/kaihatsu/pdf/
gakushuhyouka_R010613-02.pdf

※下記URLからWeb上の本リンク集に
アクセスできます。
https://www.kenpakusha.co.jp/
data/docs2/102314-01.pdf

◎ 参考資料・文献リスト

日本の美術教育理論と歴史

- Bell, J.: Doing Your Research Project: A Guide for First-Time Researchers in Education,Health and Social Science. (4th ed.), Open University Press, 2017
- 石井俊行：教員・学生のためのはじめての教育論文の書き方，電気書院，2021
- 上野浩道：日本の美術教育思想，風間書房，2007
- 金子一夫：近代日本美術教育の研究—明治時代—，中央公論美術出版，1992
- 金子一夫：近代日本美術教育の研究—明治・大正時代—，中央公論美術出版，1999
- 金子一夫：美術科教育の方法論と歴史，中央公論美術出版，1998
- 金子一夫：美術科教育の方法論と歴史〔新訂増補〕，中央公論美術出版，2003
- 倉田三郎監修，中村亨編：日本美術教育の変遷—教科書・文献による体系—，日本文教出版，1979
- 栗岡英之助：生活画の起源—深い理解と展開のために，明治図書，1990
- 白井利明，高橋一郎：よくわかる卒論の書き方，ミネルヴァ書房，2012
- 中村隆文：「視線」からみた日本近代—明治期図画教育史研究，京都大学学術出版会，2000
- 宮坂元宏：岡山秀吉の手工教育論に関する考察〔Ⅰ〕，横浜国立大学教育紀要　第32巻，1992
- 山形寛：日本美術教育史，黎明書房，1967
- 山本鼎：自由画教育（復刻版），黎明書房，1972
- 林曼麗：近代日本図画教育方法史研究—「表現」の発見とその実践—，東京大学出版会，1989

外国の美術教育理論と歴史

- Elliot W. Eisner; Educating Artistic Vision. 1972（仲瀬ほか訳：美術教育と子どもの知的発達，黎明書房，1986）
- Elliot W. Eisner; What education can learn from the arts?, *Art Education*, March 2009
- Hans M. Wingler: Das Bauhaus, Verlag Gebr. Rasch & Co. u. M. DuMont Schauberg, 2005
- Jan Sjögren: Slöjden mot 90-talet, En uppsats, Linköping Universitetet, 1985
- Lena Blomquist: Carl Malmsten känd och okänd, Stockholm, 2012
- Per Hartman: Slöjd för arbete eller fritid?, Högskolan för lärarutbildning i Stockholm, 1894
- W. ヴィオラ著，久保貞次郎訳：チィゼックの美術教育（描画心理学双書），黎明書房，1999
- ヴァルター・グロピウス著，貞包博幸訳：新装版　バウハウス叢書1　国際建築，中央公論美術出版，2020
- パウル・クレー著，利光功訳：新装版　バウハウス叢書2　教育スケッチブック，中央公論美術出版，2019
- オスカー・シュレンマーほか著，利光功訳：新装版　バウハウス叢書4　バウハウスの舞台，中央公論美術出版，2020
- テオ・ファン・ドゥースブルフ著，宮島久雄訳：新装版　バウハウス叢書6　新しい造形芸術の基礎概念，中央公論美術出版，2020
- ヴァルター・グロピウス著，宮島久雄訳：新装版　バウハウス叢書7　バウハウス工房の新製品，中央公論美術出版，2019
- L. モホリ＝ナギ著，利光功訳：新装版　バウハウス叢書8　絵画・写真・映画，中央公論美術出版，2020
- ヴァシリー・カンディンスキー著，宮島久雄訳：新装版　バウハウス叢書9　点と線から面へ，中央公論美術出版，2020
- カジミール・マレーヴィチ著，五十殿利治訳：新装版　バウハウス叢書11　無対象の世界，中央公論美術出版，2020
- L. モホリ＝ナギ著，宮下久雄訳：新装版　バウハウス叢書14　絵画・写真・映画，中央公論美術出版，2020
- ジリアン・ネイラー著，川端康雄，菅靖子訳：アーツ・アンド・クラフツ運動，みすず書房，2013
- スティーヴン・エスクリット著，天野知香訳：アール・ヌーヴォー，岩波書店，2004
- デザイン史フォーラム編：近代工芸運動とデザイン史，思文閣出版，2008
- フランツ・チゼック展カタログ，武蔵野美術大学，1990
- ポール・トムスン著，白石和也訳：ウィリアム・モリスの全仕事，岩崎美術社，1994
- 阿部公正：デザイン思考—阿部公正評論集—，美術出版社，1978
- 石崎和宏：フランツ・チゼックの美術教育論とその方法に関する研究，建帛社，1992
- 勝見勝ほか：現代デザイン理論のエッセンス—歴史的展望と今日の課題—，ぺりかん社，1969
- 川端康雄：ウィリアム・モリスの遺したもの—デ

ザイン・社会主義・手しごと・文学―，岩波書店，2016
・千足伸行：アール・ヌーヴォーとアール・デコ―甦る黄金時代―，小学館，2001
・利光功：ヴァイマルの国立バウハウス1919-1923，中央公論美術出版，2009
・藤田治彦：SD選書　ヴィリアム・モリス―近代デザインの原点―，鹿島出版会，1996
・藪亨：近代デザイン史，丸善，2002

外国の美術教育
・Ernst Wagner: Diederik Schönau, Common European Framework of Reference for Visual Literacy-Prototype, Waxmann, 2016
・European Framework of Reference for Visual Literacy (CEFR-VL), http://envil.eu/wp-content/uploads/2014/05/ENViL_basic.pdf
・John Steers: InSEA: Past, Present and Future, *InSEA*, 2006
・Lawrence A. Cremin: The Transformation of the School Progressivism in American Education, Vintage Books, 1964
・Ralph A. Smith, ed.: Readings in Discipline-Based Art Education, National Art Education Association, 2000
・Toshio Naoe: Japanese Arts and Crafts Pedagogy: Past and Present, The International Encyclopedia of Art and Design Education, John Wiley & Sons, 2019
・デューイ著，松野安男訳：民主主義と教育（上・下），岩波書店，1975
・フィンランド国家教育庁：基礎教育カリキュラムの基礎　視覚芸術，OPETUSHALLITUS，2014，https://eperusteet.opintopolku.fi/#/fi/perusopetus/419550/oppiaineet/466342
・フィンランド国家教育庁：基礎教育カリキュラムの基礎　手工芸，OPETUSHALLITUS，2014，https://eperusteet.opintopolku.fi/#/fi/perusopetus/419550/oppiaineet/530524
・フィンランド国家教育庁：高校教育カリキュラムの基礎　視覚芸術，OPETUSHALLITUS，2015，https://eperusteet.opintopolku.fi/#/fi/lukiokoulutus/1372910/lukiooppiaine/1379874
・フィンランド国家教育庁：高校教育カリキュラムの基礎　視覚芸術，OPETUSHALLITUS，2019，https://eperusteet.opintopolku.fi/#/fi/lukiokoulutus/6828810/oppiaine/6834389
・フランス教育学会：現代フランスの教育改革，明石書店，2018

・結城孝雄：フランス「"Histoire des Arts"芸術史」の普及活動について，美術教育学研究　第47号，pp.391-398，2015
・小笠原文：フランスにおける子どもの芸術教育の展開に関する研究，広島大学博士学位論文，2019
・直江俊雄：日本と英国―芸術と教育の連続性をめぐって―（宮脇理編：緑色の太陽），国土社，2000
・直江俊雄：美術教育者と研究技法（美術教育学叢書企画編集委員会編：美術教育学―私の研究技法―），学術研究出版，2022

造形表現の発達と類型
・Rudolf Arnheim: Art and Visual Perception, University of California Press, 1954
・Rudolf Arnheim: Visual Thinking, University of California Press, 1969
・Viktor Lowenfeld, W. Lambert Brittain: Creative and Mental Growth, 8th Edition, The Macmillan Company, 1987
・Viktor Lowenfeld: Creative and Mental Growth, 3rd Edition, The Macmillan Company, 1957
・Viktor Lowenfeld: Viktor Lowenfeld Speaks on Art and Creativity, the National Art Education Association, 1981
・アルンハイム著，関計夫訳：視覚的思考―創造心理学の世界―，美術出版社，1974
・アルンハイム著，波多野完治，関計夫訳：美術と視覚―美と創造の心理学―，美術出版社，1967
・R. ケロッグ著，深田尚彦訳：児童画の発達過程―なぐり描きからピクチャへ―，黎明書房，1971
・V. ローウェンフェルド著，竹内清，堀之内敏，武井勝雄訳：美術による人間形成―創造的発達と精神的成長―，黎明書房，1975

教育課程と授業
・国立教育政策研究所編：資質・能力［理論編］，東洋館出版所，2018
・佐々木正美：自閉症児のためのTEACCHハンドブック，学研，2008
・佐々木敏幸，縄岡好晴：自閉スペクトラム症のある子の「できる」をかなえる！　構造化のための支援ツール　個別編，明治図書，2021
・佐々木敏幸，縄岡好晴：自閉スペクトラム症のある子の「できる」をかなえる！　構造化のための支援ツール　集団編，明治図書，2021
・松尾知明：新版　教育課程・方法論　コンピテンシーを育てる学びのデザイン，学文社，2020
・南育子：小学校図工の授業づくり　はじめの一歩〈特集〉地域に開かれた造形・美術教育，教育美

術，No.847，2013
・白井俊：OECD Education 2030プロジェクトが描く教育の未来，ミネルヴァ書房，2021
・福本謹一ほか：兵庫教育大学におけるSTEAM教育に関する予備的考察，兵庫教育大学学校教育学研究　第34巻，pp.59-72，2021
・吉田成章：PISA後ドイツのカリキュラム改革におけるコンピテンシーの位置，広島大学大学院教育学研究科紀要　第三部第65号，pp.29-38，2016
・文部科学省：小学校・第6学年・図画工作科　ドリームプロジェクト（工作に表す），https://www.mext.go.jp/content/20210609-mxt_kyoiku01-000015487_js1.pdf
・文部科学省：通常の学級に在籍する障害のある児童生徒への支援のあり方に関する検討会議（第8回）会議資料　【参考資料】基礎資料集，2023，https://www.mext.go.jp/kaigisiryo/content/20230215_mxt_tokubetu02_000027613_6.pdf
・文部科学省：通常の学級に在籍する特別な教育的支援を必要とする児童生徒に関する調査結果について，2022，https://www.mext.go.jp/content/20221208-mext-tokubetu01-000026255_01.pdf
・文部科学省：特別支援教育資料（令和3年度），2022，https://www.mext.go.jp/a_menu/shotou/tokubetu/material/1406456_00010.htm

絵・立体・彫刻

・アリスン・コール著，高橋裕子訳：遠近法の技法（ビジュアル美術館），同朋舎出版，1993
・エリオット・W.アイスナー著，仲瀬律久，前村晃，山田一美ほか訳：美術教育と子どもの知的発達，黎明書房，1986
・V.ローウェンフェルド著，竹内清，堀ノ内敏，武井勝雄訳：美術による人間形成―創造的発達と精神的成長―，黎明書房，1995
・V.ローエンフェルド著，勝見勝訳：子どもの絵―両親と先生への手引―，白揚社，1988
・鬼丸吉弘：児童画のロゴス，勁草書房，1981
・京都市立芸術大学美術教育研究会，日本文教出版編集部編：つくる・見る・学ぶ　美術のきほん（美術資料），秀学社，2013
・熊本高工：児童画の歴史，日本文教出版，1988
・谷川渥監修：絵画の教科書，日本文教出版，2001
・花篤實，辻田嘉邦，宮坂元裕ほか監修：図画工作5・6下　教師用指導書　朱書編，日本文教出版，2020
・墨運堂企画室：墨のQ&A，墨運堂，2011

工作・デザイン・工芸

・相田盛二：図画工作・美術　用具用法事典，日本文教出版，1996
・朝倉直巳：芸術・デザインの平面構成，六耀社，1984
・石川充宏：実践造形教育シリーズ4　金属の工作工芸，開隆堂，1982
・内野務：造形素材にくわしい本　子どもが見つける創造回路，日本文教出版，2016
・金子賢治：現代陶芸の造形思考，阿部出版，2001
・カラハー，サーストン著，大智浩訳：錯視と視覚芸術，美術出版社，1968
・北岡明佳：だまされる視覚　錯視の楽しみ方，化学同人，2007
・北岡明佳：錯視の科学，日刊工業新聞社，2017
・北澤憲昭：アヴァンギャルド以後の工芸―「工芸的なるもの」をもとめて―，美学出版，2003
・京都市：動くおもちゃの文化は京都から，京都市教育委員会，2005
・鈴木健二：工芸　原色現代日本の美術　第14巻，小学館，1980
・成美堂出版編集部編：匠に学ぶ木工入門，成美堂出版，2010
・高橋正人：デザイン教育大系1　デザイン教育の原理，誠信書房，1967
・出川直樹：民芸　理論の崩壊と様式の誕生，新潮社，1988
・平林泰佑編：シリーズ芸美　平面構成―デザイン―，婦人画報社，1994
・前田泰治：現代の工芸，岩波書店，1975
・間所春：こどものための構成教育，造形芸術研究会，1955
・間所春：こどもの眼とデザイン，造形社，1963
・宮脇理監修，山口喜雄，天形健編：ベーシック造形技法，建帛社，2006
・村山久美子：視覚芸術の心理学，誠信書房，1988
・柳宗悦：民藝四十年，岩波書店，1984
・山崎剛：工芸家たちの明治維新，大阪市立博物館，1992
・横田学，尾澤勇，原島秀行ほか：工芸I　教授資料，日本文教出版，2022
・横田学，尾澤勇，原島秀行ほか：高等学校教科書工芸I，日本文教出版，2022
・横田学，尾澤勇，原島秀行ほか：高等学校教科書工芸II，日本文教出版，2023
・吉岡徹：基礎デザイン，光生館，1983

映像メディア

・奥泉香：国語科教育に求められるヴィジュアル・リテラシーの探求，ひつじ書房，2018
・ケペッシュ著，グラフィック社編集部訳：視覚言語，グラフィック社，1944，1981
・総務省：情報通信白書（令和5年版），2023
・茂登山清文ほか編：ヴィジュアルリテラシースタディーズ，中部日本教育文化会，2017

鑑賞

・金子一夫：美術科教育の方法論と歴史，中央公論美術出版，2003

・佐野真知子：美術鑑賞教育の実践的課題と教材化の視点―対話型鑑賞法を生かした鑑賞学習を探る―，教育美術，No.818，pp.30-41，2010
・福本謹一，赤木里香子編：図画工作科鑑賞学習のアイディア　46，明治図書，2003
・福本謹一編：仲介の感性論：鑑賞教育再考―学校と美術館を取り結ぶもの―，美術フォーラム21，Vol.11，pp.84-124，2005
・三浦篤：西洋美術史学の方法と歴史（高階秀爾，三浦篤編：西洋美術史ハンドブック），新書館，1997

監　修

● **福田隆眞** (ふくだたかまさ)
- ・山口大学名誉教授，博士（学術），山口大学前理事・副学長，山口県造形教育研究会会長
- ・1952年生まれ。東京教育大学大学院修了。筑波大学，北海道教育大学を経て山口大学助教授，教授。
- ・著書：「教育におけるグローバル化と伝統文化」（建帛社，責任編集），「子どもの絵に学ぶ」（三晃書房，監修）他。アジアの美術教育の論文多数。

● **福本謹一** (ふくもときんいち)
- ・兵庫教育大学名誉教授
- ・1952年生まれ。ヴァンダービルト大学大学院博士課程満期退学。表彰：文化庁長官表彰，InSEA（国際美術教育学会）El-Bassiouny功労賞，USSEA（米国美術教育協会）Ziegfeld学術賞他。
- ・著書：「新学習指導要領の展開」（明治図書），「楽しい図画工作授業のつくり方」（日本文教出版），美術教育における国際学会の歴史的展開「美術教育学の歴史から」（学術研究出版）他。

編　集

● **東良雅人** (ひがしらまさひと)
- ・京都市立芸術大学客員教授，京都市総合教育センター指導室長，一般社団法人日本教材備品協会理事，公益財団法人教育美術振興会評議員
- ・1962年生まれ。大阪芸術大学美術学科卒業。京都市立中学校美術科教員，小学校図画工作科専科教員，京都市教育委員会指導主事を経て，文部科学省初等中等教育局視学官，文化庁参事官（芸術担当）付教科調査官。
- ・著書：「中学校美術『主体的に学習に取り組む態度』の学習評価完全ガイドブック」（明治図書，共編著），「中学校美術3観点の学習評価完全ガイドブック」（明治図書，共編著）他。

● **村上尚徳** (むらかみひさのり)
- ・修士（教育学），元環太平洋大学副学長
- ・1962年生まれ。岡山大学大学院修了。岡山市公立中学校教諭，岡山県教育庁指導課指導主事，国立教育政策研究所教育課程研究センター教育課程調査官，文部科学省初等中等教育局教育課程課教科調査官，環太平洋大学次世代教育学部教授・副学長。
- ・著書：「美術1／2・3上／2・3下」（中学校教科書：日本文教出版，代表著者），「高校生美術1／2／3」（高等学校教科書：日本文教出版，代表著者）他。

● **山田芳明** (やまだよしあき)
- ・鳴門教育大学大学院学校教育研究科教授，鳴門教育大学特命補佐，日本教育美術連盟理事，鳴門市子どものまちづくり推進協議会会長
- ・1965年生まれ。大阪教育大学教育学部卒業。大阪教育大学附属平野小学校，鳴門教育大学講師，准教授（助教授）を経て現職。
- ・著書：「かくたのしむひろがるクレパスのじかん」（サクラクレパス，共編著），「おもしろショートワーク　絵あそび編」（明治図書，単著），「新小学校学習指導要領改訂のポイント」（日本標準，共著）他。

美術科教育の基礎

2024年（令和6年）1月15日　初版発行

監修者	福　田　隆　眞
	福　本　謹　一
発行者	筑　紫　和　男
発行所	株式会社 **建帛社**
	KENPAKUSHA

〒112-0011　東京都文京区千石4丁目2番15号
TEL（03）3944－2611
FAX（03）3946－4377
https://www.kenpakusha.co.jp/

ISBN 978-4-7679-2135-8　C3037
Ⓒ福田隆眞，福本謹一ほか，2024.
（定価はカバーに表示してあります）

亜細亜印刷／常川製本
Printed in Japan